PERMISO
PARA HABLAR

Samara Bay

PERMISO
PARA HABLAR

DALE PODER A TU VOZ
Y TRANSMITE UN MENSAJE MEMORABLE

OCEANO

PERMISO PARA HABLAR
Dale poder a tu voz y transmite un mensaje memorable

Título original: PERMISSION TO SPEAK. How to Change What Power
            Sounds Like, Starting with You

© 2023, Samara Bay

Publicado originalmente por Crown, un sello de Random House,
una división de Penguin Random House, LLC

Traducción: Aridela Trejo

Diseño de portada: Anna Kochman
Fotografía de la autora: © Betsy Newman Photography

D. R. © 2023, Editorial Océano de México, S.A. de C.V.
Guillermo Barroso 17-5, Col. Industrial Las Armas
Tlalnepantla de Baz, 54080, Estado de México
info@oceano.com.mx

Primera edición: 2023

ISBN: 978-607-557-752-4

Impreso en México / Printed in Mexico

A las mamás

Índice

Introducción
El nuevo sonido del poder

Lo que necesitamos es generar conciencia, a la vieja usanza, sobre a qué nos referimos cuando decimos "la voz de la autoridad" y cómo la hemos construido.
—MARY BEARD, *Mujeres y poder: un manifiesto*[1]

En mi librería local en el este de Los Ángeles, me puse a platicar con la cajera. Me preguntó cómo iba a titular el libro que estaba escribiendo y, cuando le conté, el hombre detrás de mí en la fila —alto, pelirrojo y de mejillas rosadas— dijo en voz alta, con una carcajada: "¿Permiso para hablar? ¡Nunca he esperado a que me lo den!".

La cajera y yo compartimos una mirada de complicidad. Precisamente, señor, precisamente.

Este libro... no es para él.

A los veinticuatro años, perdí la voz. Necesitaba este libro, desesperadamente. Recuerdo que la mayoría de las mañanas podía hablar, mi voz era tentativa, pero por lo menos audible; para la tarde, sin embargo, ya la había perdido. Intentaba hablar durante el día, pero siempre sentía la garganta raspada, el esfuerzo me robaba la energía y aplastaba mi espíritu. Algo andaba muy mal, y no sabía qué. ¿Estaba enferma? ¿Estaba rota?

Vivía en Providence, Rhode Island, iba a la mitad de un programa de posgrado en actuación —un sueño por el que había luchado—, pero la realidad es que no encajaba, para nada. Me sentía profundamente sola y ahora me sentía todavía más aislada porque no podía hablar. Me salí de la obra en la que estaba. Asistía a clases como un fantasma, consciente de todos mis impulsos por comunicarme y cómo reprimía cada uno de ellos. Dejé de llamar a mis amigos y a mis papás por teléfono porque me dolía mucho hablar. Sin duda, dejé de reír. En las noches, en pleno invierno, me acurrucaba en la casa para huéspedes de un cuarto que rentaba, tomando té con miel, preguntándome qué me intentaba decir mi voz y por qué no podía ser *normal*.

Resultó que tenía principios de nódulos en las cuerdas vocales, ampollas pequeñitas y enojadas en las cuerdas vocales. Todavía tengo una foto de apariencia extraterrestre de mis cuerdas en forma de V que el doctor me tomó metiendo una diminuta cámara por mi nariz que luego bajó por mi garganta, y recuerdo que me señaló dónde rozaban la una con la otra, o sea, donde no debían rozar. Resultó que había adquirido el hábito de hablar con un tono un poco más grave del que mi cuerpo prefería. Resultó que la solución era relativamente menor. Y con la ayuda de un patólogo del habla durante las vacaciones de invierno, desarrollé una forma de hablar un poco distinta que se sintió extraña, hasta que me acostumbré, y así regresé a la tierra de los vivos.

Sin embargo, me quedaron preguntas muy importantes: ¿por qué había desarrollado este hábito que había desencadenado tal caos en mi vida? ¿Acaso había recibido una especie de recompensa por hablar así? ¿O simplemente se debía al "mal uso" de mi voz? Como lo había anunciado el director de mi programa de actuación frente a todo el salón, con un sonido de desaprobación, cuando regresé del doctor con mi diagnóstico. Como si me estuviera acusando de arruinar mi voz a propósito. Como si hubiera podido *elegir* hablar bien, de forma sana, pero hubiera elegido hacerlo mal, ¿por qué? ¿Flojera?

Otra pregunta se fue dibujando más despacio a medida que empecé a compartir mi roce con los nódulos después de graduarme y escuché otras anécdotas: ¿acaso yo era anormal? Me pregunté cuántas personas habían experimentado esa sensación difícil de explicar, disonancia entre sus cuerpos y sus voces. En particular, cuántas mujeres hablaban de maneras que no eran naturales y libres porque habían escuchado esa vocecita en su interior que decía: No estás hablando bien. O: No estás hablando tan fuerte como deberías. O: No suenas como suena la gente poderosa, ¿qué te pasa?

Tal vez tú misma has escuchado estos susurros. Tal vez incluso los has escuchado en voz alta en boca de mentores o jefes bienintencionados que te dieron "un consejo" en privado. Tal vez has sido recipiente de una amable advertencia de cómo nadie te tomará en serio si sigues diciendo "o sea" tanto o si sigues hablando en voz baja. O tal vez te han dicho que suenas demasiado enojada o estridente, insistente o aguda, o que hablas con acento o que cierto estilo de expresión no es profesional ni culto, según esos profesionistas cultos y bienintencionados.

Mal uso. Mal uso. Mal uso.

En todas partes, los gurús del empoderamiento y los memes dicen: "encuentra tu voz", pero no hablamos lo suficiente de por qué esas voces propias están perdidas. No hablamos de por qué es difícil concedernos permiso para hablar con la facilidad y jovialidad del caballero formado detrás de mí en la librería. Alerta de *spoiler*: no es culpa nuestra. Todos hemos crecido escuchando cierto tipo de voz que suena a control y convicción. Es John F. Kennedy en los videos que veíamos en la escuela y la oratoria estimulante de Winston Churchill en tiempos de guerra. Es Steve Jobs pronunciando su famoso discurso en la ceremonia de graduación de Stanford y Tom Hanks sentado en el sillón del *talkshow* nocturno de Stephen Colbert, encantador, platicando casual.

A ver, tampoco es culpa suya, dijeron lo que fueron a decir. Pero estos hombres —heterosexuales, blancos, ricos, notablemente corpulentos— han definido la autoridad natural desde hace generaciones. A eso *suena* que te tomen en serio. Muchos de nuestros padres y sus padres les dieron el beneficio de la duda en automático. Solemos creerles a ellos. Son nuestros expertos y presentadores, líderes y héroes. Representan la voz estándar de la autoridad, en la misma medida que un físico simétrico, de piel clara, joven, representa el estándar de belleza, incluso si sabemos que ver fotos, pasadas por Photoshop, de modelos en revistas e *influencers* en las redes sociales nos hará sentir insuficientes. A veces, cuando no ponemos atención, ni siquiera nos damos cuenta de que lo estamos haciendo: simple y sencillamente no nos gusta nuestro aspecto.

El problema con el estándar de la voz es el mismo: cuando tú o yo queremos convertirnos en líderes, nos estancamos intentando que nuestra forma de hablar se parezca a la de hombres poderosos, así como nos podemos sentir estancadas cuando dedicamos demasiado tiempo debatiendo el tema de los rellenos faciales o intentando bajar esos kilos que nos sobran. Y tal vez ni siquiera te das cuenta de que lo estás haciendo: simple y sencillamente no te gusta cómo suena tu voz. Así funcionan los estándares: están en todas partes, así que tal como un pez, no percibes el agua.

Pero si tomas un curso sobre "presencia ejecutiva" o investigas cómo hablar como líder, sospechosamente, los consejos serán consistentes. Mantén la voz "baja" e "invariable", te dirán. Evita ponerte "emotiva" o "sonar melódica", "sé más efectiva" con tus palabras, no "eleves el tono de voz" al final de tus frases, por Dios santo, y mantén un ritmo moderado, más o menos "75 por ciento de tu ritmo normal". Ése es el estándar. En sentido tradicional, a eso suena el poder. Como la célebre clasicista británica Mary Beard dice: es como hemos construido la voz de la autoridad. Suprime todos tus instintos con esta rúbrica o corre el riesgo de que se rían de ti, te socaven o ignoren.

En serio, ¿nos sorprende que nos incomode hablar en público? Por supuesto que nos preocupa que no estemos hablando bien o estemos usando demasiados "mmm" o "eh", en vez de hablar con fluidez. Por supuesto que terminamos con complejos traumáticos, creyendo que nos escuchamos demasiado quedo o estridentes, agudas o muy afeminadas, muy informales o muy extranjeras, y adquirimos hábitos para contrarrestar estos temores. ¡Existen las tradiciones! ¡Los estándares! Y toda una industria —no tan evidente como la de la belleza, pero que alcanza eficazmente todas las esquinas de la cultura dominante— que nos dice cómo sonar si queremos tener éxito. Y la respuesta es: como un hombre heterosexual, blanco, rico y notablemente corpulento.

Hola. Este libro es para el resto de nosotras. Es para quienes también disfrutamos saber qué se siente decir lo que vinimos a decir. Para quienes nos preguntamos si es posible. Ser *visibles* cuando queremos serlo, como individuos integrales, coherentes, en sincronía con nuestros cuerpos y voces, listas para expresar nuestro mensaje, hacer notar nuestra presencia y encontrar una cantidad ridícula de alegría cuando hablamos con nuestro público. A fin de cuentas, esos estándares nos roban alegría, nos impiden *divertirnos* cuando decimos lo que pensamos. La ansiedad sobre cómo nos oímos nos distrae de querer a nuestro público y permitirle que nos quiera con abandono desenfrenado. Arruina el auténtico placer de que nos vean y escuchen, y que nos adoren con locura por lo que vinimos a decir y hacer. ¿Cómo lograr que nos vean y nos escuchen cuando estamos luchando por esconder nuestras partes que no encajan con el estándar y metemos nuestras voces en el molde que nunca ha sido para nosotras? En el discurso de aceptación del Premio Nobel, el filósofo Bertrand Russell dijo: "Mírame es uno de los deseos más fundamentales del corazón humano".[2] Mírame, sí. Sí, Bertrand. Pero en mis propios términos. Mírame y escúchame por quién soy y lo que necesito hacer en el mundo. Escúchame hablar en una voz que es deliberada y completamente *mía*, sin vergüenza.

Así que, en vez de volverme actriz, me convertí en una persona que ayuda con eso: el desordenado proceso de llevar a la mejor versión de ti a tus momentos más públicos. De cierta forma, quizá toda mi vida me preparé para ello. Fui una preadolescente obsesionada con Shakespeare, acudía al festival de teatro de mi ciudad natal para ver interpretaciones modernas de las obras que se representaban al aire libre en un bosque de secuoyas. Era una nerd con el lenguaje y el ritmo pulsante del texto, incluso entonces me fascinaba lo que implica abrir la boca y cambiar la energía de un espacio.

De niña, mi película favorita era *Mi bella dama*, el musical sobre una niña británica y pobre que vende flores a quien entrenan para hablar elegante, un experimento que orquesta un entrenador de dialecto misógino. Repetía las frases *cockney** y practicaba imitarlas como si fuera el nuevo miembro de reparto de *Saturday Night Live*. Mi otro tema favorito era Marilyn Monroe, otro experimento social para construir una personalidad en un escenario muy público: el nombre inventado. La rubia teñida. Pero sobre todo, la icónica voz susurrante. Tal vez siempre me ha intrigado la relación entre cómo sonamos y cómo nos tratan. O, para imprimirle voluntad a este concepto: los medios concretos por los que llegamos a apropiarnos de cómo nos presentamos ante el mundo.

Cabe destacar que también asistí a conferencias de físicos en todo el mundo con mis papás, gracias al trabajo de mi papá, pero no me di cuenta de lo poco convencional de mi crianza hasta que entré a la universidad. Recuerdo como si fuera ayer estar almorzando con Stephen Hawking y escuchando conversaciones interminables sobre el universo en palacios en el valle de Loira en Francia y monasterios a la orilla del lago de Como. Los físicos tienen un gusto impecable para escoger sus sedes. Desde muy joven, llegué a la conclusión de que sin importar lo espléndido del foro, tal parecía que hablar frente a un público debía ser seco y carente de emociones. (Los pocos que sobresalieron en esa época eran de una naturaleza tan distinta, que se me

---

* Acento y dialecto del este de Londres, asociado con la clase trabajadora. https://blog.cambridge.es/que-es-cockney-algunas-frases/ [*N. de la t.*]

quedaron grabados. ¿Era pura suerte? ¿Carisma nato? ¿Un comediante que dobleteaba en un campo serio?)

Después vino la universidad. Entré a Princeton y me fui de la Costa Oeste para vivir la aventura y desvelarme estudiando, conseguí la increíble hazaña de titularme en literatura inglesa a base de leer obras de teatro, cortas y casi de puro diálogo. Actué en obras y también las dirigí. Creí que me estaba forjando una vida en el teatro, pero en el fondo estaba sentando las bases para dedicarme a entrenar a la gente para expresarse en un escenario mucho más grande.

Cuando salí de la escuela, me dediqué a entrenar a actores centrándome en acentos y dialectos. Tuve la suerte de tener como mentores a dos de los mejores entrenadores de dialecto neokorquino, quienes amablemente me pasaban trabajos cuando les sobraban, incluso antes de que yo considerara estar lista. Era miembro orgulloso de la escena teatral de Broadway y off-Broadway, y después me convertí en una entusiasta angelina cuando empecé a trabajar para la tele y el cine: dediqué cientos de horas a preparar a clientes en torno a mesas del comedor y en campers silenciosos cerca del set, preparándolos para que hablaran de forma ligeramente distinta. Muy pronto me di cuenta de que no sólo implica tener buen oído; darles permiso a los clientes de jugar y asimilarse, ser malos en algo antes de ser buenos, ése es el secreto.

Se corrió la voz y tuve la oportunidad de ser coach en el cine independiente como *Loving* y en superéxitos de Hollywood como *Wonder Woman: 1984*, series de televisión como *American Crime Story: Versace, Black Mirror* y *Hunters*. Al mismo tiempo, un programa en Los Ángeles que prepara a las personas de cualquier industria para ser presentadores de televisión o expertos en cámara me pidió que dirigiera sus clases de voz, y descubrí que podía centrarme en los impedimentos vocales de los participantes y ofrecer consejos positivos y útiles. Con mi papá en mente, escribí al Centro para Comunicar la Ciencia Alan Alda, en Nueva York, y me invitaron a estudiar su método para formar a los científicos para conectar mejor con sus alumnos y el público. Después, me llamó Microsoft y un gigante de las redes sociales que quería un taller para sus empleadas, para ayudarles a hablar con mayor libertad. Diseñé presentaciones para la fundación de Tory Burch, Chief, y Create & Cultivate, me asocié con MoveOn.org, quienes necesitaban entrenadores para apoyar a candidatas que se presentaban por primera vez en la carrera electoral. Entrené a conferencistas de TED y a presentadores de las Naciones Unidas, a una delegada de W20 (la organización del G20 de las mujeres) y a una estrella pop internacional para dar un discurso en una ceremonia de premios que lo tenía inusualmente nervioso. Presenté un podcast a iHeartRadio —el primero sobre *cómo* hablamos en un medio hecho para ello— y lo compraron al momento.

Empecé como entrenadora de dialecto, pero la verdad es que los *tête-à-tête* que he tenido con mis actores en el curso de los años durante sus crisis profesionales y valientes jugadas de poder han definido mi trabajo en la misma medida que mi trabajo con el sonido. Este libro no es una revelación, he cambiado los detalles más personales y la mayoría de los nombres. Pero baste decir que entrenar a estrellas de cine ha sido una lección increíble sobre cómo aprovechar el poder que tenemos, generar el poder que no tenemos y encontrar a nuestra gente para tener pasión, sublevarnos y celebrar juntas.

Y ahora entreno a todos. Es decir, a cualquiera que necesite ayuda para descubrir la voz que con el tiempo pueda llamar propia, al margen de esos estándares inadecuados y anticuados: empresarias y CEO, candidatas políticas novatas y personalidades creativas, mamás que regresan a trabajar y celebridades. Entreno a las mujeres que tienen una misión, pero no sólo a mujeres: a inmigrantes, personas de color, personas *queer* y quienes rechazan sus etiquetas binarias, a quienes les preocupa ser demasiado grandes o demasiado pequeños, a los que se recuperan de una masculinidad tóxica, quienes quieren pertenecer y quienes quieren destacar. (Por cierto, en este libro utilizo mucho "mujer" y "ella" porque darles protagonismo a las mujeres es una práctica, no porque esta obra sea excluyente. Si te ves reflejado en estas páginas, bienvenido. Apuesto a que incluso al Hombre de la Librería le vendría bien una ayudadita.)

Tal vez estás aquí porque tienes la sensación de que no estás usando bien tu voz, pero no das en el clavo de por qué ni cómo. Quizá te sientes estancada. Tal vez tienes ganas de cambiar tu actitud en torno a decir lo que piensas, quieres dejar de detestarlo. O tal vez tienes la necesidad de, lo voy a decir, tener más poder. A fin de cuentas, muchas hemos empezado a escuchar —tal vez suave o quizá tan fuerte que ahoga todo lo demás— lo que las activistas de los derechos civiles y las feministas llevan cientos de años gritando: ni el poder que conlleva prestigio (los puestos de liderazgo en el trabajo y el gobierno) ni el poder cotidiano (terminar una conversación sin interrupciones o, carajo, llegar a casa segura) están repartidos equitativamente.

Por otra parte, a muchas que crecimos en los ochenta y los noventa nos vendieron gato por liebre, un discurso más o menos así: "Nuestras madres pelearon por la igualdad para que nosotras no tuviéramos que hacerlo" y "¡Felicidades, vivimos en una nación postsexista!". La tensión inevitable entre los momentos en nuestras propias vidas que no coincidieron con esta narrativa y la auténtica comodidad de la propia narrativa tuvieron distintos efectos en cada una: hicimos oídos sordos, lo internalizamos, bajamos la cabeza. O quizá, de hecho, sí diste tu opinión y te encontraste con escuelas o instituciones que no estaban preparadas para gestionar una queja que amenazaba con desgarrar la hermosa mentira. *Todos somos iguales. Todo es justo. Tranquila. Shh.*

Vine a decir que por favor no te calles. Reflexionar sobre tu voz supone reflexionar sobre tu poder. Y eso supone repasar la historia de tu propia voz —los hábitos de toda una vida que seguro adquiriste como miembro funcional de una sociedad disfuncional— para después elegir apropiarte de esos hábitos o sabotearlos. Este libro te ayudará al poner a tu disposición el permiso y las herramientas que necesitas para cambiar la historia y encontrar tu voz. Quizá tienes el hábito de quedarte callada cuando te sientes incómoda o quizá tu voz termina sonando un poco incorpórea. Quizá cuando hablas se te tensa la garganta y haces un gran esfuerzo, por lo que emites un sonido áspero. O quizá siempre te escuchas "agradable" cuando todos te están viendo. Tal vez hablas con monotonía, aprietas la garganta para no parecer demasiado entusiasta en un contexto donde prefieres escucharte *cool*. Tal vez temes decirlo mal o no ser perfecta o tardarte demasiado.

Cuando salimos de nuestra zona de confort, ya sea para probar nuevos sonidos en la boca, como aquellos actores, o para hablarle a un público mucho más numeroso del que estamos habituadas, nuestros cuerpos enloquecen. Seguro te has dado cuenta. Además del nerviosismo general, intervienen cada una de nuestras inseguridades individuales, aturden nuestros sentidos y despiertan una serie de mensajes que llevan latentes una eternidad. Quizá de niña te dijeron constantemente que guardaras silencio o que levantaras la voz. Que dejaras de murmurar o que hablaras más formal. Quizá te han premiado porque tu voz te hace parecer joven en una industria que galardona a la juventud o que no intimidas en un mundo que opta por no amenazar a la autoridad. Esta voz en escenarios donde te juegas mucho está plagada de hábitos que dependen de dónde eres y lo que has hecho para arreglártelas en situaciones de poder toda tu vida.

Y quieras o no, todos estos hábitos te ayudan a esconderte. Algunos te pueden seguir ayudando a conseguir lo que quieres a veces, y está bien, es información valiosa. Es probable que estés harta de algunos de ellos y otros te reconforten, porque estás acostumbrada a ellos. Pero ésta es la parte importante: no somos nuestros hábitos. En general, los hemos adoptado para beneficiar a alguien que no somos nosotros. Y los hemos adoptado como un lastre que nos impide tener acceso a nuestro poder.

Voy a ser clara. Cuando digo poder, me refiero al respeto. Cuando digo poder, me refiero al control sobre nuestros cuerpos, finanzas y destino. Cuando digo poder, me refiero a la oportunidad de tener las riendas de la situación, sentir todas nuestras emociones, querer lo que queremos, amar lo que amamos, descansar cuando queramos y salir de un lugar carcajeándonos. Es decir, si por arte de magia todas pudiéramos sonar como se nos diera la gana y aun así hacernos de poder y conservarlo, no sólo aceptaríamos nuestra voz y nos dejaríamos de preocupar por cómo se nos percibe. No tendríamos la voz que tenemos hoy. Tendríamos una voz más sonora, relajada, expansiva, expresiva, a la que no limitan las normas sociales, plagada de posibilidades. Sonaríamos como cuando estamos con nuestras personas favoritas. Sonaríamos libres. Hablaríamos con permiso.

Por fortuna, el mundo ha cambiado y está cambiando, y de tu comunidad y la mía han surgido expertas presentadoras, lideresas y heroínas que no encajan con las trilladas etiquetas demográficas que usábamos para describir a Tom Hanks. Representan un nuevo sonido del poder, o una serie de nuevos sonidos del poder. (Este nuevo sonido no tiene una sola manifestación. No puede: el punto es la diversidad. El punto es que nuestras voces reflejen nuestra experiencia de vida. El punto es que cada una suene a la vida de toda una *vida*.)

Por supuesto, están Oprah y Jacinda Ardern, Lizzo, Ai-jen Poo, Jameela Jamil, Dolores Huerta, Mona Eltahawy, Bozoma Saint John, la doctora Amani Ballour y la rabina Sharon Brous y la representante Katie Porter con su pizarrón blanco, Alok Vaid-Menon en las páginas siguientes. Y también hombres que se atreven a sonar plenos, Baratunde Thurston, Harry Styles, el senador Cory Booker, Justin Baldoni y los invitados de su podcast, mi cliente Édgar Ramírez pronunciándose en contra del machismo latino en nombre de la campaña #heforshe. Y nuestras lideresas emergentes, Amanda Gorman, Greta Thunberg, Malala Yousafzai y X González, activistas locales, tus hijos y los amigos de tus hijos.

Y estás tú. Imagino que estás a punto de animarte a probar nuevos y emocionantes círculos de poder; por eso estás aquí y es lo que deseo para ti, si es lo que quieres. A la vuelta de la esquina te esperan conferencias, reuniones y propuestas que te pueden cambiar la vida. Y gracias a lo que la periodista Jia Tolentino denomina "la monetización de la identidad",[3] las plataformas digitales que son parte de nuestras vidas cotidianas nos ofrecen a cada una la posibilidad de subirnos al púlpito, o nos obligan a hacerlo. Estas plataformas nos animan a crear una marca propia pero también a dar la cara con autenticidad y vulnerabilidad (palabras útiles para describir la experiencia de ver cómo habla alguien que parece una persona íntegra y coherente.) Nos animan a atraer miradas e interés, pero también representan algo. En palabras de Martin Luther King, Jr.: "Al final, no recordaremos las palabras de nuestros enemigos, sino el silencio de nuestros amigos".[4] Así que aquí estamos, descifrando a qué suena lo opuesto al silencio.

Esto es lo que sé: para renunciar a tus hábitos hace falta ser curiosa, probar otras alternativas y disfrutar los nuevos sonidos que surgen, incluso si al principio son extraños. Para renunciar a tus hábitos hay que descubrir lo que no es negociable (a veces, no es necesario que cambies para nada, el mundo necesita cambiar de opinión, y cuando encuentres esa postura, no la sueltes.) Para renunciar a tus hábitos hay que hacerlo juntas, normalizar nuestro dramatismo vocal y hablar de él a la altura del problema, que es global, no es una experiencia solitaria plagada de dudas internas.

Porque no estamos rotas como individuos. Como colectividad estamos creando nuevos estándares, lo cual es confuso, incómodo, lleno de esperanza y un verdadero placer si lo hacemos por la otra y *juntas*.

De hecho, trabajar con la voz es superdivertido. Navegar por lo que bell hooks denominó nuestro patriarcado imperialista, supremacista blanco, capitalista...[5] no lo es. Sin embargo, es un alivio encontrar un espacio para luchar contra cómo esta toxicidad heredada se ha manifestado en nuestros cuerpos y nuestras voces. Es una oportunidad para exhalar, ser honestas, ensanchar las costillas y apropiarnos juntas del espacio, sentirnos cómodas con nuestro *alter ego* (que bien podría ser nosotras, pero con permiso), cambiar el rumor de las risitas tentativas por carcajadas a pleno pulmón ante lo absurdo de todo. He llegado a entender que mis sesiones y talleres de entrenamiento, y en esta ocasión contigo, son una oportunidad de imaginar un mundo mejor, con actitud pícara. Una oportunidad para convertir algo invisible —una voz, muchas voces— en una revolución que nos conduzca a un nuevo mundo juntas. Porque el meollo del asunto es que cuando cambiamos la historia de a qué suena el poder, cambiamos quién tiene el poder.

Cambiamos quién tiene el poder.

Identifica a quienes dicen lo que piensan en una voz que sugiere que no les importan los estándares anticuados, que dicen lo que vinieron a decir. Identifica a quienes ya lo están haciendo. Escúchalas y considéralas estrellas que mapean el nuevo sonido del poder a lo largo y ancho del cielo. Al igual que con las constelaciones, tenemos que buscarlas y compartirlo con las demás. De lo contrario, parpadeamos y las perdemos de vista, quedan en el olvido, y cuando nos toca hablar en público, las olvidamos. Volvemos a intentar sonar como alguien que no somos, intentamos hablar bajito, despacio, reflejar el viejo sonido del poder, y el cielo permanece oscuro en el pedacito en el que podría resplandecer nuestra luz.

A veces, utilizar bien nuestras voces implica cambiar cómo hablamos, pero otras, decidir que estamos hablando bien, gracias. Así que lo voy a señalar: en este trabajo existe una tensión inherente. En tu caso, en un día cualquiera, darte permiso puede implicar correr un riesgo enorme, peligroso o atreverte a tomar una decisión segura y protegerte. A veces queremos algo material (el trabajo, el ascenso, el voto) y a veces queremos un sentimiento (integridad, orgullo, bienestar)

y si lo material y el sentimiento están en desacuerdo, es difícil elegir
uno de ellos sin recriminárnoslo.

Al hablar en público, también existen paradojas elementales que
cualquiera ha tenido que enfrentar en el curso de la historia, JFK incluido: cómo practicar lo suficiente para estar preparada, pero pensar
rápido para responder en el momento. Cómo parecer lo suficientemente segura para ser creíble, pero humana para que te crean. Cómo
divertirte, pero hablar con la seriedad que exige tu tema. Cómo ser
lideresa y miembro de la comunidad, especial, pero cercana.

Puede parecer imposible, te puedes preguntar: *¿Para qué moles-
tarse?* Y aun así. La primera vez que ofrecí un taller titulado "Cómo
usar tu voz para obtener lo que quieres" —en el marco de una conferencia para mujeres en mi *alma mater*—, me dijeron que esperara
a unas cincuenta asistentes. Se trataba de un taller para un grupo
pequeño, un intermedio en el programa, agendado entre sesiones
con la leyenda de la postura del poder, la doctora Amy Cuddy y, no es
broma, las juezas de la Suprema Corte de Justicia de Estados Unidos,
Sonia Sotomayor y Elena Kagan. Sin embargo, se registraron 465 mujeres y los organizadores tuvieron que mover mi taller al auditorio
más grande del campus. Resulta que muchas estamos buscando en-
riquecer nuestras vidas, influir en los demás y honrar nuestra misión
con la magnitud que le corresponde. Hablar frente a la cámara de
nuestros teléfonos, hacer una transmisión para nuestros seguidores,
hablar ante un micrófono y elevar nuestras voces para que nos escuchen hasta atrás del auditorio. Pedir ese aumento, presentar esa
denuncia formal, hablar en ese panel o aceptar ese podcast. Dejar la
seguridad y la comodidad de casa para pararte frente a un público y
decir algo que no se ha dicho.

Como habrás notado, defino "hablar en público" en términos
muy generales. De hecho, creo que bien se puede tratar de hablar
frente a personas que aún no te conocen del todo. Sin importar el
foro, exige valor. Pero no sólo valor para pararte ahí pese a que tu

público te podría juzgar a través de ese abismo que los separa. No, el valor real es rechazar esa idea anticuada de que existe un abismo entre la oradora y el público. Incluso si eres la única que está hablando, se está suscitando un diálogo. ¿A qué le concedo importancia? ¿A qué le concedes importancia? ¿Qué compartimos? ¿Qué tenemos en común? Es un asunto de coexistencia humana fundamental. Es la promesa de pertenecer y el placer de hacer comunidad. Es decir: *Vamos a darle importancia a esto juntos*. Hablar en público es darle importancia a algo juntos, en versión más grande.

¿Cómo suenas cuando en serio crees en lo anterior? ¿Y cómo llegar ahí? En parte, este libro es una exploración de cómo llegamos ahí y, en parte, una salida. En las siguientes páginas encontrarás historias con las que espero te identifiques, estructuras para pensar en cómo ser una persona plena frente a otros, herramientas para identificar y nombrar tus hábitos y probar nuevas opciones, así como ejemplos de momentos públicos que puedes escuchar con oído entusiasta y de los cuales aprender. Es una oportunidad para pensar quiénes son tus modelos y cómo suenan *de verdad*. Una oportunidad para recibir entrenamiento a modo de un abrazo o una patada en el trasero (a veces, lo que necesitamos es lo contrario a lo que creemos). Y una oportunidad de escuchar a luminarias en el campo de la oratoria, la lingüística y las ciencias sociales, además de amigas y clientas que lo están viviendo, abriéndose paso para encontrar una salida.

Ellas lo saben, yo lo sé y ahora tú lo sabes: éste es un movimiento y ahora eres parte de él.

1
La respiración

Estoy dispuesta a ser vista.
Estoy dispuesta a dar mi opinión.
Estoy dispuesta a seguir adelante.
Estoy dispuesta a escuchar lo que los demás tienen que decir.
Estoy dispuesta a seguir adelante incluso si me siento sola.
Estoy dispuesta a acostarme todas las noches en paz conmigo misma.
Estoy dispuesta a ser mi yo más grande, absolutamente mejor y más poderoso.
Estas siete afirmaciones me aterran. Pero sé que son la esencia de todo.

—EMMA WATSON[1]

Haz una pausa para respirar. Tenemos un ritmo regular que consiste en inhalar y exhalar, y predomina cuando estamos dormidas o hacemos tareas mundanas; tal vez lo sientas ahora. También existe una respiración que acompaña los momentos de verdadera sorpresa: un toque cálido, el remate de un chiste, encontrarnos inesperadamente a un amigo. El ritmo cambia e inhalamos más aire del habitual. Es una respuesta instintiva a lo nuevo y original. Es el momento cuando leí en voz alta el folleto de la prueba de embarazo a mi esposo para entender el símbolo de la pequeña tira, y cuando me detuve sin terminar con un grito ahogado. Es el suspiro tembloroso que siguió, lleno de posibilidades y vulnerabilidad absoluta. Este respiro es la vida en movimiento.

Pero la respiración también es otra cosa. Durante casi una década, el "no puedo respirar" ha sido el grito de las manifestaciones del uso de la fuerza policial contra los cuerpos negros, un recordatorio de lo fácil que se puede maltratar una tráquea delicada, o a un ser humano. Y cuando golpeó el coronavirus, en los hospitales de todo el mundo resonaron los gritos desesperados por recuperar el aliento, en todos los idiomas que conoce el ser humano. Para evitar enfermarnos, nos encerramos, nos aislamos de los demás, nos cubrimos la nariz y la boca para reservarnos la respiración, en sentido literal. Reunirnos en un espacio público, mezclar nuestras inhalaciones y exhalaciones se volvió peligroso. Ese primer fin de semana de confinamiento en Estados Unidos, recuerdo estar sentada en la cama leyendo todo. Hiperventilando. Pensando, Dios mío, compartir la respiración podría ser letal.

En este contexto, no es fácil empezar a percatarte de tu propia respiración, en momentos triviales y en momentos que te aterran por completo. Respirar es lo más sencillo, sucede, como parpadear. Y respirar es lo más difícil del mundo cuando estás corriendo un riesgo, cuando esa inhalación te está preparando para *soltar* un sentimiento o una idea interior, y el resultado es incierto.

Pero en cierto sentido, compartir estas respiraciones en público siempre ha sido peligroso. Para las que tenemos perspectivas novedosas, para quienes necesariamente cuestionamos los convencionalismos, el público nunca ha recibido nuestros sentimientos o ideas del todo. Nos han amenazado, desacreditado e ignorado. Nos hemos quedado sin trabajo y nos han enjuiciado como brujas. No nos han creído. Para cualquiera fuera de los puestos tradicionales de poder, respirar profundo y hablar requiere deshacer miles de años de mensajes sobre quién merece tener una voz en público y cómo tiene que sonar. Hay que enfrentarse con toda una mitología.

Porque el punto es: cuando respiras muy profundo inhalas aire de fuera y emerge una fracción de segundo después como tú, con tus esperanzas y sueños, alegrías y enojos. Tus exigencias. Desde luego, todos necesitamos aire para sobrevivir, pero también todos necesitamos aire para activar nuestros enojos y alegrías, y debemos activarlos si queremos cambiar la narrativa, así reconfiguramos la mitología sobre quién merece hablar en público y cómo tiene que sonar. Así nos volvemos nuestras propias nuevas heroínas. Quiero que cuando los riesgos sean altísimos, llegues lista para respirar profundo y te liberes en la exhalación.

Sin embargo, en ocasiones nos encontramos en lugares en los que somos las únicas, la única miembro de nuestra raza, la comunidad *queer, la única mujer, la única persona en silla de ruedas,* la única que está vestida en colores llamativos o con ropa de segunda mano o muy embarazada, la único que habla con acento o que está dispuesta a perder dinero para hacer lo correcto. En ocasiones, nos encontramos en una esfera que no está diseñada para que la conquistemos,[2] como asegura la activista de Black Lives Matter, Tamika Mallory. Es entonces cuando tenemos ese deseo intenso de minimizarnos o esconder nuestra diferencia, y una manera muy efectiva de lograr este acto de desaparición es dejar de respirar bien.

No obstante, a veces, a ese lugar le hace falta una renovación, y tal vez tenga ánimos de trazar los planos del nuevo diseño. Lo he visto una y otra vez, con clientas a los que he entrenado, con desconocidos en grandes escenarios en todas partes: son ambiciosas, atrevidas, están en una misión, su objetivo las empodera, listas para conquistar el mundo.

Pero cuando nos paramos frente a quienes queremos convencer... contenemos la respiración, obligando que el aire salga por la garganta oprimida que al mismo tiempo intenta dejarnos salir y encerrarnos. Hablamos, pero nos sofocamos y emitimos voces planas o ásperas. No sonamos animadas. Estamos listas para cambiar la narrativa, pero nadie les ha avisado a nuestras voces. Quizá nos hemos preparado durante tanto tiempo —para no pertenecer, que no nos entiendan, que nos descarten o que nos abucheen— que lo hacemos por costumbre. Y no convencemos a nadie.

Estoy aquí para ayudarte a quitarte ese hábito, que tiene que ver tanto con darte permiso como con volverte a familiarizar con tu respiración. Debes confiar, con vehemencia, que tu cuerpo pertenece aquí, e invitarte a espacios que te asustan, con sinceridad. Esta confianza requiere práctica y tengo ejercicios que te ayudarán a llegar a ese punto.

También tengo perspectiva, porque no estás sola. No eres la única que siente que no pertenece y cuya respiración se tensa ante la idea de declarar lo que crees. Nuestra incomodidad al hablar en público, que en realidad es la incomodidad de ser públicas, es una historia que nos pertenece a muchas, a nuestras madres, abuelas, a todas las ovejas negras, inadaptadas y soñadoras. Hace una eternidad, cuando se trazaron los convencionalismos sociales, no nos invitaron, a ninguna. Ahora, hay que cuidarnos, percatarnos de las otras "únicas" y hacerlas sentir bienvenidas, permitirles respirar con más facilidad. Permítete imaginarnos como un colectivo, sentir la camaradería en la piel y cuando cruces miradas, tal vez verás tu reflejo y tú misma respirarás más fácil. Nada se compara al poder de la solidaridad que conlleva tomar la pluma para rescribir los convencionalismos antiguos. Por el bien de todas.

Cuando la vicepresidenta Kamala Harris aceptó la nominación en la Convención Nacional Demócrata en el verano de 2020, se mostró apasionada, lúdica. Familiar, íntima, pero también entusiasmada con el peso de la ceremonia y habló con resolución. Vale la pena volverla a ver a modo de clase sobre la respiración. Empieza con: "¡Saludos, Estados Unidos!"[3] en un lugar sin el zumbido de la multitud, sin la retroalimentación orgánica de la que dependían los políticos en un mundo prepandémico. Sin embargo, respira profundo antes de seguir hablando, como inhalando a todo aquel que la ayudó a llegar a ese escenario, como inhalando su propio sentido de pertenencia. Pudo haberse hecho trampa y seguir, de prisa, sin el apoyo de su respiración, pero no lo hizo. "En verdad, es un honor hablar con ustedes

esta noche", procede, y respira después de esta idea. Se centra en esta
pausa y usa el aire para expresar la siguiente idea, y la siguiente.

Se le podría llamar ritmo, pero no se trata de mantener un compás mesurado. Se trata de respirar para expresar la idea que quieres
expresar frente a la gente que necesita escucharla, lo cual quiere decir que debes estar presente como para leer a tu público y a ti misma
de forma continua. Algunas frases exigen que al final hagas un silencio intencionado para que el significado reverbere mientras observas
a tu público expectante. Tal vez incluso un ciclo completo de respiración: inhalar y exhalar y volver a inhalar, antes de continuar. El silencio y un foro que respira al unísono pueden ser sorprendentemente
poderosos. Sin embargo, otros discursos merecen un ritmo apresura-
do porque el ímpetu dota de significado al discurso, en ocasiones cerca del final de un discurso o una discusión, conforme desarrollas tu
conclusión. Y lo puedes lograr con una inhalación más rápida, más
atlética. Kamala lo hizo todo: se apropió del espacio, honró su mensaje con la respiración adecuada para el tamaño de sus ideas, y estuvo
presente con total intensidad y entusiasmo.

Cuando nos responsabilizamos de nuestra respiración de esa forma, tenemos la oportunidad de estar presentes por completo. Tenemos una oportunidad de crear momentos de sorpresa absoluta,
la vida en movimiento. Las rebeldes respiran profundo; de hecho,
creo que necesitamos el apoyo de la respiración para rebelarnos. Las
respiraciones profundas nos permiten ser audibles y visibles en toda
nuestra gloria. Las respiraciones profundas nos permiten estar presentes con nuestras individualidades integrales, humanas, en lugares
que pueden no estar listos para nosotras y así enseñarles de qué se
habían perdido. Esto cambia la narrativa.

Así que, de hecho, este primer capítulo en un libro sobre la voz
es sobre el momento de silencio antes de la voz. Es sobre el momento cuando estás a punto de salir al escenario y te dices: "¡Respira!",
pero descubres que levantas los hombros o sacas el pecho y tu cuerpo

responde con más pánico, no menos. Es sobre el momento en el que llegas al micrófono, miras a tu público y te traicionas al intentar meter aire en un cuerpo demasiado sudoroso por el estrés o los hábitos para aceptar una respiración profunda. O el momento cuando te aguantas la respiración en anticipación y después olvidas exhalar. Es sobre todo lo que puede salir mal y cómo, con un poco de ayuda, puede salir bien.

"Si *ustedes* no se sostienen, ¿quién lo hará?", recuerdo las ganas de poner los ojos en blanco cuando mi profesora de canto de la preparatoria nos dijo esto, nos estaba regañando por no respirar lo suficiente para sostener la nota. Sonaba muy cursi. Sostener la respiración, sostén como apoyo moral, ¿me explico? Pero ahora, de forma oficial, me retracto de los ojos en blanco.

Existe una extraordinaria conexión entre la mente y el cuerpo, entre qué tan bien nos permitimos respirar y si nos permitimos creer que somos dignas. Dignas de cualquier cosa: un mejor sueldo, atención, compasión, poder. Y es recíproca. Cuanto mejor respiremos, más poderosas nos sentimos; cuanto más poderosas nos sentimos, respiramos mejor. Y cuando nos sostenemos —con la respiración, con la convicción—, cambiamos el mundo.

Es gracioso porque cuando tú y yo nacimos, sabíamos todo lo que debíamos saber sobre cómo respirar. Es el primer acto útil que los bebés hacen por su cuenta en cuanto salen del vientre, y sigue siendo el acto más útil que hacemos solas todos los días, si lo hacemos bien. Con esto quiero decir, si lo hacemos con la facilidad que teníamos de bebés, antes de que el mundo nos dijera cómo ser: qué tan ruidosas, qué tan amables, cuánto espacio ocupar, qué tan poderosas *no* somos.

Respirar bien antes de hablar es la manera más fundamental que tenemos para defendernos o socavarnos e indicar a los demás que deben hacer lo mismo. Si la vicepresidenta Harris hubiera respirado de manera superficial, hecho pausas cortas y suprimido el sonido en su garganta, hubiéramos recibido un mensaje por completo distinto de su discurso esa noche. De haberlo hecho de manera habitual durante los años que la condujeron a esa noche, apuesto a que, para empezar, no hubiera llegado a ese escenario. Si tienes la sensación de que esto te podría describir, no es tu culpa. Pero puedes y debes recuperar tu respiración.

La sencillez de respirar es engañosa. A fin de cuentas, lo hacemos veinte mil veces al día. Y, en efecto, nuestro cuerpo sabe respirar por su cuenta, cuando estamos dormidas, cuando vamos a correr o cuando nos reímos con amigos. Se expande de manera natural para impulsar la actividad. Pero en nuestros momentos más importantes, cuando la manera en la que hablamos podría cambiarnos la vida: la presentación, la propuesta, el podcast, el ascenso, incluso al intentar poner límites con una pareja o padre o madre, nada se siente natural. Y no nos permitimos expandirnos lo suficiente. Porque a nivel biológico, nuestros cuerpos siguen funcionando como los cuerpos de nuestros ancestros hace cientos de miles de años: cuando estamos ansiosos o percibimos peligro, liberamos una ráfaga de hormonas que dirigen nuestra respiración para que ésta sea superficial y rápida, para que el oxígeno llegue al cerebro rápido y así combatir la amenaza. Y estoy ocurre para detrimento de todo lo demás. Nos enfocamos en la amenaza a través de una visión estrecha, aceleradas por la adrenalina, el corazón bombea sangre tan fuerte que podemos escucharla, estamos listas para salir corriendo. Cuando se trata de hablar en público, la amenaza deja de ser física, se centra en "la gente allá fuera" que nos observa y nos juzga. Incluso después de que nuestro cuerpo realiza este proceso, la gente sigue estando allá *fuera*. Sólo que ahora están viendo a una versión de nosotras que dejamos de reconocer: presa del pánico, sonrojada, una parodia de un individuo intentando no colapsar, ya no digamos realizando nuestro objetivo. Nuestro cuerpo sabe cómo activar todas estas habilidades de lucha o huida para asumir el reto cuando un oso nos ataca. ¡Bravo por el cuerpo! Pero si queremos asumir el reto de ser nuestra versión más grande, mejor, más poderosa frente a los demás, tenemos que enseñarle al cuerpo a activar competencias distintas, y no se reduce a imperativos biológicos, sino a hábitos. Por ejemplo, cómo nos imaginamos cuando somos el foco de atención, nuestra relación con nuestro público, el valor que tenemos para ellos, nuestros patrones de conducta cuando tomamos la palabra.

¿Cómo transformar un hábito? Estoy usando "hábito" para referirme a una tendencia a la que estás acostumbrada y que, como una droga, te puede confortar en el momento, pero es una muleta a largo plazo. El problema con los hábitos es que adoptamos la mayoría de forma inconsciente, y por influencia de los demás. Cuando eras niña, ¿te dijeron que si no ibas a decir algo amable, mejor no dijeras nada? ¿Te explicaron que enojarse se ve feo? ¿Que lo más importante es mantener la fiesta en paz? ¿Que debías ser más reservada y callada? Nuestros padres, por más buenas intenciones que tuvieran, la escuela y nuestros compañeros, las películas que vimos y los YouTubers a quienes seguimos, las lecciones que aprendimos sobre las consecuencias para quienes rompen las reglas y las recompensas para los que siguen las reglas, todo esto nos ha civilizado. Sin saberlo y en el curso de décadas, hemos descubierto formas de utilizar nuestra respiración para ahogar, desviar y gestionar nuestros impulsos impropios para seguir siendo miembros decorosos de la sociedad. Pero lo que nos hace buenos miembros de la sociedad nos hace pésimas revolucionarias o, si esto parece muy dramático, pésimas oradoras también.

No me interesa culparte por recurrir a estas muletas, pero tampoco me interesa darte nuevas. El objetivo de las prácticas de respiración es encontrar algo más verdadero y liberador que los hábitos que hemos adquirido. Cuando nuestros hábitos nos susurran al oído: *No eres el tipo de persona que...*, podemos responderles: *Pero ¿y si sí?* Tenemos la costumbre de adquirir hábitos cuando lo dictan las condiciones y tal vez, en tu caso, las condiciones han cambiado. Tal vez compraste este libro porque tu versión temerosa ya no te está funcionando.

Podemos aprender mucho de nuestros cuerpos cuando están relajados. De hecho, en el aspecto técnico, cuando hablamos en un escenario cómodo, solemos inhalar el aire necesario para que lo expulse la idea que estamos expresando. En esencia, la *idea* conecta con la respiración conecta con la *voz*. El proceso interno es hermoso: lo que denominamos "habla" empieza con la necesidad de comunicar algo, la cual ejecuta un escaneo cerebral, un impulso sencillo de la corteza motora, ya sea una necesidad imperiosa de que nos escuchen o simplemente saludar a un desconocido. Se enciende una corriente eléctrica en la columna vertebral que recorre las terminaciones nerviosas asociadas con el habla y los músculos para respirar, y son *muchos*. Después, una descarga de movimientos coordinados expande la caja torácica, despierta al músculo enorme que separa el torso superior del inferior, o diafragma, y se abre paso entre nuestros órganos para crear espacio para que los pulmones se expandan, lo cual permite que entre y salga el aire suavemente, un poco para una idea pequeña, mucho para una idea vasta y sinuosa. Un poco para un comentario casual, mucho para un grito.

En este ideal platónico de la respiración para el habla, para salir, el aire pasa por las cuerdas vocales, en forma de V, y las hace vibrar como una cuerda. Esto crea el sonido, aunque todavía no sale de nuestros cuerpos. Primero, esas vibraciones rebotan, convierten nuestros huesos en amplificadores, y las cavidades entre los huesos, en cámaras de sonido donde se amplían las vibraciones, se multiplican y resuenan —literalmente "re-suenan"— como un eco. Por último, usamos los labios, los dientes, la lengua y las partes duras y suaves de la boca para articular esos sonidos para que produzcan significado, mientras las ondas encuentran la salida mediante las formas que les damos. Satisfacemos la necesidad inicial de comunicar algo cuando las ondas aterrizan en los oídos de alguien más, o muchos oídos, y ellos nos escuchan y nos entienden.

Recuerda una ocasión en la que estabas inspirada, cuando estabas contando una historia jugosa o respondiendo maravillada a la exclamación de un amigo: "¡Dios mío! ¡*No* puede ser!". Quizá conseguiste este ideal platónico. Cuando de verdad estamos presentes, el sistema funciona de manera magnífica. Y esos momentos en los que no tenemos nada que demostrar son instructivos: respiramos mejor cuando nos sentimos seguras y amadas, cuando una necesidad opuesta de escondernos no obstaculiza la necesidad de comunicar algo.

Desde luego, el problema son las otras ocasiones, cuando nos malinterpretan, cuando nos interrumpen, cuando no nos hacen caso o cuando nosotras mismas cuestionamos nuestras ideas mientras las estamos expresando. Entonces, nos acometen los instintos de pelea o huida o los hábitos de siempre. Y la respiración se vuelve laboriosa. Nos quedamos sin aire demasiado rápido o se nos olvida respirar, y nos ahogamos. Los músculos de la garganta se tensan por la adrenalina, atrapan el sonido y obligan a las cuerdas vocales a trabajar de más para compensar (fíjate cómo en el ideal platónico de idea-respiración-voz, la *garganta* era un participante pasivo). La mitología de los espacios públicos nos afecta, desconcierta la conexión entre mente y cuerpo y, de repente, la elegante coordinación entre nuestras terminaciones nerviosas y grupos de músculos, capaces de dar un concierto, se asemejan a un grupo de niños de cinco años que está aprendiendo a tocar instrumentos.

Si te consideras muy centrada, tal vez hayas adoptado el hábito de ocultar esa lucha incómoda, incluso si no la has conquistado. Mi clienta Meg se crio en un hogar de migrantes coreanos en Los Ángeles y me contó que su motivación es la necesidad de hacer sentir orgullosos a sus padres a toda costa, se proclama una perfeccionista clásica. Su objetivo era un gran ascenso en su *start-up*, un puesto muy público. Tenía el temperamento adecuado y las habilidades para hacerse cargo de los problemas de su empresa, pero por su obsesión con que todo saliera perfecto, también era una oradora forzada, y así no se iba a quedar con el trabajo.

Cuando al principio de nuestra sesión le pregunté sobre sus metas, me respondió con su jerga y se expresó con total desenvoltura. Habló sin pausa, con palabras complicadas y párrafos completos, pero no terminaba de tener sentido. Incluso a solas conmigo, no estaba escuchando bien las preguntas y no estaba buscando en su interior las respuestas honestas, en tiempo real. No se permitió la oportunidad de sorprenderse. Era como si respirar profundo o hacer una pausa para reflexionar fuera señal de debilidad o, por lo menos, eso había creído de niña y se le quedó la costumbre. Como cantante que quiere ocultar una inhalación antes de cantar, Meg quería ocultar el esfuerzo a toda costa. Este enfoque la hacía parecer pulcra, sí, pero de forma que se interpretaba como artificiosa. Y sin querer, cualquiera podemos inspirar desconfianza. Me llamó la atención que parecía más un retrato que una persona, y recordé la advertencia del mago del *marketing*, Seth Godin: "el perfeccionismo es otra forma de escondernos".[4] No tengo nada contra la pulcritud, es maravilloso estar bien preparada y tener aplomo, pero no hay que confundir la estricta vigilancia con la pulcritud. La diferencia entre ambas se reduce a la respiración, y la diferencia entre si parecerás o no un ser humano vivo y que está respirando en la habitación también se reduce a la respiración.

Para parecer ser humano tienes que *vivir en tu cuerpo*. Esta situación en la que interviene la carne no se limita a ir a una clase de Pilates o excitarse con la imagen de la pareja de *Outlander*. Es posible que hayas olvidado tu cuerpo, que te hayas desconectado de él o hayas aprendido a odiarlo. Y es probable que lo hayas hecho por un buen motivo: el músculo amplio que separa la parte superior e inferior del torso, el diafragma, es responsable por una cantidad desaforada de angustia. El mentado diafragma se encuentra en la intersección del miedo a hablar en público y los estándares de belleza, los traumas personales, asegurarnos parecer "agradables", no lo opuesto. Tiene la forma de un domo y, como todos los músculos, puede adoptar una posición de descanso, redondeado hacia arriba en su estuche, o se puede contraer y *hacer algo*, y, para este músculo, esto quiere decir aplanarse y dejar que se desate el infierno.

Cuando el diafragma puede contraerse por completo hacia abajo, el movimiento atrae valioso aire a los pulmones; se relaja por completo y expulsa el aire rancio, sin oxígeno. Pero si todo el día aprietas el estómago, limitas el rango de movimiento del diafragma, las respiraciones serán más superficiales y las exhalaciones débiles atraparán hasta 30 por ciento del dióxido de carbono residual en los pulmones. ¿Por qué querríamos hacernos esto? La respuesta es porque existen beneficios reales y prácticos para tensar el diafragma y mantenerlo en su lugar. La primera: es muy probable que nadie te quiera mirar la zona del estómago porque no habrá movimiento alguno. Otra: no sentirás todos tus sentimientos, por algo asociamos el instinto con las "vísceras", el instinto visceral. Cuando respiras de forma superficial no recurres a esa zona para nada y no tienes que escuchar sus advertencias. En cambio, tienes el satisfactorio sentimiento de tener el control. Tal vez lo asocias con sentirte normal y es reconfortante. Y por último, si el diafragma se mantiene tenso, es probable que emitas una voz suave, débil o tensa, incluso aguda o estereotípicamente femenina. En cualquier caso, no parecerás amenazante. La comediante británica Deborah Frances-White empieza los capítulos de su popular podcast *Guilty Feminist* [*Feminista culpable*] con una serie de despiadadas confesiones del tipo: "Soy feminista, pero...". Soy feminista pero... tensar el estómago es un mecanismo de defensa espectacular. Ayuda a que la vida transcurra sin contratiempos, te ayuda a no incomodar. Tiene sus ventajas.

El infierno se desata cuando, en vez de contraer el diafragma con cada ciclo de respiración, dejas que el aire tenga oportunidad de llegar a los pulmones: sentirás más todo. Podrás entrar en contacto con tu intuición, leer a tu público, reaccionar en el momento cuando recibes información adicional. Un cuerpo que respira bien escucha sus pensamientos. Como resultado, te sorprenderás, al igual que a tus escuchas. Se puede sentir peligroso. Vas a incomodar. Pero tu voz saldrá más completa, con más resonancia, color y expresión, esto quiere decir que tu público no sólo te escuchará mejor, *te* verá mejor. Tu voz se interpretará como segura. Te sentirás poderosa. Literalmente, serás más poderosa.

Cabe destacar que a la mayoría nos aterra respirar profundo porque exige que relajemos el abdomen y crecimos en una cultura que nos enseñó a sumir la barriga. No podemos cambiar el tamaño de, no sé, los muslos si respiramos distinto, pero sí el tamaño del vientre... por eso lo hacemos. Es difícil creer cuánta valentía se requiere para apropiarnos del espacio que nuestros cuerpos habitan cuando nos están viendo. En cambio, la mayoría tenemos una tendencia de intercambiar nuestro poder vocal por la sensación de un aparente poder visual. O estamos tan acostumbradas a hacerlo que nunca nos hemos dado el tiempo de preguntarnos si es un intercambio que estamos dispuestas a hacer.

Una clienta es estrella de cine en una de las franquicias más grandes de la historia, y me contó que cuando estudiaba actuación no podía descifrar cómo respirar con el estómago. Cuando por fin aprendió, después de toda clase de estrategias de su entrenador de voz, no dejó de llorar. "Quién sabe por qué, tal vez porque por fin enfrentaba el dolor del autosabotaje", me contó. Puede que también sea parte de tu proceso. Y vale la pena preguntarse si vale la pena hacerles frente a los hábitos que, de alguna forma, te han protegido toda la vida.

De hecho, si el objetivo es utilizar tu voz para conseguir lo que quieres, tensar el diafragma y evitar respirar bien podría funcionar mejor en ciertos lugares, en ciertas relaciones. Todas podemos recordar ocasiones en las que fue más conveniente pasar desapercibidas, desconectarnos de sentimientos incómodos, no sonar amenazadoras y ejecutar algo a la perfección, sin sorpresas. Pero ¿te has percatado de cuántas mujeres dan conferencias TED y llevan puestos vestidos rectos o de tubo? Esos instrumentos de tortura que moldean la figura, revelan las marcas de la ropa interior y, por lo tanto, exigen usar SPANX. Me emociona cuando veo conferencias de mujeres con ropa más holgada. No las estoy juzgando por lo que llevan puesto; pero sé que es más probable que suceda algo *real* en el escenario, que se sorprendan a ellas mismas y a nosotros, simple y sencillamente debido a que pueden respirar con mayor libertad. Me interesa que aprendas nuevas herramientas para que, para ti también, suceda algo real. Para que cambies tu vestido pegado, real o metafórico, retes a la cultura de meter la barriga y te apropies del espacio que necesites, incluso si es arriesgado. Para que consigas lo que quieres *realmente*. Tengo la sensación de que por eso estás aquí: para los otros lugares, las otras relaciones, las que quieres conservar a largo plazo. Para hacerte del control y cambiarlo todo. Para que puedas convertirte en el nuevo sonido del poder.

Como mi amiga Cathy. Me envió este mensaje de gira en campaña electoral. "¡Hey! Hoy en la noche me dijeron muy amablemente que hablo desde la garganta o con un chillido. ¿Me puedes ayudar?". Tras años como activista e inspirada por las elecciones de medio término de 2018 (apodadas "la ola azul" por el tsunami de demócratas elegidos por primera vez, muchos de los cuales eran mujeres y personas de color), Cathy sintió el impulso de hacer más que organizar y manifestarse, así que anunció que, en 2020, se presentaría como candidata al Congreso. Su distrito necesitaba un cambio y su historial en el sistema de salud la preparó para entender las necesidades de sus futuros electores, así como a gestionar el inevitable esfuerzo de la burocracia legislativa que tendría que sortear para satisfacer esas necesidades. Además, acababa de sobrevivir a un accidente muy serio de esquí después del cual se sentía completamente intrépida. Pensó: ¿Cuándo si no es ahora? ¿Quién si no yo? Pero a sus hábitos de hablar desde la garganta o con chillidos no les importaba si era la candidata ideal, la iban a derrumbar.

"Sip", así respondí a su mensaje. "¿Alguna vez has pensado en tu cuerpo cuando hablas?". Veinticuatro horas después, estábamos frente a frente, de pie y listas, como si fuéramos a jugar el partido de voleibol una a una más feroz de la historia. Con la mirada fija en la otra, siguió mi ejemplo cuando me agarré la barriga y la sacudí, animando a mis vísceras a soltarse en mis manos mientras inhalaba por la nariz y exhalaba por la boca. Se empezó a reír.

—Es como estirarse antes de correr. ¡Por supuesto que tienes que estirar antes de hablar en público!

Y sí, no importa si nos estamos presentando ante nuestra comunidad o presentando una idea a una sala indescifrable, el truco es expandirnos. Ocupar el espacio. Estirarnos le recuerda a nuestro cuerpo su tamaño real y lo prepara para que ese tamaño se sienta normal.

—¿Por qué nunca se me había ocurrido antes? —preguntó.

Me encogí de hombros:

—¿El patriarcado?

La verdad es que, desde hace milenios, para las mujeres ha sido muy conveniente desconectarse del poder de su propia respiración. Es decir, no ha sido conveniente para *nosotras*, sino para *alguien*. Cualquiera que no respire con la suficiente profundidad no podrá utilizar todos los recursos que tiene a su disposición, una voz vigorosa o una idea inequívoca de una injusticia que ya no se puede tolerar.

En este momento intentamos conectar lo que Cathy sabía en su mente —que estaba lista para ser lideresa— con un cuerpo que no estaba acostumbrado a invertir en la energía que exige el liderazgo. Había decidido que era intrépida, pero no le había informado a su

cuerpo. Su respiración estaba estancada en los hábitos que su ambición ya había superado. Así que corrimos en nuestro lugar, con
la barbilla abajo, exhalando y agregando un toque de sonido —un
"fuuu"—, permitiendo que el sonido nos sacudiera mientras con las
manos nos movíamos los vientres, y nos dimos cuenta de lo peculiar
que se siente soltarlos.

Podemos discutir intelectualmente con nosotras mismas para tener un cuerpo más libre o podemos sacarlo a base de una sacudida.
Hay beneficios para cada enfoque, pero uno es pesado y el otro es li-
gero. Uno toma toda la vida, los resultados del otro tardan una hora.
Para mí, las zonas de tensión siempre son el tracto digestivo, entre
las escápulas y debajo de las axilas. Para todas, se trata de los lugares
que tensamos por miedo o hábito.

Quiero que practiques la expansión, si puedes, con un toque de
ridiculez. Me imagino este calentamiento en términos de cuatro figuras. Pruébalas todas. En última instancia, si quieres utilizarlo para
prepararte para un día importante o para tu rutina diaria, elige lo que
se sienta bien, pero atrévete a descubrir qué significa *bien*.

Puedes hacerlo completo en un minuto exacto o en media hora
si añades un poco de música relajante y lo conviertes en una meditación. O pon tu música para bailar favorita y déjate ir. Tienes permiso de ser coqueta y traviesa. Y también tienes permiso de quedarte
sin aliento por el esfuerzo: cuando haces una actividad aeróbica se
activa la sabiduría de tu propio cuerpo. En su tratado de 1862, "Caminar", Henry David Thoreau, afirma que: "el acto primitivo de mo-
vernos nos conecta con la esencia de lo salvaje, ese salto de vitalidad
espiritual que nuestra civilización sedentaria ha secado de forma
metódica".[5] Cuando nos movemos, nos recordamos a nosotras mismas. Recordamos nuestra esencia salvaje.

POSTURA 1: RESPIRACIÓN PARA TOMAR DECISIONES IMPORTANTES

Recostada de espaldas en el piso con las rodillas hacia el techo, pega la espalda baja al piso. Pon una mano en tu estómago y la otra en tu corazón. Vacía tus pulmones y espera sentir la necesidad de respirar. Cuando te acometa esa necesidad, siente cómo tu estómago se infla como un globo y flota hacia arriba —intenta no forzarlo de ninguna manera—, y en vez de sostener la respiración arriba, sigue el ciclo de la respiración. Siente cómo inhalas y exhalas. Cuando vuelvas a soltar todo el aire, espera hasta que vuelvas a sentir la necesidad. Imagina olas del mar en la playa que chocan en la arena y producen espuma a tus pies y después regresan al mar.

El objetivo es descubrir el ritmo natural de tu respiración diafragmática o a lo que me he referido hasta ahora como "respirar bien". Cuando respiramos así y permitimos que nuestro diafragma se active y aplane, empuja el abdomen para reacomodar temporalmente los órganos y crear un desequilibrio en la presión del aire, como un vacío, que los pulmones se apresuran a resolver llenando con suficiente oxígeno para equilibrarlo otra vez. Esta entrada repentina de oxígeno le da un empujón al sistema.

Para los yoguis, esta respiración profunda es el *prana*, que en sentido literal significa fuerza vital en sánscrito o "una energía universal que fluye en corrientes al interior del cuerpo y a su alrededor", según el *Diccionario de inglés de Oxford.* No podría sonar más místico, pero la ciencia también coincide en que este tipo de respiración transforma la vida.

Una dosis saludable de oxígeno es crucial para defender nuestro sistema inmune y equilibrar nuestro sistema nervioso. (Resulta que físicamente es imposible respirar profundo, de forma restauradora, y entrar en pánico a la vez.) Respirar bien cambia cómo el cerebro procesa la información: una práctica de respiración como ésta puede ser una intervención sin medicamentos para reducir patrones de ansiedad, depresión e incluso síndrome de desgaste, según varios estudios. Lo contrario —no inhalar el aire suficiente de manera habitual— le pone mucho esfuerzo al corazón y se le asocia con subir de peso, altibajos emocionales, sueño irregular y mala función ejecutiva. ¿Sabes qué significa esto? Que cómo procesamos el mundo, cómo determinamos lo que nos resulta importante y cómo decidimos conseguirlo se reduce a nuestra respiración. Parece una locura. Pero hay investigaciones científicas que lo respaldan. Así que si necesitas tomar una decisión importante, recuéstate de espaldas con las rodillas levantadas.

POSTURA 2: RESPIRACIÓN PARA DESPEGAR LAS COSTILLAS

Párate con los brazos estirados hacia arriba. Agarra la muñeca izquierda con la derecha y estírate a la derecha, hasta donde puedas, exhala por la boca como si estuvieras apagando mil millones de velitas de pastel de cumpleaños. Espera sentir la necesidad de respirar y después, inhala por la nariz, siente cómo se expande la caja torácica izquierda. Sigue jalando la muñeca y estira el costado izquierdo todo lo posible, del tobillo a la muñeca. Repítelo y cambia de lado.

Ahora concéntrate en ese impulso de inhalar después de haber soltado todo el aire. Al tomar las muñecas una vez más de cada lado, inhala por la nariz y finge que estás percibiendo el aroma más delicioso del mundo. Tal vez tu flor favorita, la loción que usaba tu amor platónico en la prepa, un bebé, el mar. Permite que te conmueva.

El objetivo de este ejercicio es despegar las costillas. La imagen de la caja torácica puede evocar una jaula para pájaros, con barrotes que no se mueven y, si bien es cierto que los huesos no se doblan, los espacios entre las costillas se *pueden* expandir. Sin embargo, cuando estás incómoda, sientes resistencia, intentas sortear un momento difícil o algún trauma emocional perdurable, la caja torácica puede perder movilidad, estar rígida o inmóvil y sentirse como una cárcel. Es autoprotección, pero dificulta la respiración y a la larga, termina doliendo más. Este ejercicio brinda cierto alivio, incluso si éste viene acompañado de emociones más complejas a medida que las vas liberando. Cuando hagas este ejercicio, si te sientes segura, permítete sentir tus emociones y sigue respirando.

POSTURA 3: RESPIRACIÓN CÓMODA

De pie, flexiona el cuerpo hacia abajo y deja caer la cabeza, que se sienta pesada. Cuelga los brazos y dobla las rodillas hasta que se sienta cómodo. Inhala por la nariz y exhala por la boca, al inhalar percibe cómo se expanden las costillas o la espalda baja. En mi caso, siento que en esta postura se expanden los glúteos. Durante el resto de este ejercicio, intenta respirar desde abajo. Sacude o mueve la cabeza, flexiona las rodillas con suavidad y exhala, tararea. Después de varios ciclos de respiración, sube muy despacio, la cabeza al final. Establece contacto visual con algo en tu habitación y abre la boca para decir "maaaa". Sacúdete un poco para no atrofiarte. Relaja la nuca.

Respira otra vez, di "me" con la vista fija en ese algo en tu habitación. Después, en la siguiente respiración: "Me llamo...". Haz vibrar los labios para soltar más tensión. "Rommm ma, ma, ma". Masajea la mandíbula, saca la lengua y cuenta hasta diez con la lengua de fuera (si lo estás haciendo bien, el conteo será incomprensible). Permítete jugar. Ahora intenta emitir un grito ahogado como si se te hubiera ocurrido la mejor idea del mundo y grita "¡aah!". ¿Tu respiración provino de abajo? Intenta otra vez.

El objetivo de este ejercicio es conectar la respiración con el habla. Aunque hay cientos de historias sobre cómo los humanos empezaron a hablar, según Bill Bryson in *The Mother Tongue: English and How It Got That Way* [*La lengua materna*],[6] casi todas se fundamentan en la premisa de que, en el origen, el habla implicaba producir sonidos espontáneos que hoy en día seguimos emitiendo cuando sentimos dolor, alegría o alarma. Esa inhalación y exhalación de aire con sonido es el habla en su forma más pura. Es infantil, genuino y quizá por completo desinhibido. La próxima vez que algo te sorprenda —incluso si se te ocurre una idea mientras te bañas— presta atención a qué sucede con tu respiración. Estos ejercicios te ayudan a recuperar esa relación sencilla con tus impulsos, incluso cuando te sientas presionada.

POSTURA 4: RESPIRACIÓN PARA SITUACIONES DE ALTO RIESGO

Para la mayoría, sacudir la barriga con las manos implica una vulnerabilidad excesiva, pero inténtalo. Comienza de pie con una base sólida, con los pies separados a la altura de los hombros, las rodillas y la cintura ligeramente dobladas, el corazón expandido, la vista centrada. Después envía amor a tu centro con las manos, inhala y exhala por la boca y suspira con un "aaaaa".

Experimenta en esta postura con lo que te parezca poderoso. Intenta golpearte el pecho. Agrega sonido ("fuuuu") y escucha cómo resuena mientras sigues golpeando. Levanta los brazos en forma de V de victoria y déjalos caer mientras te sacudes y suspiras un sonido, primero con un tono agudo y luego grave. Haz lo que se sienta expansivo. Intenta la postura de poder de Amy Cuddy (las manos en la cadera) y la de Rapinoe (manos extendidas como si estuvieras cargando el mundo y te perteneciera). En la postura de Rapinoe, imagina que tus inhalaciones llenan tu cuerpo hasta tus dedos medios y después sale de ahí. Intenta otro "Me llamo...". No muy alto, que resuene en la habitación en la que estás. Baja los brazos y vuelve a intentarlo. Intenta decir: "Necesito tu ayuda". Como si le estuvieras hablando a un mecánico que te está ignorando. Intenta de nuevo, esta vez como si le estuvieras hablando a un jefe. (¿Sigues respirando? ¿Desde abajo?) Una vez más, esta vez como si estuvieras convenciendo a una comunidad de que te siga. Dilo como si fuera el final de un largo discurso y como si *supieras* que, después de decirlo, te van a aclamar. ¿Reconoces tu voz? Inhala y exhala otra vez, escucha el vitoreo en tu mente. Y si hasta este punto sólo has leído los ejercicios, detente para hacer éste.

El objetivo es jugar con tu respiración cuando tienes algo que decir y el riesgo es alto. Practicar yoga, meditar, correr implican distintos patrones de respiración que hablar. Para cada una de estas actividades, el punto es lograr una especie de consistencia dentro de un sistema cerrado. La respiración alimenta la actividad, pero el objetivo de la actividad es interno y lo que necesitamos ya existe en nuestro interior. Para respirar, el objetivo es expresar algo que llevamos dentro y exteriorizarlo, abrir el sistema de par en par. Y en general, el objetivo del habla es conseguir algo de alguien. Da miedo porque estamos pidiendo ayuda, incluso si es invitarnos a ir por un *latte*, pedirle a nuestro hijo que se vista porque se nos hizo tarde, que alguien nos arregle el coche o nos valore. Da miedo porque tal vez no lo consigamos; cómo lo pidamos determinará el resultado y hasta cierto punto lo sabemos. La primera respiración es la respiración vegetativa, la segunda es respirar para *hablar*.

Esta última postura te enseñará cómo se siente apoyarte mientras te comunicas, a medida que tus peticiones se vuelven más difíciles, para que puedas experimentar nuevos niveles de apoyo mediante la respiración. El cuerpo de Cathy no estaba habituado a invertir la energía que se requiere para activar el diafragma; ésta es tu oportunidad para experimentar cuánta energía se requiere para hacerlo. Adapta los escenarios a tu gusto. Tal vez practica respirar desde el estómago y conéctalo con la primera frase de una conversación difícil que sabes que necesitas tener o conéctala con tu respuesta ante la pregunta: "¿A qué te dedicas?", si te pones nerviosa cuando te lo preguntan. O con las primeras frases del discurso de la vicepresidenta Kamala Harris. Siente cómo el diafragma te prepara para tener éxito. Y siente cómo te sostienes.

Tan sólo hace un par de generaciones, cuando las mujeres salían de sus hogares, eran intrusas. En 1900, en las grandes ciudades de Estados Unidos, legalmente, a las mujeres sin compañía no se les permitía la entrada a las esferas de los hombres —lo que hoy denominamos "la esfera pública"—, y si no eras blanca o de clase media, se remonta a hace menos años. Las costumbres sociales empezaron a cambiar en parte gracias a la llegada de las tiendas departamentales y su promesa de combinar la esfera pública con la privada, un cálculo bien documentado para incentivar a las mujeres a gastar más dinero del presupuestado para su hogar.[7] Una ganancia del capitalismo. Pero una vez fuera de casa, las mujeres no tenían el privilegio de dejar de comprar, soltar sus compras, tener la palabra para decir lo que pensaban con libertad ante una multitud de todos los géneros.

¿Y ahora?

"Gaining a Public Voice" ["La conquista de una voz pública"] es la exploración de la doctora Judith Mattson Bean para el siglo xxi sobre las actitudes culturales en torno a las mujeres en la esfera pública durante el siglo xix en Estados Unidos. Hoy, nos resulta curiosamente familiar. La doctora Bean sintetiza cómo debían ser las mujeres: "silenciosas, discretas y, en público, invisibles".[8] Incluso las intelectuales de su época, como argumentó Catharine Beecher (con cierta ironía), hermana de Harriet Beecher Stowe, no se debía confiar en las mujeres que hablaran en público a partir de su propia iniciativa, pues lo hacían "motivadas por la ambición, la sed de poder".[9] Es difícil imaginar a un público dispuesto a darles a las oradoras autoridad en ese contexto, ya no digamos, que las mujeres se la dieran a sí mismas. También es difícil no escuchar el comentario de Catharine Beecher en los encabezados modernos que reportaron la candidatura de la vicepresidenta Kamala Harris.

A nuestras bisabuelas les enseñaron a restarles importancia a los logros y la ambición; las madres de nuestras bisabuelas les enseñaron a no ponerles atención a sus cuerpos ni a sus convicciones. Para las mujeres, ser invisibles en público ha sido aceptable en público, y lo ha sido desde hace milenios. De hecho, esta ausencia pública es mejor. Hace cien años, se asumía que las mujeres que caminaban solas por las calles de una ciudad en plena luz del día (ya no digamos de noche) eran trabajadoras domésticas que iban de una casa a otra, o prostitutas, literalmente "mujeres públicas". Pero incluso ahora, si te atacan en público, es probable que una de las primeras preguntas que te hagan es: "¿Por qué ibas caminando sola?". Así que, si empiezas a temblar ante la idea de presentar tu propuesta en una reunión, si algo en tu interior te orilla a ocupar el mínimo espacio posible, a aguantar la respiración en un intento porque no te vean ni te escuchen, digamos que hay precedente.

Históricamente, se ha pensado que el acto de hablar en público es incompatible con ser mujer. Según especialistas médicos que escribían en el siglo XIX, las mujeres corrían el riesgo real de quedar "estériles si hacían esfuerzos intelectuales extenuantes como la oratoria, con los que se 'privaban de su sexualidad', en sentido literal y figurado", como escribe la doctora Bean. Una carta influyente que redactaron líderes religiosos en la década de 1830, advertía que las mujeres que intentaran hablar en público "no sólo dejarán de engendrar, sino perecerán presas de la humillación y la deshonra".[10] Ni siquiera intenten emitir su opinión, señoras, sus úteros se van a secar y también podrían morir.

En su libro de 2020, *Que hable Casandra*, Elizabeth Lesser escribe: "los objetos sólidos van y vienen, pero las historias permanecen".[11] Por dementes que suenen esas voces de hace cientos de años, eran una extensión lógica de las historias centenarias sobre cómo se ve y se escucha el poder. En Occidente, las historias originarias a partir de Adán y Eva acostumbran a pintar a las mujeres como "seductoras desde el punto de vista erótico, pero inconsistentes desde el emocional, que necesitan protección, pero a la vez son peligrosas. ¿Quién confiaría en una criatura así?", pregunta Lesser. Y si bien hoy en día podemos burlarnos de esas actitudes, en cierto sentido persisten.

Según la doctora Mary Beard, algunas de las historias más antiguas en el mundo occidental, la *Odisea* y los mitos griegos y romanos, perduran y siguen gobernando nuestras sensibilidades. En palabras de la doctora Maria Tatar, autora de *The Heroine with 1001 Faces* [*La heroína de las mil y una caras*], "Nuestras narrativas fundacionales (mitos, historias bíblicas, épicas y cuentos de hadas) no sólo se utilizan para educar, también para adoctrinar".[12] Y nadie somos por completo inmunes. Pensemos en cuando anunciamos que no nos gusta el sonido de la voz de una mujer o cuando desconfiamos de una mujer que busca un puesto de poder. Pensemos en cuando ponemos en duda la validez de nuestra propia voz. Las enseñanzas que heredamos de esos textos antiguos influyen en nuestros gustos modernos sobre "qué constituye la oratoria buena o mala, si es convincente o no, y a qué expresión le concederemos espacio para ser escuchada", escribe Beard en *Mujeres y poder*: "El discurso público era un —si no *el*— atributo característico de la masculinidad", de modo que una mujer que utilizaba su voz en público, "por definición, no era una mujer".

Vaya herencia: las mujeres que emiten su opinión en público intentan ser hombres (el arquetipo es Hermafrodita en la mitología griega, una criatura masculina y femenina) o bien, intentan recibir una atención a la que no tienen derecho, como exhibicionistas o seductoras (una sirena en la mitología griega, una criatura peligrosa, con semblante de mujer y una voz hermosa que atrae a los hombres y les causa la muerte). Se les priva de su sexualidad o se exagera, o no tienen las partes del cuerpo que nos hacen mujeres o son todo senos y vaginas. En las historias de las *Metamorfosis* de Ovidio, las mujeres que decían lo que pensaban terminan convertidas en vacas o plantas, sólo podían repetir el habla de alguien más o se les arrancaba la lengua. ¡Qué alternativas! Y aun cuando nos podemos burlar de la barbarie, en cierto sentido, persiste.

Pese a todo, ha habido fervientes iconoclastas que se rebelaron contra la autoridad, y también somos sus descendientes. Pero ellas, incluida la doctora Beard, siguen recibiendo amenazas de violación, al igual que las mujeres en esos mitos clásicos, sólo que ahora en Twitter. Los estigmas de antaño cambian muy despacio. La vergüenza que acompaña a hablar en público ha cambiado de forma y quizá de tamaño con cada generación, pero sigue presente cuando abrimos la boca para hablar ante un público que sigue decidiendo si nos concederá autoridad. Parece arriesgado, y lo es.

Por eso es tan difícil respirar profundo. Hacerlo implica hacerle frente a la vergüenza y la indecencia, hacernos visibles con nuestro yo más integral, pese a los riesgos, y no como alguien que es privada de su sexualidad (comportándonos como un hombre estereotípico) ni hipersexualizada (representando una parodia de la feminidad). No hacernos invisibles ni minimizar nuestras convicciones. Respirar profundo y hablar supone rechazar los arquetipos que, para empezar, no creamos y en los que ahora no encajamos. Si respiramos profundo y nos permitimos ser vistas y escuchadas, si nos presentamos con la capacidad de que nos conozcan y comprendan, nos estamos comprometiendo con un acto de cambio social profundo. Estamos rompiendo la tradición (incluso quizá nuestra propia tradición familiar), cambiando la historia, siendo radicales y revolucionarias, y a decir verdad, lo único que queríamos hacer era dar una maldita opinión.

Cathy me escribió desde su gira de campaña para reportarse: "Estaba en la alacena del comedor del Congreso haciendo los ruidos de la cara para tener el rango vocal completo". En cada parada, con toda disciplina, encontraba lugares discretos para hacer el calentamiento de la respiración, sacudirse un poco, armarse de valor y convencerse de que merecía ocupar espacio. Y ganó las elecciones primarias. De hecho, su oponente decidió renunciar porque ella reunió una cantidad de fondos de campaña muchísimo mayor que él. Sin embargo, en noviembre 2020 perdió la campaña para el Congreso; su distrito era demasiado republicano para cambiar en un solo ciclo y la pandemia también dificultó su campaña. No obstante, cambió la historia. E inspiró a miles en su distrito, que ahora le están rogando que vuelva a presentarse como candidata. Tal vez lo haga, pero necesita una pausa para respirar.

En última instancia, se trata de atreverse. Con la respiración, con la convicción, abrazándonos y apoyándonos entre nosotras. Debemos hacer esta labor, cada una, por nuestra cuenta, pero no debemos confundirlo con hacerlo solas. El primer paso para abrir la puerta que conduce a un espacio que no está diseñado para nosotras es inhalar profundo y lograr a fuerza de voluntad, escuchar en el silencio la respiración colectiva de millones más, que nos animan a atrevernos.

2
El tamaño

La naturaleza nos pide expandirnos. El miedo es aprendido.
—TANYA O. WILLIAMS, educadora y coach sobre justicia social[1]

En el documental *A la conquista del Congreso*, Alexandria Ocasio-Cortez está sentada en un sillón de piel falsa en su diminuto departamento en el Bronx, dándose un discurso motivacional antes de un debate importante. Gesticula con amplitud y se repite, un poco tímida: "Necesito ocupar espacio".[2] Presentía que su oponente intentaría hacerla sentir pequeña, joven e inexperta. Sabía que, sin querer, empezaría a minimizarse si no se preparaba mental y físicamente.

Cincuenta y nueve millones de personas han visto la conferencia TED de la doctora Amy Cuddy sobre el poder de posar para sentir que nuestros cuerpos son más grandes.[3] La postura de la estrella del futbol Megan Rapinoe, con los brazos estirados hasta las puntas de los dedos, ha inspirado a mujeres de todo el mundo a pararse como si de verdad fueran las dueñas del mundo. El libro de la activista Sonya Renee Taylor, *El cuerpo no es una disculpa*, tiene una portada inolvidable: su cuerpo desnudo en reposo, lleno de confianza, reluciente y rodeado de flores.[4] En estas apuestas, estas tres mujeres poderosas lo han dejado todo: cuando nuestros cuerpos ocupan espacio con audacia, también lo hacen nuestros pensamientos, y nuestras vidas tienen la oportunidad de expandirse hasta adquirir el tamaño que merecen.

A estas alturas, la invitación para *ocupar espacio* y *arriesgarte* repercute en cómo entendemos *qué significa ser una mujer fuerte* hoy:

darnos cuenta de dónde nos encogemos e intentar no hacerlo. Es el parloteo de nuestras vidas, ya sea que bromeemos sobre prescindir de los signos de exclamación en nuestros correos, decidir si vale la pena renunciar a nuestro trabajo, estudiar otro grado o terminar esa relación. Continuamente nos debatimos qué tanto merecemos arriesgarnos. Todas somos guepardos, carajo, pero a veces nuestro rugido nos elude. Y luego nos sentimos impostoras o un fraude; nos molesta el cliché, pero seguimos con él de todas formas. He tenido caminatas sudorosas por las colinas de Hollywood y sesiones emotivas del otro lado de mi escritorio, discutiendo con mis amigas más competentes, CEO, estrellas de cine, activistas apasionadas y mis propias mentoras, en las que intentamos resolver las complejidades de expandirnos en los momentos que más importan, y una y otra vez, todas nos damos cuenta de dónde nos encogemos e intentamos no hacerlo.

Observé asombrada cuando la primera presidenta de una universidad Ivy League, la condecorada bióloga Shirley Tilghman, quien recaudó miles de millones de dólares para la Universidad de Princeton, titubeó con su propia respuesta. "¿Cuándo sentiste que eras *suficiente?*", le preguntó la entrevistadora. Frente a tres mil mujeres entusiasmadas, la presidenta abrió y cerró la boca, su expresión reveló una ola de respuestas a medias que iba descartando, ninguna lo suficientemente verdadera como para decirla en voz alta. Se quedó en silencio. Por fin, asintió con suavidad, dejó escapar una risita con la que se sinceró con nosotras. Y la multitud compartió una verdad: nos vimos, cruzamos miradas, compartimos sonrisas de complicidad. Nos quedó claro que a todas nos afecta esta mierda.

Y los ataques provienen de dentro y fuera. Estos ataques —microagresiones que enfrentamos de manera individual, así como prejuicios culturales a gran escala que forman parte de nuestras leyes, y que reproducimos una y otra vez en nuestras historias, que llevamos clavadas en nuestra psique— nos obligan a arriesgar poco. No es una patología que nos inventamos; el miedo se aprende. Como escribieron Ruchika Tulshyan y Jodi-Ann Burey en *Harvard Business Review*: "el síndrome de la impostora nos invita a reparar a las mujeres en el trabajo, en vez de reparar los lugares donde trabajan las mujeres".[5] La responsabilidad de cambiar el sistema recae en los personajes en el poder, que escriben elocuentes declaraciones de diversidad, pero no tienen ni la más remota idea de cómo escuchar las voces diversas con apertura.

Sin embargo, no podemos esperar a que lo entiendan. Así que practicamos nuestras posturas de poder y estudiamos la relación entre ocupar espacio físico y la mentalidad que lo anticipa o le sigue (corre en ambas direcciones). Nos esmeramos para hacer todo lo posible por tener más poder para que, tarde o temprano, incluso más temprano que tarde, estemos a cargo de algunos de esos lugares de trabajo.

También existe un equivalente vocal para ocupar espacio sin disculparse, y nos ayudará en esta tarea. Hablar con la total envergadura de tu voz exige poseer conocimiento técnico, así como ejercitar el músculo del permiso. Pero cuando lo haces, no sólo es más probable que digas lo que piensas, tendrá efecto en cómo transmites lo que quieres decir. Sonarás *diferente*. Y es probable que te escuchen.

Otra frase que acompaña la de *ocupar espacio* es *decir lo que piensas*. Ésta es mi canción preferida, sí, pero me gustaría precisar. Cuando estás reuniendo el valor para respirar y de hecho dices algo en un momento difícil, la decisión puede parecer binaria: ¿hablar o no hablar? Puedes pensar: "¿Voy a tener la claridad para exponer a ese individuo o lo dejaré pasar?", "¿Compartiré mi idea novedosa y rara, o la descartaré?", "¿Me dirigiré al podio cuando digan mi nombre o me encierro convenientemente en el baño?". Pero en cuanto elijas decir lo que quieres decir, la historia apenas empieza.

Es igual de importante cómo hablamos a través de cada articulación, si no es que más, que si empezamos o no. Se trata de respon-

sabilizarnos hasta que terminemos de hablar. La alternativa suena
más o menos así: "Creo en esto con todo mi ser... *pero, o sea, tal vez
no, ¿o tú qué opinas?*". La primera mitad de nuestra oferta es donde
la cosa se pone interesante, porque en el proyecto de ocupar espacio
con nuestra habla, la prueba está en el final. En ese punto revelamos,
en general sin intención, si vinimos a arriesgarnos. De cierta forma,
el primer capítulo de este libro ya se trató del tamaño, lo que se requiere de nuestros cuerpos cuando nos estamos preparando para
hablarle a muchas personas o a una importante, y la cantidad de respiración que necesitamos para lograrlo. Respirar bien, inhalar bien,
es un logro fenomenal. Pero cuando nuestras palabras chocan con el
aire, nos esperan nuevas pruebas. Escribí sobre permitirle a nuestro
cuerpo expandirse para ocupar el espacio real que habita, respirando,
e incluso cuando te están observando, aquí quiero que contemples
que el habla funciona igual.

Primero que nada, vamos a pensar en una persona hablando, no nada
más abriendo y cerrando la boca y emitiendo sonidos, sino *el efecto*
que tiene en sus escuchas. El habla se convierte en acción. Si le preguntas a un colega nuevo: "¿Quieres que almorcemos juntos algún
día?", tal vez nunca lo hagan, pero no significa que la oferta no tenga
valor, los hace sentir bienvenidos, te hace sentir una persona hospi-
talaria, marca el inicio de una relación. Para los lingüistas, la comunicación más elemental es "hacer estrategias sociales" o realizar "actos
del habla". Y aunque los actos del habla suelen suponer palabras, no
giran por completo en torno de ellas: cómo invitaste a tu colega a
almorzar definirá el intercambio e incluso toda la relación de cara al
futuro. ¿Hubo notas de alegría forzada en tu voz? ¿Coqueteo? ¿Entusiasmo honesto que de algún modo reprimió el temor secreto de
que no eres tan *cool* y que seguramente te va a rechazar? Las palabras
surgen de nuestro interior junto con un montón de información valiosa mediante la altura tonal, el volumen, el timbre y el tempo: se

trata de nuestra música y el ritmo en ese momento, con todos nuestros hábitos y esperanzas. Y como escuchas, percibimos todo; hemos practicado desde hace milenios.

En los años setenta, el zoólogo Eugene Morton del Instituto Smithsoniano estudió las vocalizaciones de más de cincuenta especies de aves y mamíferos para trazar sus gruñidos graves y sus chillidos agudos, y el rango de opciones entre esos dos extremos.[6] Su descubrimiento se relaciona con las posibilidades infinitas implícitas en nuestra propuesta "¿Quieres que almorcemos juntos algún día?": la cantidad y el rango de sonidos que emiten los animales junto con el espectro está relacionado de forma directa con qué tan sociales son estas especies.

Como explica el periodista John Colapinto en su libro *This Is the Voice* [*Ésta es la voz*]: "Esos animales que viven en numerosos grupos cooperativos, que tienen complejísimas interacciones sociales, producen y procesan señales con más puntos —más sonidos— en el espectro de las emociones".[7] Los lagartos, que de hecho se comen a sus crías si los bebés no se escabullen rápido, no tienen la capacidad cerebral para forjar vínculos emocionales y no pueden emitir sonidos. Los seres humanos somos la especie con mayor complejidad social que existe, y tenemos alternativas vocales para comprobarlo. Emitimos cambios de entonación diminutos y sutiles y expresamos preocupación, pero con un toque de celos, o melancolía con gratitud, o furia poniendo los ojos en blanco porque estamos enojados de que estamos enojados.

Pero también podemos confundir a la gente y a nosotros mismos con la variada selección de opciones a nuestra disposición. Porque, para complicar más las cosas, no sólo tenemos opciones que se fundamentan en miles de años de evolución, también tenemos tonalidades y matices que incluimos basados en tendencias modernas que hemos adoptado de nuestros amigos o ídolos. Y a veces, estas opciones se convierten en hábitos que contradicen nuestras intenciones reales. En otras palabras, a veces nuestros actos del habla contradicen nuestra habla.

Con ustedes, la glotalización y la entonación ascendente. Alrededor del mundo, se ridiculiza a las mujeres por imitar el sonido de freír tocino al hablar (glotalizar)* o por elevar el tono de voz al final de una oración (inflexión tonal ascendente), como si estuviéramos haciendo una pregunta cuando no es el caso, o por utilizar palabras como "este" y "o sea" cuando no son estrictamente necesarias. Mentores benévolos, tanto hombres como mujeres, hablan con nosotros en privado para explicarnos que estos hábitos nos socavarán y que debemos dejar de hacerlo, como si fuera un rito de iniciación, guardar tus juguetes de niña. En un taller que impartí, una amiga en el público escuchó a dos mujeres mayores susurrando a la otra a la salida. "¿Crees que Samara utilizó tanto "este", a propósito? Mi reacción instintiva cuando me lo contó fue vergüenza, la siguiente, orgullo modesto. Conozco la historia.

Desde hace décadas, artículo de opinión tras artículo de opinión ha argumentado que debido a estos "impedimentos autoimpuestos del habla", las mujeres milenial y las generaciones menores son incapaces de sonar profesionales, mucho menos como si fueran jefas. Encabezados desde *The Atlantic* a *The Guardian* han proclamado: "Glotalizar puede perjudicar las oportunidades laborales de las mujeres" o "Mujeres jóvenes, dejen de glotalizar y recuperen su potente voz femenina".[8] Artículos serios sobre el lenguaje regido a partir del género están plagados de declaraciones como ésta: "el uso de la entonación ascendente es uno de los elementos más comunes que socavan la credibilidad de las mujeres",[9] porque se le asocia con la vacilación y la incertidumbre. Existen estudios que aseveran que estos

---

* Del inglés *vocal fry*, "freír", en español. También se le describe como un crujido o raspadura de la glotis, o freír la glotis, de ahí la comparación. El resultado es un sonido rasposo y grave. [*N. de la t.*]

rasgos del habla contemporánea, llamados incluso *"mallspeak"*[*][10] en ocasiones, han "adquirido connotaciones negativas, femeninas, infundidas de inmadurez e incluso idiotez".[11] La historia es, señoras, que hemos heredado el delicado instrumento que es nuestro aparato vocal, que lleva cientos de miles de años de afinación, y lo estamos estampando en el escenario como si fuéramos aspirantes a roqueras, olvidando que la gente vino a escuchar música.

Me gustaría señalar toda esta retórica y decirles que no escuchen a los cascarrabias que resienten haber envejecido y ser irrelevantes, y por lo tanto así suenan, pero no es tan sencillo. A fin de cuentas, hay mucha información para respaldar las afirmaciones que, al escuchar la glotalización y la entonación ascendente, los guardianes de las puertas las cierran con más fuerza. En uno de estos estudios que se realizó en 2014 con fondos de la Facultad de Negocios Fuqua de la Universidad Duke, los analistas concluyeron que "en una numerosa muestra nacional de adultos estadunidenses, descubrimos que interpretan la glotalización de manera negativa. En comparación con una voz normal, las voces de mujeres jóvenes que glotalizan se perciben menos competentes, menos educadas, menos confiables, menos atractivas y es menos probable que se les contrate".[12] Si quieres que te contraten, esta información es importante, incluso si se basa en prejuicios vocales.

Quizá no conseguiste el trabajo que querías porque alguien decidió que sonabas demasiado joven o no te eligieron para representar a la empresa en esa conferencia porque "tu voz tiene algo" que a tu jefe le molesta. O tal vez a *ti* te molesta, así que te opusiste. He escuchado estos comentarios y otros similares de mis clientes. ¿Quién no ha decidido apagar un podcast con una presentadora porque su voz era muy distractora? *Yo lo he hecho.* Si estamos hablando de darnos

---

[*] Variante del término en inglés *upspeak* o entonación ascendente. Habla de centro comercial. [*N. de la t.*]

permiso, invitarnos con total sinceridad a espacios de poder, entonces, ¿qué hacemos con toda esta evidencia? No dejes que esos des-
graciados te desalienten, pero también, según evidencia científica e
incluso nuestros propios prejuicios, hablar como hablas es un lastre.
Así que buena suerte.

Demasiadas conversaciones en torno a las voces de las mujeres
eligen un bando y hasta ahí llegan. ¡Contrólenlas! ¡Déjenlas en paz!
Sin embargo, éste también es un compuesto binario falso. No hablamos sólo de una manera y tampoco tenemos una manera auténtica
de hablar. Cuando hablamos, no ocupamos una cantidad de espacio
consistente, sino arbitraria, y sin importar qué hábitos hemos tenido, éstos no definen nuestra siguiente respiración ni la siguiente.
Ten en cuenta la variedad de actos sociales que negocias día con día.
¿Cómo suenas cuando hablas con tu abuela o un abogado? ¿Qué tal
con alguien que te está ignorando o con alguien que te ama? Piensa
en cómo suenas cuando te sientes menos segura de ti, y más. ¿Quién
es esa versión tuya? La que se siente libre. Ahora imagínatela: ¿cuánto espacio está ocupando con su cuerpo y su voz? ¿Cómo se desplaza
en un lugar? ¿Cómo suena? ¿Qué necesitas para que te acompañe a
más espacios?

La noche del 2 de noviembre de 2020, Glennon Doyle y Oprah
Winfrey hicieron un Instagram Live para debatir cómo hacerle frente
a la ansiedad colectiva que se suscitó por las elecciones presidencia-
les de Estados Unidos. Se trata de dos de las mujeres más poderosas
del mundo, ambas celebradas por su sabiduría y liderazgo, ambas un
poco mayores que una milenial promedio, ambas han hecho bastan-
te públicas sus respectivas historias de la incomodidad que les ha
producido vivir en su cuerpo y la paz relativa que sienten ahora. Dos
mujeres que hicieron acto de presencia, con autoridad y sinceridad,
para aliviarles el alma a miles de espectadores. Dos mujeres que usa-
ron glotalización y entonación ascendente de manera intermitente
durante la transmisión.

A más o menos un minuto de haber empezado, Glennon comparte el impulso ansioso de ponerse a limpiar su casa: "¿O sea, es como si llegara una versión más optimista de ti? Y llegas a la mitad y... [glotaliza] aaah".[13] Oprah continúa glotalizando totalmente: "No voy a hacer esto hooooy. Ya séeee". Sobra decir que fueron efectivas. Si su objetivo era ofrecer apoyo sólido, pero cariñoso, y un sentido honesto de comunidad en un momento de necesidad, lo lograron.

Queda claro que la historia de las mujeres y los hábitos vocales es más compleja que prescindir de la glotalización o la entonación ascendente, los "o sea" del habla para que te tomen en serio. Y es más complicado que limitarse a escuchar a un entrenador de voz o a otro, a este mentor o a otro. Y sí, tal vez Oprah y Glennon se ganaron el derecho de hablar como quieran, pero tenemos más que aprender de ellas, no sólo cómo hacer lo que nos toca. Lo que exhiben vocalmente, lo que exhibimos todas, tiene mucho más que ver con el permiso y menos con el habla. En el video están habitando —por completo— los momentos que eligen decir lo que piensan, y dicen lo que piensan con el tamaño que les funciona mejor para esos momentos. También tú puedes llegar a ese punto. Glennon y Oprah recurren a la glotalización y entonación ascendente, lo piensen o no en estos términos, como herramientas para cumplir sus fines. Y en sentido contrario. Esta estrategia también está a tu disposición.

Dato curioso: cuando hablamos en inglés, tenemos la costumbre de concentrar nuestras expresiones al principio. Al cruzar el umbral entre no hablar y hablar, empezamos con una ráfaga de energía. Tenemos más aire listo y tal vez más valor debido a esa anticipación acumulada, como un corredor en la línea de salida, ansioso por empezar. Es natural gastar energía al hablar.

No obstante, si por cualquier motivo hablar nos incomoda, los efectos de esta carga frontal se vuelven más drásticos. Cuando empezamos a articular palabras, la pista tiene una curva inesperada y quizá flaqueamos: estudiamos el espacio, las expresiones ilegibles u hostiles, y tal vez empezamos a dudar si tenemos derecho de ocupar el espacio y el tiempo que intentamos habitar. Quizás empezamos a pensar: tal vez mi idea no es tan buena. Tendría que haberla pensado más. Me veo tonta. Definitivamente, no sueno como esa otra persona que habló con tanta seguridad. Él proyectaba bien su papel. ¿Qué estoy haciendo? ¿Quién me creo que soy?

Se disipa esa ráfaga de energía que teníamos al comenzar y conforme llegamos al final de nuestro discurso, sonamos cada vez menos valientes, lo que resulta en una energía con la que parecemos expresar: "Olvídalo, retiro lo dicho", también conocida como glotalización y entonación ascendente (en términos más técnicos, una inflexión tonal ascendente). Debido a que la mayoría de los estándares de voz a la JFK que describí en la introducción pasan por debajo del radar, no me sorprende que algunas clientas acudan a mí seguras de que la glotalización y entonación ascendente les están arruinando la vida, mientras hay otros que ni siquiera conocen esos términos. Entonces, éste es el meollo del asunto: glotalizar es el sonido crujiente que producen los hablantes, con frecuencia en la segunda mitad de una frase. (Intenta decir: "O sea..." con sarcasmo, arrastra la frase como si no necesitaras añadir nada más, y seguro lo escucharás en tu propia voz.) Se le define como "una especie de fonación (lo cual sólo quiere decir producción de sonido) que se caracteriza por un patrón vibratorio marcadamente laríngeo"[14] en las cuerdas vocales, en resumidas cuentas, vibraciones lentas que producen un efecto glotal parecido a freír tocino. Nos sucede a la mayoría cuando estamos cansados y no energizamos nuestras palabras con suficiente respiración, o si estamos roncos por hablar mucho al final de un largo día. Pero también pasa cuando no estamos cansados, por toda clase de razones interesantes a las que voy a llegar. Hay ejemplos en todas partes, pero en la cultura popular moderna, nuestro ejemplo de glotalización es Kim Kardashian y quienes intentan imitarla.

Y en caso de que creas que es material para estereotipar, recuerda: Oprah. Y yo. Y tal vez tú.

En caso de que te lo preguntes, también los hombres han adoptado este hábito: Ira Glass glotalizó de manera regular en un famoso capítulo de *This American Life* titulado "Freedom Fries", donde respondió a todas las quejas que recibió sobre las voces de las jóvenes reporteras en su programa, señalando que nadie se había quejado de *su voz*. Y sí, es una tendencia general, pero a las mujeres se les difama.

Una búsqueda en Google del término en inglés arroja cientos de artículos de opinión cuyo objeto de estudio son las mujeres y que alegan salvarnos del suicidio profesional; no existen artículos equivalentes dirigidos a los hombres, y es común que ni siquiera nos demos cuenta cuando los hombres lo hacen. Hay un video increíble que puedes buscar en línea en el que un profesor asociado de la Facultad de Negocios Fuqua de la Universidad Duke habla de que un estudio que realizaron en 2014 descubrió que, en las mujeres, la glotalización se relaciona con la percepción de una noción inferior de autoridad.[15] Sin embargo, el investigador en cuestión, un hombre de cuarenta y tantos, del estilo de Tom Cruise, cuya cabeza ocupa el centro de la pantalla buena parte del video, *glotaliza al final de casi cada una de sus oraciones*. Simple y sencillamente no se le ocurrió a ninguna persona que realizó este proyecto para avergonzar a las mujeres que glotalizan escuchar el video.

La entonación ascendente es prima de la glotalización, son dos manifestaciones del mismo impulso, el impulso de hacerte pequeña, terminar tus frases con "olvídalo". La entonación ascendente implica insertar un tono interrogativo en una frase que no es una pregunta, así asciende el final de la idea, sin importar el contenido. Sucede incluso si le dices a alguien cómo te llamaaas. Las caricaturizaciones clásicas de esta montaña rusa vocal incluyen a Alicia Silverstone en la película de 1995, *Clueless*, y Kristen Wiig en el *sketch* de *Saturday Night Live*, "The Californians", pero la verdad es que está en todas partes.* Un amigo me envió por mensaje un audio de un corresponsal de NPR** diciendo: "¿La candidatura de Biden recurrió al programa climático más progresivo de la historia de Estados *Unidoooos*? ¿Y por ello ganóoo? ¿Así que le corresponde tomárselo con *seriedaaaad*?". Lo escuché una y otra vez, cautivada.

No hay consenso sobre el origen de la entonación ascendente, pero el concepto pudo haber entrado en el inconsciente colectivo cuando el compositor Frank Zappa publicó su sencillo de 1982 "Valley Girl", que incluía grabaciones de su hija de catorce años diciendo frases relacionadas con su grupo de amigas: jóvenes, blancas y de clase alta del sur de California. Pero ahora, la entonación ascendente se ha disociado de este grupo demográfico particular; está en internet y las noticias, lo hablamos todos sin importar en qué país anglófono vivamos, lo hablan nuestras hijas (e hijos) desde los tres años.

También tenemos la atenuación, término multifuncional en lingüística para definir todo lo que se puede interpretar como palabra de "relleno", como "mmm" o "eh", el uso frecuente de la palabra "este" o términos para suavizar un pronunciamiento, como "Pues, o sea, tal vez no deberías contarle sobre, ya sabes, lo que te preocupa o como quieras". Es difícil encontrar a alguien que no albergue temores secretos de estar atenuando demasiado y, así, socavando su credibilidad. Lo más común es asumir que el estilo directo es sólido y que el objetivo es la solidez. ¿Por qué arruinar una oportunidad maravillosa con rodeos frívolos y paradas técnicas?

Por último, hay un hábito que no concierne tendencias vocales específicas, pero que refuerza todas estas tendencias: se trata de las mujeres que se disculpan. Mucho. Seguro podemos dar ejemplos de disculpas excesivas que han provenido de nuestra propia boca o de mujeres que conocemos. Tengo una amiga que se llama Mandy, es

---

*   El equivalente al habla *fresa* en México. [*N. de la t.*]
** Radio Pública Nacional, por sus siglas en inglés. [*N. de la t.*]

activista y líder comunitaria. Hace poco empezó una reunión, a la que asistí, disculpándose literalmente por nada. No había empezado la reunión tarde. No estaba mal preparada. No había lastimado a nadie, al contrario, nos estaba ayudando a todos. "Lo siento, ¡hola a todos!", dijo con la misma soltura como si hubiera dicho "bienvenidos". Me recordó cuando ella misma había ganado un lugar codiciado en un comité estatal. Como certificar los resultados había tardado un par de días, empezó su gran anuncio con: "Lo siento, me tardé en compartirles el resultado de las elecciones del martes", me encogí de hombros.

Pero como quiero ser honesta con el difícil tema de cómo dan su opinión las mujeres, y no recurrir por defecto a las respuestas fáciles que en nuestra vida real no nos sirven de nada, voy a ser imparcial, a un grado obsceno, sobre los beneficios y las desventajas de estas tendencias. Si esperas recibir una guía de qué hacer y qué evitar, no la vas a encontrar aquí. Quiero que conozcas tus opciones, y que sepas el efecto que tienen en tus escuchas. Después, depende de ti darte permiso para jugar, para equivocarte y recuperarte. Quiero que pienses con quién intentas conectar y qué funcionará con ese escucha. También quiero que contemples qué parte de tu voz te da alegría y, sobre todo, que suenes como la versión tuya que es más alegre. Nos encogemos y expandimos en relación con el otro, todo el día, todos los días. Es doloroso, desgarrador y hermoso cómo nos adaptamos a los demás y, en ocasiones, por fortuna, a nosotras mismas.

Éste es un ejemplo de esta idea, si te preocupa el hecho de que te disculpes demasiado. Recuerdo estar sentada en el *set* asentando con entusiasmo mientras leía un artículo de 2019 en *The New York Times*, de la autora Ruth Whippman, y subrayando casi todo en mi teléfono. Sugiere: "Sin duda, la mayoría de nuestros problemas políticos y sociales más urgentes —desde #MeToo a las violaciones en las universidades, los tiroteos escolares, las posturas del presidente Trump en Twitter— son producto no de la falta de asertividad de las mujeres, sino de la asertividad excesiva entre los hombres".[16] Cita un famoso estudio de 2010 que concluyó que las mujeres se disculpan con más frecuencia que los hombres porque tenemos "un menor umbral de lo que constituye conducta ofensiva" y se pregunta por qué esto se formula como deficiencia femenina. ¿Por qué tener "un umbral más alto para la conducta ofensiva" tendría que ser objetivo de alguien? Nos desaconseja asumir los estándares masculinos tradicionales:

> Rara vez, en el curso de esta cruzada antidisculpas nos detenemos a contemplar el valor social y moral de las disculpas, y el costo de anularlas de nuestras interacciones. Disculparse es una forma muy eficiente, desde el punto de vista simbólico y social, para responsabilizarnos de nuestras acciones, enmendar una falta y dar cabida a los sentimientos de alguien más. Es una manera rutinaria de infundir introspección y reflexión moral a la vida cotidiana.

Aleluya. La escuela de mi hijo toma prestado el lenguaje de la psicoterapia y les enseña a los alumnos sobre resarcimientos sociales, no sólo digas "lo siento" si te equivocas, también responsabilízate por el daño que pudiste haber infligido y articula qué harás en el futuro para que no vuelva a suceder. Muy al estilo de Ruth Whippman. Queda claro que decirles a las mujeres, o a cualquiera, que deje de disculparse de tajo es ingenuo, nuestra sociedad se beneficia de corregir errores y subsanar fisuras.

Pero aquí comienza el trabajo: cada una debe reflexionar sobre sus propios hábitos. ¿Acaso tu impulso para disculparte nace de una herida, sin importar lo mínima que sea, que deseas sanar? ¿Un desequilibrio que te gustaría subsanar? ¿O acaso es algo más genérico? ¿Es una reacción reflexiva que no encaja en la ocasión? Porque si, como mi amiga Mandy, no hay ningún daño visible que se tenga que enmendar, entonces parece que te disculpas por ocupar tiempo y espacio, y sin querer, ofreces enmendar tu propia existencia. Es difícil hacerse todavía más invisible.

A medida que estudiamos las alternativas que cada uno tenemos para utilizar la glotalización y la entonación ascendente, la atenuación y las disculpas, ten en mente que *son* opciones, y además, prácticas. Puede que sean la herramienta adecuada para el trabajo. O tal vez no, y debemos blandirlas con cuidado porque todos estos hábitos tienen una cosa en común: mantienen la paz. Les dicen a las autoridades que sabemos cuál es nuestro lugar. Sobre todo, a medida que nos expandimos para ocupar lugares nuevos y más poderosos, estas florituras lingüísticas funcionan como homenaje al tamaño que teníamos antes, cuando no reclamábamos el tiempo y el espacio que les pertenecía a los demás. Es una función importante. Disculparse injustificadamente tiene sus ventajas, así como terminar nuestras frases con un gemido y no una exclamación. De hecho, los artículos de opinión nunca mencionan esto: es muy probable que los mismos que se burlan de tu glotalización y entonación ascendente se sientan más incómodos con la versión de tu voz que es fuerte hasta el final, sólo que no se dan cuenta de que todo es una trampa.

Pero es una trampa que podemos burlar.

Primero que nada, identifica la glotalización entre tus amigas, en tu habla. Escucha cuando tus actores favoritos participan en *talk shows* y los YouTubers publican nuevos videos. Empezarás a darte cuenta de que cada que su voz adquiere un registro más grave, áspero, produce algo. Una función de la cualidad desechable de glotalizar es que se puede emplear para crear una nota al margen o un paréntesis, que puede servir para señalar al escucha cuáles son las ideas de mayor y menor prioridad. (Busca un video de Emma Stone y Jennifer Lawrence en una sesión de fotos informal para la revista *W* en la que están platicando, y lo vas a escuchar en todo. J-Law le dice a Emma: "¿Ya viste *Land Before*... ¡no, espera! Ya [glotaliza] hablamos [mucho más] de *Land Before Time*".)[17] En efecto, otra función de glotalizar es referenciar un elemento de ironía o humor. Reiteradamente, nos ayuda a reconocer que lo que estamos diciendo es un tropo y lo sabemos, como el equivalente acústico de las comillas irónicas. Yo lo uso así siempre. Está en el "Ya séeee" de Oprah. Y cuando Jennifer le sugiere a Emma que su nombre real es un gran nombre de estrella porno. Sin titubear, Emma responde glotalizando: "Qué lindo de tu parte". Jen responde, glotalizando también: "De nada".

Cuando en el trabajo hablamos glotalizando con nuestros superiores puede servir como una prueba, es una sugerencia tentativa para ver cómo se recibe. Funciona como una forma efectiva de proponer una idea, pero retractarse un poquito al final por seguridad, en caso de que alguien en una posición de más poder no esté de acuerdo con nosotras. Y no tiene por qué ser malo, estamos sugiriendo que tenemos una idea, pero no somos inflexibles; estamos abiertas a las opiniones de los demás. En todo caso, es una jugada protectora que indica que toleramos las discrepancias y somos poco exigentes.

Y en efecto, glotalizar se asocia con cierta relajación. Patólogos del lenguaje aseguran que no es posible glotalizar si tienes la garganta constreñida. *Exige* que las cuerdas vocales estén relajadas. Cantantes profesionales aseguran que glotalizar cuando sostienen el sonido de una vocal es parte del calentamiento vocal saludable porque relaja la tensión en las cuerdas. Hay un motivo por el cual los artículos académicos sobre el fenómeno utilizan palabras como "indiferente", "desconectado", "sin entusiasmo" para intentar capturar el espíritu del sonido (o del usuario... la línea se desdibuja). Y como glotalizar puede implicar una actitud relajada, puedes sentir el impulso de usarla para comunicar el cambio entre un tono formal y uno más casual. En todos estos casos, su uso se puede leer como seguridad porque pareces, pues, muy *cool* en esa junta. En la intersección de los prejuicios de género y edad radica la extendida suposición cultural de que el entusiasmo "infantil" te hace parecer ingenua. Me saca de quicio y tengo mucho que decir al respecto (véase el próximo capítulo). Aquí, argumento que si glotalizar al final de tus oraciones se interpreta como cinismo y desinterés, entonces puede ser una defensa útil para que no te califiquen de aniñada o inocente. En breve, con esta floritura vocal podemos aparentar no estar comprometidas, ser inescrutables, que siempre es más seguro que comprometidas y descifrables. Como dice Aaron Burr en *Hamilton:* "Habla menos, sonríe más. No permitas que nadie conozca qué defiendes y qué refutas". No es nuestro personaje favorito, pero sí consigue sobrevivir.

La glotalización se ha vuelto un elemento tan omnipresente en el habla moderna que tiene otra función muy importante: es una credencial de membresía del club. Deborah Tannen escribió en su clásico de la lingüística popular: *You Just Don't Understand: Women and Men in Conversation* [*Es que no me entiendes: mujeres y hombres conversan*]: "Tenemos un impulso humano fundamental de imitar lo que escuchamos. Los adolescentes hablan así porque otros adolescentes hablan así, y quieren escucharse como la gente de su edad".[18] Sin importar tu edad, escucharte actual te puede dar capital social, y se siente bien escucharte como las personas con las que te asocias o quieres asociarte. Si muchos vibramos las cuerdas vocales de esta forma, entonces inevitablemente, un bien situado, superglotalizado "¿Te digo qué?", "Ni al caso" o "Increíbleee" nos ayudará a desarrollar confianza y conexión con los demás.

De hecho, en cualquiera de tus expresiones puedes glotalizar no porque tienes el impulso de hacerte chiquita, sino porque estás imitando a tus amigos, encajando en tu tribu, señalando que perteneces. ¿Y qué tiene de malo sonar como la gente a la que amas? En sentido literal, por eso existen las diferencias en cómo hablamos en todo el mundo. La variación lingüística es resultado de milenios de las diferencias entre el nosotros tribal y los demás, el otro, que se refleja en cómo hablamos. Imagina a una persona de las cavernas que se acerca a un grupo de cazadores y suspira aliviado porque todos gruñen con glotalizaciones familiares.

Por eso, sin duda alguna, caracterizar tu glotalización como buena o mala no tiene ningún sentido: la mayoría de las veces, tan sólo nos ayuda a conectar. Nos ayuda a ser graciosas, relevantes y reales. Es un hábito que, para muchas, se siente muy cómodo, y cuanto más cómodas nos sintamos al hablar, es más probable que nos sintamos libres y alegres. Y en ese estado se da nuestra comunicación más maravillosa.

Entre las investigaciones más revolucionarias en torno a la entonación ascendente figura la doctora Cynthia McLemore,[19] que fue una observadora desapercibida en una sororidad texana a finales de los ochenta. Estudió la entonación de las hermanas en varios contextos y descubrió algo muy interesante: no subían la entonación al final de las oraciones para sugerir incertidumbre ni desinterés. *Au contraire.* Las lideresas de la sororidad y las miembros de mayor rango lo usaban sobre todo como recurso retórico para describir nueva información. Por ejemplo: "A ver, entonces, ¿vamos a hacer una fiesta? ¿El sábado? ¿Con el tema del hielo y el fuego?". Pero no elevaban la entonación para hablar de información que ya se había debatido como: "Como todas saben, estamos reuniendo fondos para el nuevo jacuzzi".

En muchos casos, ésta sigue siendo la función de la entonación ascendente, para resaltar algo nuevo (sube), en vez de algo que ya se sabe (baja, tal vez incluso se glotaliza). Ese corresponsal de NPR —¿ubicas?, ¿el que hablaba de Biden?— ofrecía una interpretación novedosa, no estaba repitiendo una verdad universalmente aceptada. Es lo mismo cuando nos presentamos (y... mmm... sobre todo si tu nombre es raro), es probable que nuestra intención no sólo sea dar el nombre, pero también asegurarnos de que lo entiendan. Estamos planteando información nueva y al mismo tiempo, preguntando: *¿Me explico?* Funciona. Y se trata de tener en cuenta la experiencia de nuestro interlocutor.

De hecho, varios estudios sugieren que la entonación ascendente es un acto generoso, incluso si no siempre somos conscientes de hacerlo. Ayuda a canalizar la conversación, es como un letrero de bienvenida en tu voz. Los lingüistas han descubierto que, en una plática entre hombres, a diferencia de las mujeres (y sin contemplar a un grupo de distintos géneros, por el momento), los hombres tienen la costumbre de comentar para competir; las mujeres, para contribuir con la conversación. La energía ascendente al final de una frase sugiere un final abierto en vez de cerrado, un "¿qué opinas?" implícito.

Según el libro de Amanda Montell, *Wordslut: A Feminist Guide to Taking Back the English Language* [*Guía feminista para reapropiarse del inglés*], las conversaciones de las mujeres "tienen una estructura característica [conocida como] la alternancia de los turnos del habla, un estilo conversacional que [la lingüista británica, la doctora Jennifer] Coates asemeja a una sesión musical improvisada".[20] En otras palabras, cuando las mujeres conversan, lo hacen con apertura y sin jerarquías, todas las participantes sugieren, sin decirlo: *Bienvenidas*. Montell señala que "en estas conversaciones, es común encontrar palabras superpuestas, hablantes que repiten lo que dice la otra o parafrasean las palabras de las demás. Todas trabajan juntas para construir significado, por lo que no es pertinente la regla de un hablante a la vez". La energía de final abierto de la entonación ascendente es como un pase para que la siguiente persona contribuya al debate porque la conversación es más importante que cualquiera de las conversadoras. Sobra decir que, tradicionalmente, los hombres no conversan así, más bien se turnan para tomar la palabra y "juegan al experto", por eso es fácil que las conversaciones entre distintos géneros se enreden.

Cuando trabajo con actores a partir de un guion, contemplamos estas alternativas de tono en la última línea del parlamento en términos de si están "abiertas o cerradas", es decir, si el arco del tono sube o baja al final de la idea. Puede parecer insignificante, pero opciones como éstas reflejan el estado mental de un personaje. Un "me voy a ir" en la página puede sonar así: "Me voy a... ¿ir?", con energía ascendente al final, que sugiere que está consultándolo con el otro personaje, tal vez es una amenaza o una prueba, o tal vez está pidiendo permiso, en cualquier caso, está buscando algo. La energía ascendente invita a la otra persona, le está pidiendo que reaccione. Y es un acto generoso. "Me voy a ir" con energía descendente, cuando interpretas el punto que el guionista escribió al final de la frase, sugiere que alguien se va, terminó la conversación. Esto no tiene nada de malo, pero es una decisión. En lo que se refiere a actos del habla, estas dos opciones contrastan por completo, en escenas más dramáticas incluso pueden definir una relación personal. Lo mismo pasa con nosotras. El beneficio de la entonación ascendente es que nos mantiene abiertas: en términos vocales, emocionales, filosóficos, etcétera.

De hecho, la atenuación también es un acto generoso. Para los críticos, los rellenos o términos para suavizar tus oraciones —mmm, eh, o sea, justo, pues, este— son tics, pequeñas pistas de que no tenemos seguridad ni claridad mental. Y a veces pueden serlo. Pero para los lingüistas entendidos son tácticas vocales, no tics. ¿Tácticas vocales para lograr qué cosa? Para cuidarnos, desde el punto de vista vocal. La doctora Coates, la lingüista que definió las conversaciones como sesiones musicales improvisadas, explica que las atenuaciones "se utilizan para respetar las necesidades de valor social de todos los participantes, negociar temas delicados y alentar la participación de los demás".[21] Comúnmente, somos muy conscientes de las necesidades de valor social, aunque no utilicemos ese término: se trata de ayudar a todos en nuestro entorno a evitar la humillación o aparentar equivocarnos para que todo fluya sin contratiempos. Los términos suavizantes hacen este trabajo pesado y, como demostró un famoso estudio que analizó 263 transcripciones autónomas, son "más comunes entre las mujeres, participantes jóvenes y gente más escrupulosa".[22] Atenuamos cuando no tenemos poder, o no el suficiente. Ayudamos a los más poderosos a guardar las apariencias, caerles bien y, a cambio, tener un poco de influencia.

Los "mmm" y "eh" también son generosos. Son letreros diminutos, útiles, en el camino que nos conduce a terminar de expresar nuestras ideas para que los escuchas no se pierdan. Y resulta que hombres y mujeres los utilizan por igual. Si te preocupa que son indicadores torpes de que estás perdiendo el hilo, mejor considéralos pistas bien colocadas para tus escuchas de que estás a punto de hacer una breve pausa para encontrar una palabra. De hecho, hay estudios que sugieren que por instinto utilizamos "eh" cuando estamos a punto de hacer una breve pausa, y "mmm" para una un poco más larga. Y si tememos que decimos un "eh" tras otro, según un estudio, de hecho, utilizamos estas señales para anunciar un retraso próximo, sobre todo en plena idea, no entre ideas. Parece que, en verdad, sólo queremos asegurarnos de que, si no estamos hablando con fluidez, lo reconozcamos y ayudemos a nuestro interlocutor. "Eh" y "mmm" no le quitan valor a nuestra comunicación, son parte de ella. Igual que inhalar profundo antes de decir algo difícil, o suspirar al final, para nuestros escuchas tienen sentido, y no es malo para nada.

También se ha difamado injustamente el "*like*".*[23] La lingüista canadiense, la doctora Alexandra D'Arcy señala que tiene seis significados diferentes, cuéntalos, seis. ¿Acaso es culpa nuestra que todos se pronuncien igual? Los angloparlantes ni siquiera se dan cuenta de que dos de sus significados más antiguos y menos polémicos —como verbo y preposición— son palabras completamente diferentes cuyo significado y orígenes no tienen nada que ver. Son homónimos que se mueven con desenfado y confunden a todos. Échale un ojo a *Wordslut* de Montell para ver cómo desarma a los críticos del "*like*" y una explicación de los seis "*like*". Googlea la definición de "*like*" para una probadita. Basta decir que resulta que tanto hombres como mujeres utilizan casi cada acepción en la misma medida. Salvo que cuando lo hacen los hombres se llama hablar y cuando lo hacen las mujeres se considera la aniquilación del idioma inglés y, al parecer, la aniquilación incluye nuestra credibilidad.

---

* En esta acepción, "este" en español. [*N. de la t.*]

Así las cosas: queda claro que estos hábitos —glotalización, entonación ascendente, la atenuación— tienen sus ventajas. Muchas ventajas hermosas, útiles y que nos ayudan a cultivar nuestras relaciones. Pero (sabías que iba a pasar esto) también tienen desventajas. Una de ellas, desde luego, es cómo perciben estas señales vocales las personas que no las usan (o no saben que las usan), personas que bien podrían ser los guardianes del futuro al que aspiras. Podría valer la pena explorar otras opciones simplemente para sortear esa reja cerrada con llave.

Para ser justas, esos guardianes no sólo son miopes con prejuicios. Algunos escuchas pueden interpretar la glotalización como "duda", para otros puede parecer "*cool*"; en todo caso, si es una estrategia para esconderte, el resultado es que suenas como si te estuvieras escondiendo. A los escuchas les puede confundir, pueden preguntarse si estás hablando en serio o no. La entonación ascendente también puede ser confusa. Si tenemos la costumbre de subir en cada cláusula, así como al final de cada idea, es fácil que el oído se pierda (y no sólo oídos viejos y malhumorados, lamento decirlo) en el patrón repetitivo de estos picos y que lo que estamos diciendo carezca de lógica.

Pero existe otra razón de peso para reconsiderar todos estos hábitos. Debajo de la superficie de tantos de sus beneficios radica una cruda verdad: nuestros padres, muñecas, revistas, maestros, amores platónicos, decisiones de vestimenta, nos han dicho de formas sutiles y obvias que ocupar demasiado espacio no es femenino y que esto se extiende al tamaño de nuestras voces también. A decir de Penelope Eckert y Sally McConnell-Ginet en su influyente libro de lingüística feminista, *Language and Gender* [*Lenguaje y género*]: "Desde la infancia, se interpreta distinto a los niños y las niñas, se interactúa distinto con ellos. Existe evidencia experimental que sugiere que los adultos perciben a los bebés a partir de sus creencias sobre el sexo de los bebés".[24] Por ejemplo, "los adultos juzgaron que un bebé con 24 horas de nacido era más grande si creían que era niño o de rasgos finos si creían que era una niña". Y no sorprende que estos juicios afectan cómo la gente interactúa con los bebés, los niños en edad de caminar y los niños mayores. "Algunas personas cargan a los bebés con más suavidad si creen que son niñas, más juguetones si cree que son niños. Y les habla distinto. Los padres usan más diminutivos (*gatito*, *perrito*) cuando les hablan a las niñas que cuando les hablan a los niños". ¿Sorprende que para cuando somos mujeres ya perfeccionamos los diminutivos? ¿Sorprende que también con nuestras voces ocupemos el menor espacio posible?

Mira: a las conversaciones privadas, íntimas y deliberadamente casuales entre amigos les caería bien el uso extendido de las tácticas vocales arriba descritas. De hecho, es lo que Glennon y Oprah estaban haciendo, sólo que nos dejaron verlas. Igual que con Emma y Jen. Pero las presentaciones públicas numerosas, o incluso las conversaciones privadas donde nos jugamos mucho, las ideas son importantes y cabe la posibilidad de que haya un cambio de poder, son diferentes. La diferencia es que *ya no es una sesión de música improvisada*. Ya no compartes la palabra, y de hecho, no deberías. Ya no te apoyas en las tácticas vocales que has adoptado para hacerte chiquita, ser generosa y arreglártelas en situaciones de poder. Mantener la paz ya no es el único objetivo... de hecho, puede que ni siquiera sea tu objetivo.

Somos criaturas absolutamente sociales que percibimos los susurros que flotan en el aire, los diminutos cambios de lealtad o confianza entre amigos o colegas, y variamos nuestras voces como corresponde. Pero no siempre sabemos cómo leer un espacio más grande o menos familiar. Así que recurrimos a nuestros hábitos, sin examinarlos, y todos los hábitos arriba descritos —desde glotalizar a subir la entonación, atenuar y disculparnos— nos ayudan a no intimidar y minimizarnos cuando lo contrario podría cerrar el trato. Por accidente reflejamos toda una vida de encogernos, en vez de nuestra intención de expandirnos.

En el célebre discurso de Oprah en los Golden Globe de 2018,[25] cuando se dirigió a un público solemne vestido de negro en honor a

#TimesUp, y relató la dolorosa historia de Recy Taylor, dejó la glotalización tras bastidores. Nosotras también podemos elegir expandir o contraer nuestra voz según el tamaño de la necesidad de alcance o intimidad de nuestro público, grande o pequeña, alta o ligera. Nosotras también podemos elegir interactuar con nuestro público, escoger qué tipo de relación estamos construyendo con él. Nuestra voz puede reflejar esas decisiones, cargadas de indicadores de estilo conversacional y generacional, o no. Y *sigue siendo nuestra*.

Entonces, ¿quién es esta versión tuya que, en un espacio enorme, toma la palabra, se apropia del lugar y utiliza modernas florituras vocales cuando quiere? Quiero conocer a esta mujer firme a la hora de terminar su idea, que la expresa sin disculparse porque corresponde con su voz y el tamaño de su misión.

Para tomar las riendas de los que antes fueron hábitos y no decisiones vocales conscientes, mi truco favorito es el ejercicio de la pelota imaginaria. Es una oportunidad para tener claras tus opciones, para aprovechar tu energía vocal y experimentar elevándola (entonación ascendente), atenuándola (glotalización) o haciéndola estallar (y dar mucho miedo). Este ejercicio te ayudará a identificar tus hábitos, experimentar para quitártelos y aprender a ocupar el espacio que necesitan tus metas. (P.D. No hay una cantidad "correcta". Se trata de lo que se sienta bien, valiente, expresivo y verdadero, y lo que funcione con tus escuchas. ¿Mencioné que es cuestión de practicar?)

Para hacer este ejercicio, ponte de pie, lo ideal es que estés sola en una habitación, y adopta una postura que indique que estás lista: pies separados, respira desde lo más abajo posible. Ahora con el brazo lanza una pelota imaginaria (del tamaño de una naranja, digamos), por debajo del hombro, hacia el techo, mientras dices una frase sencilla del estilo: "Hola, me llamo...". Intenta que el tono corresponda con la curva de la trayectoria de la pelota, para que tu voz baje y suba al mismo tiempo que la pelota. No importa si suena más melódica que el habla normal. Empata el movimiento de la muñeca y el lanzamiento de la pelota imaginaria con la parte más importante de la idea, como tu nombre. Después, tira la pelota imaginaria al piso y vuelve a nivelar el tono. Después, avienta la pelota con tanta fuerza que parezca que la pelota —y tu voz— se estamparán en la pared al otro lado de la habitación. Da un paso atrás para que la puedas aventar todavía más lejos. Y no pasa nada si te sientes ridícula: estás aventando una pelota imaginaria. Que parece una naranja.

Revisa tu cuerpo. ¿Estás tensando el cuello o estás tensa y se te está olvidando respirar? Identifica sobre todo si cuando intentas aventar la pelota levantas la voz: "Me llamo ¡SAMARA!". Es un primer paso comprensible, pero este ejercicio no se trata de volumen, sino de intención. Se trata de los dedos de Megan Rapinoe llenos de energía más allá de los propios dedos. Si al subir o bajar el tono al terminar tu idea desvías la energía de tu blanco, explora qué necesitas para darle al blanco. ¿Más energía? Prueba si tus palabras pueden darle al blanco con sigilo. Con intensidad. Ahora con soltura. Con encanto. Con bravuconería a lo 007. A veces los clientes se ríen, no porque el ejercicio sea ridículo, sino porque sorprende que decir algo con intención, sin retractarse ni atenuarlo, se sienta peligroso.

El siguiente paso, cuando ya te sientas cómoda aventando la pelota imaginaria y empatando la trayectoria con el tono y la intención, es decir en voz alta ideas más complejas, con mayor carga emotiva:

Necesito ayuda. (Regresa al capítulo 1 y prueba las variantes que propuse, pero esta vez, también contempla el final de la idea.)
Mi idea va a funcionar. Confía en mí.
Soy la más indicada para este trabajo.
Creo que... es la comida más rica del universo.
Estoy segura de que tengo razón.
Estoy hablando.

Personaliza estas declaraciones. Mientras avientas la pelota imaginaria en la relativa seguridad de una habitación, a solas, intenta decir algo que te enorgullezca. Intenta decir algo en lo que no seas buena, reconócelo. Por ahora, sin "pues" ni "mmm". Comparte algo que te guste de ti que sea un hecho. Comparte un secreto que no le hayas contado a nadie, con franqueza. Inténtalo otra vez. Rétate.

Ahora, vamos a ver si puedes prescindir del gesto de la mano y mantener la sensación de aventar la pelota. Familiarízate con la sensación de dar en el blanco; cuanto más nos escuchemos haciéndolo, más lo normalizamos. Grábate y escucha la grabación. Inténtalo veinticinco veces y al final dejarás de pensar que odias el sonido de tu voz, pensarás: "Puedo con esto".

Alex es una epidemióloga de treinta y pocos años, la conocí en el set de una película de Dwayne "The Rock" Johnson en Atlanta, en el otoño de 2020. Yo era entrenadora y ella era consultora de protocolos para el covid. Las dos estábamos afuera durante una tarde de sábado, con nuestras laptops, sentadas a más de dos metros de distancia en una banca, larga y redonda, en un anfiteatro abandonado. Las dos estábamos escribiendo libros —descubrimos más tarde—, y me contó que hacía poco había estado en varios noticieros como experta invitada. Estaba contenta (y desde luego, le aterraba) que el doctorado que tanto esfuerzo le había exigido, ahora resultara tan relevante, y estaba en el proceso de publicar su tesis. Tras una entrevista en CNN, recibió un correo de la presentadora, quien le dio consejos severos. Le dijo a Alex que había hecho muchas pausas. "No te interrumpas, eso lo hacemos nosotros. Utiliza el tiempo necesario y confía en que queremos saber lo que tienes que decir".

Alex dijo que se quedó pasmada, no se había dado cuenta de que necesitaba permiso, pero así era. Recordé la universidad: en mi último año, por fin conseguí un protagónico para interpretar a la señora Lovett en una producción de *Sweeney Todd*. El imponente director del programa de actuación estuvo presente en un último ensayo y pidió hablar a solas conmigo al final. Me le acerqué nerviosa, y aunque me resistía a necesitar su visto bueno, lo quería con desesperación. El profesor me dijo: "Samara, estás cediendo todo tu poder. Puedes ser fantástica en este papel, pero estás siendo demasiado generosa. Imagínate que la obra se llama La señora Lovett". Me abrió los ojos. Tenía razón. Me había estado encomendando a mi coprotagonista en vez de ocupar los reflectores. Había sido sumamente generosa y no se trataba de serlo, para nada.

Tenía que conmover al público. Después de que me dieron permiso, encontré la alegría y la libertad. Y la alegría y la libertad nos llevan a ocupar el espacio que merecemos. Si necesitas permiso para ser protagonista de tu vida, te lo doy. Creemos que la palabra *privilegio* tiene connotaciones negativas, pero tiene varias acepciones. Como adjetivo, "privilegiado" significa esnob, creer que mereces trato especial o ventajas exclusivas. Pero un sinónimo es "derecho", *tener derecho a* recibir o hacer algo. *Tienes derecho a* ocupar espacio. Y seamos honestas: con gusto te doy permiso, como ese profesor me lo dio, pero funciona mejor si el permiso te lo das tú.

El permiso tiene que ver con eludir creencias problemáticas que te limitan, por eso es una práctica: cuando conquistamos una, hay más dispuestas a entrar al combate. Como la expresidenta de la Universidad de Princeton sentada en ese escenario, asintiendo ante las mujeres del público para expresar que, quizá, la incertidumbre nunca desaparezca del todo. Es AOC,* quien le compartió a la periodista de *Vanity Fair*, Michelle Ruiz, el temor que tenía de niña de fallarle a la memoria de su padre: "Para ser honesta, tenía la costumbre de maltratarme mentalmente, creer que no era nadie. Me di cuenta de que necesito elegirme, porque si no, voy a consumirme".[26] En otras palabras, se dio permiso de ocupar espacio.

---

* Siglas con las que se conoce a Alexandria Ocasio-Cortez en inglés. [*N. de la t.*]

Y aun así, todavía necesitaba sentarse en su sillón y practicarlo, y volverlo a practicar.

Cuando sientas que esas creencias que te limitan te restan alegría y libertad, cuando escuches el infame síndrome de la impostora susurrándote al oído: *No estás preparada para esto*, en una voz que suena sabia, por favor, recuerda que en la historia del mundo, las mujeres llevan segundos teniendo una voz pública. Como mi querida amiga y coach de creatividad, Liz Kimball, escribió en un artículo de opinión para *Medium* a propósito del síndrome de la impostora: "La mayoría somos conscientes del valor profesional y estratégico de volvernos mejores defensoras de nuestro trabajo, defender nuestros logros y aceptar los elogios, pero puede ser útil recordar que muchas somos la primera generación en la historia de nuestras familias y culturas en hacerlo (recuerda con qué frecuencia escuchaste a tu abuela o cualquier familiar evitar que le hicieran cumplidos o minimizar su grandeza)".[27] Sé que es mi caso. Estamos trastocando mierdas muy arraigadas.

Y cuando parezca una labor imposible, éstas son algunas recomendaciones ingeniosas que he reunido para que liberes tu voz. Primero, cuando te preocupe ser un fraude, pregúntate: ¿A quién puedo ayudar? Prácticamente respondo que sí a todos los correos que recibo de personas que buscan asesorías; mediante esas conversaciones convierto mis dificultades en lecciones, mejor que con cualquier técnica de autoafirmación. Cuando ayudamos a asesorados, hermanas, amigas y a cualquiera que venga detrás de nosotras o que le está dando vueltas a un problema que nosotras ya resolvimos, nos recuerda lo que hemos superado y lo mucho que, de hecho, sí sabemos. Es un regalo vernos a través de su mirada, y nos recuerda lo poderosas que somos.

Aquí va otra: no suelo recurrir a la religión para buscar herramientas de entrenamiento de voz, pero soy una persona muy práctica. ¿Por qué ignorar sabiduría milenaria que ha ayudado a tantas personas si puede ayudarnos? Tenme paciencia. Cuando Sarah Hurwitz, quien escribía los discursos de Obama, se fue de la Casa Blanca, escribió un libro sobre cómo descubrió el judaísmo. Se titula *Here All Along* [*Siempre ha estado aquí*], y en él describe a un rabino de nombre Yitz Greenberg que se refiere a "tres dignidades inalienables":[28]

1. Todos tenemos un valor infinito, nadie es prescindible y no podemos cuantificar el valor de ninguna vida humana.
2. En esencia, todos somos iguales, ningún ser humano es más importante que otro ser humano.
3. Todos somos completamente únicos, no hay nadie como nosotros y nadie es intercambiable con nadie más.

Tenemos valor, tenemos el mismo valor, pero todos somos diferentes. Si te pareces a mí, seguro estás asintiendo, sí, claro. De niñas, nos enseñaron esto; se lo enseñamos a nuestros hijos. No tienes que ser miembro de ninguna religión para reconocer que estas "dignidades" son un grupo de valores, y se reducen a tratar a la gente de forma justa. Sin embargo, el asunto es que no muchas vivimos de acuerdo con nuestros valores, ya sea porque tenemos prejuicios que no hemos contemplado, porque *de hecho* tratamos a las personas con injusticia, o porque *nos tratamos a nosotras mismas con injusticia.* ¿Crees que tu valor es infinito? ¿Crees que tienes la misma importancia como ser humano que tu jefa, esa celebridad o esa oradora brillante que parece tenerlo todo claro? ¿Crees que eres única y que, precisamente, debido a tus extravagancias, tu valía es infinita? ¿O te estás negando la consideración que les das a los demás?

Creo que también vale la pena examinar el espíritu de generosidad relacionado con los patrones vocales que discutimos en este capítulo. La generosidad radica en dar. Pero *es posible* dar demasiado. Podemos practicar la gratitud hasta que no nos quede nada. A veces, el impulso que tenemos para ser agradecidos, que nos llama mediante un meme o durante una clase de yoga, es un recordatorio para valorar lo que hemos dado por sentado. Ser agradecidos nos puede alimentar el espíritu. Pero a veces, el impulso para ser agradecidos es una censura, un recordatorio para meternos en el papel. Tal vez se manifiesta con estos pensamientos: "No merezco pedir más, debería agradecer lo que ya tengo". Esta clase de gratitud es una práctica que muchas hemos perfeccionado a partir de toda una vida de práctica, en sumisión ante quienes ocupan los puestos de poder. Sin embargo, esta clase de gratitud equivale a negarnos brindar respuestas correctas frente a circunstancias injustas. Mina el espíritu. Así que aquí va otra recomendación para darte permiso. Es un breve diagrama de flujo para saber cómo diferenciar entre la gratitud constructiva y la destructiva:

¿Es algo que me hace sentir cálida y conectada? Es gratitud.
¿Es algo que me hace sentir fría y aislada? No lo es.

Al igual que una disculpa, un *gracias* puede ser sincero y servir para corregir un desequilibrio, o se puede sentir como un acto obligado y sintético, un espectáculo de gratitud que montamos para un público, a quien le estamos enseñando a infravalorarnos. Tiene un fin, pero como con todas las tácticas vocales que describí en este capítulo, el fin es mantenernos a salvo, no ayudarnos a crecer.

Stacey Abrams sabía que debía "decir cosas amables y aceptar [su] destino" después de la carrera para la gobernatura de Georgia de 2018,[29] gracias a la sistemática supresión de los votantes. Pero decidió dejar de jugar el juego de la gratitud. En *Lead from the Outside* [*Liderazgo desde los márgenes*], escribe:

Como personas en los márgenes, se espera que sigamos como lo dicta el sistema, ante todo para conservar nuestra capacidad de participar y, tal vez, un día, ganarnos la lotería de la oportunidad para entrar por esa puerta. Reconozco completamente el proceso y su efectividad. Mi problema es que no me gusta y creo que podemos arreglarlo.

Esta postura de gratitud, si tenemos la costumbre de adoptarla incluso cuando las circunstancias no son justas, para nada nos prepara para ocupar el espacio que merecemos en cuanto entremos por esa puerta. Basta de aferrarnos a nuestro boleto de la lotería, en espera de que nos toque buena suerte. Vamos a crear nuestra propia suerte.

En mi caso, cuando me acomete el síndrome de la impostora, me siento claustrofóbica. Olvido lo conectada que estoy con mi gente más querida, quienes, desde luego, nunca me han dicho impostora. La voz que dice: *No estás preparada para esto* o *Van a descubrir que eres un fraude*, está diciendo: *No tienes valor, de hecho no deberías creer en ti misma.* Pero todo cambia cuando hago una lista de las personas que me valoran. Así que ésta es tu última recomendación para darte permiso: piensa en tu esfera de influencia, quienes te quieren y quieren saber lo que tienes que decir. No sólo tenemos el tamaño de nuestros cuerpos en un espacio ni el tamaño de nuestras voces cuando las materializamos, también tenemos el tamaño de nuestra influencia. Influimos a todos aquellos que nos han amado. A todos los que nos han celebrado. A todos los que han aprendido algo nuevo de nosotros. Y de hecho, ya somos enormes.

3
La emoción

Si las mujeres también hubieran sido las protagonistas de los relatos formativos
de las sociedades, las espadas en las piedras y las bombas que detonan en el aire
no hubieran sido más laudatorias que criar a los niños y cuidar el jardín...
La cultura no sólo veneraría a las personalidades fuertes y calladas, también
sería bueno ser conversador, sería valiente llorar, sería noble sentir
y relacionarse con los demás.
—ELIZABETH LESSER, *Que hable Casandra*[1]

Llamaron a mi clienta Petra para evaluar su desempeño en su compañía de inversión, le dijeron que tenía un hábito negativo: se emocionaba demasiado cuando las cosas salían bien y le afectaba demasiado cuando salían mal, y debía aprender a "compartimentar mejor". Recuerda haber asentido, con la expresión neutra, mientras en su mente repasaba todas las veces que ya se había reprimido en el trabajo. Recuerda haber intentado quedarse muy quieta, aunque sentía que su cuerpo aullaba como si fuera una criatura del Infierno de Dante.

Petra no es la primera a quien le dicen que el desapego agradable es la actitud deseada en el trabajo y que, para las mujeres, las emociones son un terreno peligroso. Es una historia que se remonta a una época en la que las emociones eran conocidas como "humores", un término que se acuñó en la Grecia antigua para describir los flujos corporales como la bilis, que los griegos creían que dictaba el temperamento, y cuando se creía que los úteros se movían en el interior del cuerpo, rozando varios órganos al hacerlo y produciendo consecuencias desastrosas en los humores de las mujeres. En aquellos días, cuando las mujeres denunciaban injusticias como, por ejemplo, señalar a su violador, se les cortaba la lengua. Y más o menos mil años después, a las mujeres que inconvenientemente eran muy ruidosas y decían la verdad, se les quemaba en la hoguera; después, en el siglo xx, se les internaba en instituciones psiquiátricas, o incluso en la década de los ochenta, se les practicaban lobotomías si no se reprimían como se esperaba. Cualquier cosa para callarnos. Cualquier cosa para que esos compartimientos se quedaran en su lugar.

Hoy, si nos mostramos demasiado emotivas, es probable que sólo nos humillen, descarten o que seamos el objeto de chismes. Pero entendemos el mensaje: en la oficina, o en esa reunión frecuente de Zoom, no debemos mostrar mucho interés o nos tacharán de locas, una palabra cuyo poder para humillar parece resonar en el tiempo y el espacio, desde los juicios contra las brujas de antaño al descrédito sistemático de las supervivientes de la actualidad. Y si, por accidente, damos la impresión de ser ultra entusiastas, hipersensibles o hiper-lo-que-sea, pese a nuestros mejores esfuerzos por reprimirlo, corremos el riesgo de que nos etiqueten de ser "demasiado". El temor de esa etiqueta amenaza, fuera de proporción, a todas las mujeres que conozco. Y de forma colosal y microscópica, nos amordaza.

Así que, tal vez, como yo, como Petra, a veces tú también hagas algo que se siente como si escondieras tu corazón. Tal vez encorves los hombros o cruces los brazos. Tal vez hayas perfeccionado una expresión neutra o una voz invariable, y digas "Está bien" cuando no lo está, o "Estoy bien" cuando no lo estás. Tal vez, cuando reprimes tus reacciones orgánicas sientas cómo se te constriñe la garganta, pero te convenzas de que es el precio de hacer negocios. En efecto, según investigadores que contribuyeron con un capítulo de *Handbook on Well-Being of Working Women* [*Manual del bienestar de las profesionistas*] de 2016, las mujeres acumulan penalizaciones sociales y económicas por actuar de otra manera. "Se les juzga por ser incapaces de controlar sus emociones, lo que en última instancia, socava la competencia y la legitimidad profesional de las mujeres".[2] Entonces, ¿por qué *no esconderíamos* nuestras emociones?

No obstante, esta tendencia para esconderlas tiene un precio más alto cuando llevas la indiferencia ensayada a un escenario más grande y cuando hablas sobre el trabajo cercano a tu corazón. Quizás estés hablando de lo que te apasiona, pero no parece. Tal vez en otro punto te ha funcionado: en ocasiones, una postura neutra puede interpretarse como relajada y serena. Pero en mi experiencia, no siempre funciona. No si quieres (*a*) sentirte viva y (*b*) volverte tu versión más poderosa y potente.

"El cómo utilicemos el tono, el timbre o el color en el idioma tiene un fin",[3] escribió el doctor Wallace Bacon, académico del siglo XX especializado en el habla y la oratoria. "Despertar sentimientos en el escucha, necesarios para expresar el significado al escucha". Es un aspecto tan fundamental de la comunicación que es fácil darlo por sentado: para expresar el significado real de lo que estamos diciendo, necesitamos transmitir a nuestros escuchas no sólo palabras, también las emociones que las acompañan. Necesitamos transmitir la intención o el espíritu que, para empezar, motivaron esas palabras. Es la unidad real de la comunicación. Nuestra habla natural podría ser plana como la de un robot si lo único que tuviéramos que transmitir fuera el lenguaje. Y si ése fuera el caso, seguro no hubiéramos evolucionado para tener el aparato anatómico asombroso que son nuestras cuerdas vocales.

Pero lo hicimos. Y nuestros oídos han evolucionado para escuchar las emociones en las voces de los demás y sentirse estimulados. "Cuando vemos a alguien que está emocionado se activan las mismas zonas neuronales del cerebro que cuando nos emocionamos",[4] confirma el doctor Michael Trimble, neurólogo conductual del University College de Londres. Es un baile antiguo para el que nuestros cuerpos están diseñados: hablamos con emoción, despierta emoción en nuestros escuchas, nuestros sistemas nerviosos se conectan y sentimos esa conexión. Nos sentimos vivas.

Mi clienta Juliana estaba dando un gran salto en su carrera, de trabajar de tiempo completo como editora de *realities* para la tele a proponer sus propios proyectos para dirigirlos. Acudió a mí porque se dio cuenta de que necesitaba mejorar su estilo para vender sus ideas: sonaba tan plana y formal que no estaba convenciendo a nadie y nadie le estaba comprando sus propuestas. Ganó el juego de la neutralidad, pero perdió el juego de la conexión.

Mi cliente Chris estaba presentando su idea para un programa de tele en Hollywood y acudió a mí porque se dio cuenta de que sus nervios no le estaban ayudando: "Me la paso contando chistes tontos y socavándome". Se puso rojo sólo de recordarlo. "¿Por qué lo hago?", preguntó sinceramente.

"Para ocultar tu vulnerabilidad", le respondí. En estos días se usa tanto esta palabra que es fácil perder de vista su significado real. Métete a Instagram y parece que "vulnerable" es abreviatura de "Que te vean llorar". No me opongo a llorar frente a la gente, pero ése no es el punto. La vulnerabilidad son los hoyos en tu armadura, y puedes intentar parcharlos o mostrarlos en todo su esplendor, como para decir: *Así me puedes herir porque debajo de esto soy un ser humano de verdad. Soy vulnerable. Tengo sentimientos.* Alain de Botton dice: "Para conectar es preciso conocer nuestra vulnerabilidad y reconocer la vulnerabilidad de los demás".[5] La vulnerabilidad es mostrar el corazón que tan acostumbradas estamos a esconder.

Y la manera más segura de hacerlo es demostrarle a la gente que te importa. El interés, así en voz alta, es extremadamente vulnerable y valiente. El tipo de valor que provoca que los escuchas espabilen y sean más valientes ellos mismos. Es lo que Juliana y Chris necesitaban practicar. Es lo opuesto de la neutralidad. Es lo opuesto de distraer con chistes. Es peligroso y emocionante. Cuando reclamas el derecho sobre lo que te importa muestras los hoyos de tu armadura y conviertes una reunión común y corriente en confianza, conexión y amor, es como alquimia.

Alguna vez escuché decir a una directora de reparto frente a un salón lleno de futuros presentadores de televisión que aprendían a leer el teleprompter de forma natural: "Cuando la cagan, el público se enamora de ustedes". No quería decir que cagarla tuviera poder por sí mismo, sino que verlos sortear un error con honestidad, porque les importa lo suficiente para enmendarlo, es increíblemente entrañable. Sin importar el contexto, cuando demuestras interés, con tus emociones reales, estás diciendo: *Esto —¡aquí!— es de la forma y el tamaño exactos del hoyo en mi armadura.* Estás diciendo: *Me estoy exponiendo.* Estás diciendo: *Me puedes herir y tendrá un precio para mí.*

Y sin duda, tu jefa, el público, los medios, te pueden herir, y la vida es un asunto demoledor. En algunos contextos, la vulnerabilidad no vale la pena, pero si insistes en exponer tus puntos débiles en los contextos que más importan, pese al riesgo, por lo menos tu público tiene la *oportunidad* de enamorarse de ti. Les darás la oportunidad de emocionarlos y a ti de emocionarte con ellos, y bailar el mismo compás. Ni Juliana ni Chris se estaban permitiendo ser vulnerables para conectar con la gente, aunque los dos querían hacerlo. Les importaba mostrar interés. Sólo necesitaban practicar.

En una ocasión, fui entrenadora de un científico, un hombre mayor y larguirucho, profesor de ingeniería civil en una universidad de la costa Este; vestía una camisa de franela azul, con el botón superior desabotonado, y tenía el ceño fruncido. Terminó contándome la historia de un anillo que llevaba en el meñique y que tiene mucho valor para él, por lo que lo tocaba seguido: le recordaba su propósito. Se le nublaron los ojos cuando me contó del anillo, y relajó el ceño. Fue como si se abriera y lo vi al desnudo. Pero cuando le sugerí que podría empezar su clase introductoria a los chicos de primer año contando la misma historia, se volvió a cerrar. "Perdería toda mi credibilidad". Su voz sonó como la de otra persona y me quedó claro que no estaba dispuesto a creer que la vulnerabilidad es una fortaleza, no una debilidad. Se convenció para no intentarlo.

A fin de cuentas, es fácil irnos por lo seguro. Como dice Anne Kreamer, periodista y autora de It's Always Personal [Siempre es personal]: "En la abreviatura binaria que utilizamos para compartimentar la vida moderna, pensamos en el hogar como el ámbito de las emociones y el trabajo como el lugar donde reina la racionalidad".[6] Ahora que contemples cómo suenas cuando hablas en público y cómo quieres sonar, ¿esta dicotomía te parece relevante? Una investigación que se publicó en Harvard Business Review cita abundante evidencia sobre entornos laborales plagados de "una cultura en la que reina el concurso de la masculinidad",[7] donde "los ganadores demuestran rasgos masculinos estereotípicos como severidad emocional, resistencia física e implacabilidad". Si bien hablar en público no siempre tiene que ver con el trabajo, este ideal masculino de lugares de trabajo libres de emociones tiene la astucia para influir nuestras personalidades públicas. A fin de cuentas, el trabajo es donde muchas tenemos nuestra primera probada de las recompensas y los castigos que se asocian con emitir nuestras opiniones. Es donde probamos y adoptamos cómo suena nuestra versión profesional y adulta. Aunque como señala Kreamer, este sistema en el que dejamos las emociones en casa es "una distinción ordenada que se desmorona de frente a la experiencia".

Mi clienta Vanessa ha perfeccionado su "expresión indiferente, pero simpática" en el trabajo, pues asegura que la mantiene a salvo de las emociones impetuosas que serían problemáticas si las revelara. Pero, por otro lado, no soporta su trabajo y sabe que su contribución en la oficina no tiene ninguna relevancia para su vida. Así que está buscando escapar. Tal vez, me contó, armándose de valor, va a emprender su propio negocio y establecer una nueva cultura laboral en sus propios términos, que fomente la individualidad de sus empleados. No está segura de que sea posible, pero de momento se siente un poco desanimada.

Es agotador fingir que no tenemos emociones, como si siguiéramos intentado demostrar que nuestros úteros no están deambulando en nuestro organismo y secretando indecorosa bilis. En sentido estricto, una emoción es una respuesta fisiológica y automática asociada con el sistema nervioso. *Automática.* Nos sucede a *nosotras* y nos pasa a *todas.* El primatólogo neerlandés Frans de Waal tiene una perspectiva peculiar, pues pasó décadas de su vida en la compañía de chimpancés y bonobos, y es célebre por haber dicho: "No puedo mencionar una emoción que sea exclusiva de los seres humanos".[8] Compartimos la experiencia de estos éxitos biológicos con seres humanos en todas partes e incluso con los animales; son así de universales.

Sin embargo, a los bonobos no les interesa ponerse un traje y leerse el manual de estrategias del capitalismo de camino al trabajo. Y no aprenden a somatizar las emociones. Existe un término para la encarnación actual de la represión solícita que los humanos respetamos en los entornos profesionales: "reglas de comportamiento social". Se refieren a las decisiones que todos tomamos para cubrir o minimizar estas emociones que sentimos y que parecen en conflicto con las reglas culturales del contexto en el que nos encontremos.

Las reglas no están escritas y, sobra decirlo, no son iguales para todos. Veamos, la respuesta de los medios de comunicación ante la ira de Brett Kavanaugh en el estrado *versus* la de Serena Williams en la cancha de tenis. Ya no digamos que él estaba defendiéndose contra acusaciones de un crimen y ella estaba haciendo su trabajo: la ira de él se recibió como un acto legítimo, correcto; la de ella, no. Leemos las noticias y vemos la retransmisión. Entendemos el mensaje.

Un profesor de Yale, el doctor Marc Brackett, lo expresó así en su libro *Permiso para sentir*: "La persona con más poder tiene mayor latitud para expresar sus emociones. Los padres se salen con la suya con despliegues que nunca les tolerarían a sus hijos. En el salón de clases, la maestra es la jefa y los niños son los súbditos, una dinámica que continúa en el entorno laboral, lo queramos o no".[9] Y queda claro que la dinámica de poder no tiene que ver con las relaciones formales, para nada; se trata de un conjunto de prejuicios sociales que reflejan a quién se le ha permitido, en el curso de la historia, mostrar el rango completo de las emociones humanas sin castigo, y a quién no. Jodi-Ann Burey se autoproclama disruptiva, y así lo expresa en su conferencia TED "El mito de llevar a tu yo completo y más auténtico al trabajo": "Una explicación distorsionada de las normas culturales blancas y los estándares que satisfacen las comodidades de quienes poseen el poder social e institucional: eso es el *profesionalismo*".[10]

Hace treinta años, Nanci Luna Jiménez fundó un instituto en la región del noroeste del Pacífico [de Estados Unidos] que organiza talleres antirracismo para individuos y organizaciones, y plantea esta pregunta: "¿A quién se le permite ser un ser humano en una sociedad que defiende la supremacía blanca, el patriarcado, la dominación y el capitalismo?".[11] ¿A quién se le permite ser un ser humano íntegro? Es una pregunta tremenda. Y como estamos hablando de nuestras voces: ¿a quién se le permite sonar como un ser humano íntegro? ¿Y quién lo decide? Si estamos cambiando a qué suena el poder, esto también debe cambiar.

El trabajo revolucionario de Nanci se centra en deshacer lo que ella denomina "adultismo": reglas de comportamiento social que sentimos la presión de cumplir incluso antes de incorporarnos al mercado laboral. Como lo describe, a la mayoría nos enseñan desde niñas a contenernos, restarles importancia a nuestras emociones descomunales, disociarnos de ellas y jugar a ser adultas desde muy pequeñas. "Se burlan de nosotras por nuestro idealismo, se burlan de nosotras por nuestra alegría pura", me respondió cuando le pregunté por qué cree que tenemos una relación tan compleja con nuestras emociones.

A su manera de verlo, es un ciclo que se repite generación tras generación: de pequeñas, somos libres y salvajes, entendemos muy bien qué es justo y qué es injusto, y expresamos sin pelos en la lengua lo que pensamos al respecto, hasta que aprendemos que estos despliegues no son aceptables en la sociedad. Escuchamos: *Shhh, siéntate, quédate quieta, no llores, no hagas caso, relájate, estás bien, estás exagerando, cálmate.* Y obedecemos. Crecemos. Tal vez tenemos hijos propios. Y tal como hicieron nuestros padres, "en un intento por 'facilitarle' la vida a nuestros hijos, les transmitimos el dolor que nosotras no sanamos", dice. "Creemos que, si nuestros hijos están contenidos, la vida les costará menos trabajo. Creemos estar protegiendo a nuestros pequeños de la decepción. Así que perpetuamos la contención que ha limitado nuestra vida, la capacidad para darle importancia a las emociones humanas y sentir todas ellas. Ningún padre diría: 'Sí, quise ser padre para oprimir a mi hijo'. No obstante, la sociedad opresora nos obliga a adoptar ese papel". Y agrega: "Nos convertimos en los adultos que creemos que nuestros padres querían que fuéramos, pero en el fondo, creyeron que para sobrevivir debíamos ser así".

El *adultismo* es una palabra que captura el anquilosamiento sistemático de nuestro desarrollo emocional, nos roba la libertad que teníamos de niñas. Para mí, es una confirmación de la sospecha insidiosa que al menos yo he albergado: ser adulta es un constructo, es lo que hacemos para ganar dinero y sobrevivir. Como señala Nanci, hay un motivo por el cual "los jóvenes van a liderar todo movimiento social importante hasta el fin de los tiempos. Porque todavía no están vinculados con el sistema económico. Por eso mismo se les infravalora y por eso saben lo que no funciona. No están confundidos".

¿Hasta qué grado controlamos el tono de nuestros hijos porque su conducta es irrespetuosa y hasta qué grado lo hacemos porque nos incomodan sus emociones efusivas, sobre todo en lo que respecta a temas de justicia? Todos los días me aseguro de no perpetuar el adultismo con mi hijo. Pero vale la pena poner atención en qué tanto nos controlamos a nosotras mismas, porque tal vez nos incomodan *nuestras* emociones efusivas. Tal vez sentimos estas emociones efusivas porque algo no es justo, pero intentamos convencernos de que estamos siendo ridículas. Está bien. Estás exagerando. Cálmate.

Sin embargo, es importante cómo hablamos con nosotras mismas de nuestras emociones. Empleamos las palabras *emociones* y *sentimientos* casi de manera intercambiable en la vida cotidiana, pero la distinción entre ellas es extremadamente útil en este contexto: las *emociones* suceden en nuestro cuerpo y son universales. Por otra parte, expertos como el doctor Brackett definen los *sentimientos* como algo distinto, no los químicos que acometen el cuerpo, sino cómo los *interpreta* nuestra mente. Los sentimientos son historias. Los sentimientos son las narrativas que nos contamos o que nos han contado *sobre* esas emociones.

Las personas pueden leer nuestras emociones, pero no pueden leer nuestros sentimientos, porque los sentimientos son nuestro diálogo interior. Son lo que *decimos* que valoramos en abstracto enfrentado con lo que valoramos *en verdad* cuando las cosas se complican. Y, de manera inevitable, estas conversaciones con nosotras mismas son específicas de nuestra cultura y absolutamente personales. Cómo interpretamos lo que sucede cuando nos ponemos emotivas depende de toda clase de prejuicios que hemos aprendido, y de toda clase de historias que nos contaron nuestros padres o nuestro primer novio o nuestra jefa. Como "los hombres de verdad no lloran" o "a nadie le gusta una mujer que sea demasiado" o "llorar en el trabajo no es profesional" o "enojarse es desagradable" o "mostrar interés no es de alguien relajado".

Esos susurros en nuestra mente nos controlan cuando podríamos ser libres. Recuerdo a la escritora y directora Emerald Fennell cuando aceptó el Óscar por *Promising Young Woman* [*Una joven prometedora*] y dedicó buena parte de su tiempo frente al micrófono a decir que estaba intentando no llorar en vez de llorar y seguir adelante. O a mi amiga Sandra, quien con valor le contó a un público el abuso que vivió de niña, pero cuando sintió que empezaban a aflorar emociones familiares, se regañó. "Basta", se dijo en voz alta, tan fuerte que todos la escuchamos. "Deja de ser una bebé". Pienso en el libro de Soraya Chemaly, *Rabia somos todas*, repleto de información que confirma que en todo el mundo las mujeres ponen en riesgo su salud cuando suprimen su ira, cómo sus madres lo hicieron, y las madres de sus madres.[12] Lo he escuchado una y otra vez de clientas y en talleres que he organizado. Nos enseñamos a actuar con neutralidad emocional incluso si una parte más profunda y sabia de nosotras sabe que no es conveniente. Repetimos estos viejos clichés y siembran el caos cuando nos queremos dar permiso, nos cierran cuando nuestras emociones buscan un escape. Sí, es autodefensa, pero también nos estamos silenciando y autosaboteando, y es una decepción rotunda.

Pero esta lectura de los sentimientos es esperanzadora. Quiere decir que es importante cómo hablamos con nosotras mismas. Y que las microestrategias con las que categorizamos nuestras emociones mientras van aflorando todo el día y todos los días se van acumulando. Esos susurros que nos dictan obedecer y que rechazamos pueden cambiar el curso de nuestra vida. Quiere decir que no sólo reaccionamos ante los códigos de nuestra cultura, sino que también perpetuamos y creamos esa cultura de forma constante. Absorbemos los mejores mensajes en el curso de milenios, pero también somos el mensaje. Tenemos la capacidad de revisar nuestros prejuicios y reconsiderar cómo respetamos nuestras emociones y las de nuestros conocidos. Y debemos hacerlo, juntas. Podemos decidir en colectivo que, como escribe Elizabeth Lesser: "está bien ser platicadoras, es valiente llorar, es noble sentir y sentirnos identificadas". Podemos construir el mundo en el que preferiríamos vivir, ya lo estamos haciendo sólo con cuestionar esas historias antiguas y a quiénes benefician. De lo contrario, la alternativa nos mantiene a quienes no nos parecemos ni hablamos como Brett Kavanaugh, en una relación frágil con nuestra propia voz. Cuando suprimimos, con toda intención, nuestra conexión emocional con lo que decimos, limitamos nuestro tono, timbre y expresividad. Nos escondemos. Y de manera inevitable, limitamos el sentimiento que evocamos en nuestro escucha. Si ése es el objetivo, genial. Si tu jefe es como el de Petra y el momento lo exige, reprímete. Pero me interesan las otras ocasiones, me interesa que te conviertas en tu versión más poderosa y potente.

Las mentes más brillantes del mundo han resuelto cómo llevarnos a la luna, y aun así, nadie ha podido construir una laringe desde cero. Este aparato hermoso y versátil tiene el potencial de crear ondas de sonido que emergen cuando transmitimos ideas nuevas, llenas de profuso contenido emocional, a otros seres humanos, para que nos vean y nos entiendan. Pero no puede suceder si seguimos creyendo el cuento de siempre de que las emociones nos hacen parecer débiles.

Existe otra historia y apuesto a que ésta te sonará igual de familiar, aunque contradice a la anterior por completo. Esta historia no consiste en tachar los sentimientos efusivos de malos. Es lo opuesto. Ésta se centra en que amamos la pasión. Todas. Incluso a las consultoras internacionales como McKinsey y Bain Capital les encanta la pasión, es una de las primeras palabras con las que describen al empleado ideal que quieren contratar, según la conductista organizacional, la doctora, Lizzie Wolf, quien realiza estudios sobre las emociones en el trabajo. Y sin importar lo escépticas que podamos mostrarnos al leer esa descripción de un trabajo corporativo, es difícil negar por qué las empresas lo afirman: nos encanta estar rodeados de pasión.

Piensa a quién tienes muchas ganas de ver. ¿Al amigo que siempre consigue parecer alivianado o al muy entusiasta? Quizás admiremos o envidiemos a quienes parece que todo les sale fácil, que viven despreocupados, indiferentes. Pero no necesariamente confiamos en ellos. Ni nos divertimos con ellos. Este juego —el de "quien puede ocultar mejor su humanidad"— no es divertido. Para quienes intentamos conseguirlo, es un infierno para nuestro sistema nervioso, para nuestra alegría, para nuestra capacidad de hablar en público con una voz que *funcione*.

Piensa en algunos ejemplos memorables y recientes de hablar en público. Se me ocurre el célebre discurso sobre la misoginia de la exprimera ministra australiana, Julia Gillard. O la actriz de *Fosse/Verdon*, Michelle Williams, quien decidió aprovechar su discurso de aceptación del Golden Globe en 2020 para reconocer públicamente lo importante que fue para su éxito tener acceso a métodos anticonceptivos. O el vulnerable discurso del presidente de Ucrania, Volodímir Zelenski, a través de su celular, cuando estalló la guerra. O el de la activista de Black Lives Matter, Tamika Mallory, al público estadunidense que saqueó comercios durante las manifestaciones del verano tras el asesinato de George Floyd. Los discursos tranquilos, serenos, ya no están de moda, pasaron a mejor vida, igual que las actuaciones rígidas de principios del siglo xx. En otra época, la forma de hablar neutra, carente de toque personal fue el epítome del habla con autoridad, pero ahora genera sospecha. Quienes estamos en el público anhelamos escuchar algo que suene sincero y urgente. Cuando las personas hablan con sentimiento, nos inclinamos para escuchar mejor, cuando revelan que están resueltos, enojados, desconsolados, alegres, llenos de vida. Enviamos videos cuando nos encontramos con algo así, puntos de inflexión como los arriba descritos que se vuelven virales. Los oradores indiferentes y serenos no se hacen virales. Los discursos aburridos no se hacen virales. Queremos sentir el bombeo de la sangre cuando hablan nuestros políticos, ceo y heroínas. Queremos creer en sus palabras y cuando no, señalamos sus mentiras. Queremos escuchar a qué suena que importe.

En esta versión de la historia, las emociones no son malas, son una señal. Son un mensajero que se queda sin aliento porque viene de Maratón para transmitir noticias importantes. La palabra *emoción* proviene del latín *exmovére*, mover. Nos recorren y siguen adelante cuando transmiten su mensaje, si les dejamos hacerlo sin trabas.

Y también conmueven a los demás. Si tenemos la palabra, las emociones son una señal de que nos importa, tal vez mucho más de lo que creímos. Si estamos en el público, viendo a alguien hablar con emoción, los sentimientos efusivos son una señal de que está sucediendo algo *real*.

En esta versión de la historia, las emociones no son malas, tienen un *fin*. En *Permiso para sentir*, el doctor Brackett hace un gran énfasis en que quiere "aclarar un malentendido que pudiste haber albergado: que permiso implica tener licencia para dejar que todo salga, para ser quejumbroso, gritar, reaccionar ante cualquier impulso emocional y comportarnos como si no controláramos lo que sentimos, ponernos como locos".[13] Ninguno de los dos estamos fomentando esto. Los arrebatos de vulnerabilidad están bien si necesitas desahogarte. Pero cuando tenemos una plataforma, la intención no suele ser desahogarnos. ¿Entonces? Sin importar qué tengas en mente cuando pienses en hablar en público, probablemente una de las intenciones sea invitar a hacer algo: convencer a tu público para dar un paso adelante o cambiar el curso o donar o que te contrate o darse permiso de algo. Abogo para que alistes tus emociones cuando invites a tu público a que pase a la acción.

Se trata de ser emocional con un fin. Se trata de *utilizar* tus emociones en vez de sólo tenerlas. De hecho, la doctora Lizzie Wolf sugiere una solución temporal, reformular los inconvenientes arrebatos emocionales en el trabajo y llamarlos "pasión".[14] Traza cómo se suele asociar esa palabra con emociones masculinas y se recibe bien porque implica voluntad, emplear los golpes emocionales para bien. Sugiere tener el control en lugar de estar fuera de control, utilizar las emociones en vez de sólo tenerlas. Ha realizado experimentos en los que, en el trabajo, las mujeres describen sus emociones como pasión y los resultados son asombrosos. Estas mujeres reciben ascensos, las eligen para ser parte de equipos, les conceden legitimidad profesional.

Es un truco especial darle la vuelta al guion por el bien de tus colegas menos evolucionados, pero me interesa que le des la vuelta por tu bien. Recuerdo un mitin al que asistí en 2018, cuando recibimos las primeras noticias de la crisis en la frontera de Estados Unidos con México, que provocó la separación de familias. La expresidenta de NARAL Pro-Choice America, Ilyse Hogue, dio un discurso en una reunión de cientos de personas en un parque público, a la sombra de un sauce. A la mitad de su discurso, su hijo pequeño empezó a llorar y se subió al escenario con los brazos levantados. Ella lo cargó y empezó a llorar al unísono. Y en vez de fingir que podía combatir sus emociones y respetar los puntos de su discurso, reconoció el momento. "Puedo cargar a mi hijo", dijo, con la voz cargada de angustia. "Puedo escuchar sus gritos y hacer algo al respecto, los papás detenidos en la frontera no pueden". Nos tumbó a todos. Sus emociones no fueron distractoras, le ayudaron a transmitir su mensaje. Estaba siendo emotiva con un fin.

Quizá, si confías en que puedes utilizar tus emociones —sin importar cuáles sean— para transmitir tu mensaje, el drama interior en torno a ellas se va a disipar. Si, por ejemplo, presientes los comienzos de una respuesta motivada por el estrés porque estás a punto de llorar, respira y recuerda, las lágrimas no son distractoras, son parte importante del mensaje.

En la escuela de actuación, cuando una compañera terminaba una actuación espectacular con lágrimas en las mejillas, a nuestro profesor le gustaba voltear a vernos y comentar sobre la actriz o el actor: "No es buena porque está llorando, está llorando porque es buena". Tenía razón: la aclamábamos no porque estuviéramos respondiendo a las lágrimas como si fueran un truco barato, sino porque estábamos respondiendo a la transmisión de la verdad en la actuación y *el intérprete también*. No importa si se trata de interpretar un papel o interpretarte a ti misma, las lágrimas no son el punto, son la consecuencia. No tienen valor intrínseco, son una señal de que estás hablando de algo importante, y eso tiene un valor inmenso. Las lágrimas —de entusiasmo, enojo o cualquier emoción perceptible— son el resultado de permitir que nuestra comunicación tenga importancia de verdad.

Autenticidad es otra de esas palabras calculadoras que se utiliza en exceso y cuyo significado se ha vuelto oscuro. Sí, todas queremos ser auténticas, pero ¿cómo? Mi respuesta práctica es ésta: no sólo significa "sé tú misma", quienquiera que sea y como se adapte a las normas del medio laboral. Significa que demuestres lo que consideras importante *como si te importara*. Compártelo con convicción. Si se te ocurre alguien cuya voz admires, uno de los ejemplos de arriba o alguien de tu propia comunidad que habla en público con mucho efecto, te puedo garantizar que así lo hacen.

Quiero ayudarte a desarrollar esta aptitud para que la tengas a la mano siempre, para que, como dice Anne Kreamer, dejes de intentar "ignorar tu lado humano".[15] Antes de conmover a los demás, debemos conmovernos a nosotras mismas, y debemos conmover a los demás para conseguir lo que queremos, para conseguir lo que todas queremos. Vamos a empezar con tres motivos de peso para apropiarte de tus emociones y utilizarlas cuando estés hablando en público, pese a los mensajes que te indiquen lo contrario. Recurre a ellas cuando tu mente se empiece a rebelar y empieces a convencerte de no intentarlo, como ese científico tierno y exasperante.

Uno, cuando intentamos separar las emociones del trabajo, nos quedamos con la falsa impresión de que nos estamos equivocando, *nosotras*. En lo que a mí respecta, se trata de una tragedia insidiosa de escala global. Lo he visto reflejado en la mirada de mis clientes, el dolor de pensar ¿por qué no puedo hacerlo? Nos castigamos por parecer humanas cuando no podemos contenerlas. Nos sentimos solas, devastadas. Tanto hombres como mujeres reportan sentimientos de vergüenza cuando lloran en el trabajo, sin embargo, según un estudio de 2018 ampliamente citado que realizó Accountemps, casi 50 por ciento de las personas reconoció haber llorado en el trabajo.[16] Sumemos episodios de ira, frustración, euforia y dolor, y por supuesto que todos somos culpables de tener emociones en el trabajo. Y al tratar de oponernos, desperdiciamos tiempo preciado. La imperturbabilidad en el trabajo es una prueba destinada a fracasar, pero aun así, seguimos intentándolo, por hábito. ¿Si hubieras participado en el estudio, hubieras reportado haber sentido vergüenza? La vergüenza y el permiso son prácticamente opuestos. Y la vergüenza le cierra la puerta al poder.

Dos, si ignoramos nuestro "lado humano" seremos oradoras aburridas y tristes. O panelistas, presentadoras, asistentes a una reunión, lo que sea. Y seguiremos sintiéndonos mal en los momentos que podrían ser los sucesos definitivos de una vida de realización personal. Nos perderemos la oportunidad de sentirnos vivas y hacer a nuestro público sentirse vivo. Perderemos la oportunidad de sentir el "duende", un exuberante concepto español que apuesto que todos hemos sentido ante un orador maravilloso: es una fuerza misteriosa, una realidad que provoca que el espacio tararee, una presencia innegable. El poeta español Federico García Lorca dio un célebre discurso sobre el "duende" en el que utilizó ejemplos de representaciones asombrosas que había visto, bailarines, músicos, poetas y oradores: "Escuché a un viejo maestro de la guitarra decir: 'El duende no está en la garganta; el duende sube por dentro desde la planta de los pies'".[17] Es decir, "ímpetu". Es lo opuesto de lo aburrido, lo triste, y está a nuestra disposición. Pero requiere que nos permitamos sentir la música que llevamos en el alma, frente a los demás.

Y tres, la ciencia está del lado de la emoción. Como ejemplo, este artículo de 2017 en *Frontiers in Psychology*, que se centra en el auge de la enseñanza en línea. Incluye un resumen de descubrimientos recientes, y señala: "Numerosos estudios han reportado que las emociones afectan los procesos cognitivos humanos, entre ellos la atención, el aprendizaje, la memoria, el razonamiento y la resolución de problemas. Estos factores son clave en la esfera educativa porque cuando los alumnos enfrentan dichas dificultades, se frustra el objetivo de la educación e incluso puede volverla carente de sentido".[18] *Frustra el objetivo. Carente de sentido.* ¿Así queremos que se sienta nuestro público? Este artículo cita 176 ensayos académicos distintos que exploran cómo se ilumina el cerebro cuando se nos presentan hechos mezclados con sentimientos, y da ejemplos como: "se ha reportado la activación de la amígdala cerebral durante la codificación de información que estimula las emociones (tanto agradables como desagradables) que se relaciona con memoria subsecuente". En otras palabras, sin el componente emocional, nadie recordará lo que dijiste.

Éstas son algunas herramientas para ayudarte a conectar con tus emociones con más facilidad y para darte permiso de expresarlas, no sólo por el bien de tus emociones (aunque sí se siente maravilloso dejar de temerles), sino por el bien de tu mensaje y de tu público. Practica, porque te hará sentir menos sola, más viva, y tu mensaje se les quedará grabado.

La mejor manera de entrar en contacto con tus emociones es entrar en contacto con tu cuerpo. Ya sea moverlo (como dice mi taza favorita: "Si no sabes qué hacer, baila") o centrarlo. La diferencia primordial cuando trabajo con actores y con no actores es que paso una buena parte de la sesión con los no actores intentando que se suelten, en mente y cuerpo, para que puedan sorprenderse, crecer y cambiar. Los actores tienen más práctica. Tal vez se te dificulta darte permiso para jugar, para portarte ridícula sin juzgarte, para dejar de intentar controlar todo, para ser todo corazón. Y es difícil por los motivos, perfectamente comprensibles, que ya discutimos en este capítulo. Sin embargo, las recompensas son muy buenas.

Vamos a empezar, Lori Snyder, autora y fundadora de Writers Happiness Movement, contribuyó con la siguiente meditación guiada.[19] Intenta grabarte en tu teléfono (más despacio de lo habitual, respira más veces, sobre todo cuando veas el símbolo de //) y después, encuentra una postura cómoda, sentada o acostada, ponle *play* y cierra los ojos. Si es la primera vez que meditas o te estás resistiendo, esto es para ti.

[EMPIEZA A GRABAR AQUÍ]
Aprovecha los primeros momentos para acomodarte, para llegar. // Después, inhala largo y profundo, plenamente. Abre la boca y exhala. // Suelta los hombros. // Relaja la frente. // Relaja la quijada.

Pon atención a tu parte más auténtica, a esa parte que eres tú completamente. Es la parte que existe al margen de las etiquetas con las que te describes o las que te han dado, al margen de los roles que juegas en tu vida, al margen de puestos de trabajo. // Es la parte de donde provienen el arte, el amor y la generosidad, es con la que conectamos cuando decimos lo que necesitamos decir de la forma que queremos decirlo. // Es la parte que acostumbramos esconder, enterrar debajo de capas de protección. Si por ahora no se está revelando, está bien. Sigue estando ahí, incluso si no la sientes.

Si puedes sentir tu parte más auténtica, dirige la respiración hacia ella. Permite que crezca, como si estuvieras avivando las llamas con tu aliento. // Si hoy no la puedes percibir, imagina cómo se podría sentir conectar con esa parte tuya. Dirige la respiración hacia eso. Percibe cómo se siente en el cuerpo.

Comprueba si puedes quedarte aquí unos minutos. // Cuando estés lista, inhala profundo otra vez.

Y después, en este preciso momento —sin tener que cambiar ningún aspecto de tu vida— quítate la armadura. Ponla a un lado.

Quítate la máscara. *Ponla* a un lado. //

Ahora quítate la máscara detrás de la máscara. Y también ponla a un lado. //

Y por último, entrega el escudo que has estado cargando. Comprueba si puedes quedarte así: sin defensas. Sin disfraces. Sin protección.

Cuando entregamos el escudo, nos quitamos la armadura, nos quitamos la máscara, sólo hablamos con la verdad.

Y cuando sólo hablamos con la verdad,

nos convertimos exactamente en lo que el mundo necesita. //

Cuando estés lista para terminar,

por favor, inhala y exhala lo más profundo posible. Y después realiza actividades del día despacio,

deja la armadura

y las máscaras

y el escudo

en el piso, detrás tuyo.

A partir de este punto, cuando hayas abierto los ojos y hayas permitido que se ajusten a la luz, imagínate hablando con un grupo de personas con las que, tal vez, vayas a hablar pronto, o ante quienes presentes información con frecuencia. Respira mientras sondeas la habitación con la mente. Experimenta cómo se siente no tener armaduras. Di: "Hola". Di: "Me da gusto hablarles de algo importante para mí". Identifica si sientes opresión en el estómago, el pecho, la garganta, y estúdialo con curiosidad. Siente tus sentimientos. Envía mucho amor a esas zonas de tu cuerpo que anhelan reprimirse de nuevo y recuérdate que estás segura.

Cuando salgas de tu casa para ir a una junta, hablar con tu jefa, identifica cuando te vuelvas a poner la armadura y pregúntate si es necesario. En ocasiones, lo es. Pero a veces es un hábito y los hoyos en la armadura siempre son más interesantes que la propia armadura.

Aquí va otra herramienta: a estas alturas, ya no te sorprenderá que, aunque se supone que nuestras gargantas son un pasaje relativamente pasivo para nuestra respiración o sonido... no siempre funcionan así. A la mayoría, la ansiedad en general o el miedo específico de que nuestras emociones nos metan en problemas nos hace tensar los músculos para que no salgan esas emociones. Esos músculos de la garganta son buenísimos para reprimirnos, para que no parezcamos ser *demasiado*, y usarlos así de forma habitual nos impide determinar cuál es la *cantidad exacta*. Todos hemos visto paneles o presentaciones donde el orador en el estrado apenas parece un ser humano que está vivo y respira. Es posible presentarnos con una voz tan constreñida por la tensión de la garganta y una mentalidad tan dominada por la idea de que mostrar interés no se ve bien, que ni siquiera estamos presentes.

Vamos a frenar esa rutina aquí y ahora.

Intenta este truco para relajar la garganta y ver qué parte te relaja: coloca la punta del dedo gordo detrás de los dientes superiores frontales y empuja con fuerza mientras inhalas profundo desde el estómago. Sentirás cómo se relaja la nuca y se activan las escápulas y se relajan cuando dejas de empujar. Este movimiento alinea el cráneo con la columna vertebral. Los patólogos del habla dicen que alinea *todo* el cuerpo. Lo llaman "anclaje". Y me gustaría agregar que también se ve muy sutil. A veces lo hago cuando estoy en una fiesta, en plena conversación, si siento que los músculos de mi garganta están trabajando de más para que me escuchen a pesar del escándalo. Inténtalo, tal vez con los ojos cerrados, a ver si puedes sentir cómo se abre ese pasaje.

Aquí va otro: en un espacio silencioso y apartado, respira profundo, abre la boca y poco a poco produce el sonido de una reja que se abre rechinando (también así se describe la glotalización). Inhala e inténtalo de nuevo. Vas a tener que probar para saber cuánta energía necesitas para que las cuerdas produzcan este sonido. Exhala tres veces, despacio, emitiendo este rechinido, lo importante es que suenes muuuy relajada, después cierra la boca y tararea, primero en voz alta y luego baja, un par de veces antes de volver a hablar. Este ejercicio relaja las cuerdas, las reinicia por si están tensas, ya sea por forzarlas al hablar (más sobre esto en el próximo capítulo) o por usarlas para dominar tus emociones.

Éstas son algunas frases nuevas para que las susurres para ti, para sumarlas a tu diálogo interior y deshacerte de las viejas y obsoletas. Primero, piensa en algo de lo que hables mucho. Tal vez cómo le das la bienvenida a las personas en un lugar o más puntual: una frase de una propuesta y cómo acostumbras describir a qué te dedicas. Quizá, por qué fundaste tu empresa o por qué *quieres fundarla.* Quizás una invitación para actuar, pedirle a tu público que se registre para tu boletín de noticias o que te sigan en redes sociales.

A solas en un cuarto, practica diciendo cualquiera de esas frases pero con este cambio: conéctalas con el corazón. Imagina que las palabras no sólo salen de la garganta y la boca, sino que antes de salir, se desvían para pasar por tu corazón. Y que salen con un residuo del corazón, no importa qué signifique para ti. ¿Cómo se siente? Imagina que tienes a alguien enfrente y dilo. Cuando hayas practicado a solas, te invito a que lo intentes con personas con quienes te sientas cómoda, y después, con quienes no. Nadie necesita saberlo, sólo tú.

Kristin Linklater, una famosa profesora de voz, dijo: "En gran medida, en el día a día, las palabras se han vuelto utilitarias y están condicionadas para salir de la corteza [cerebral] del habla directo a la boca. Pocas veces recogen una carga emotiva, sólo si se les provoca excesivamente",[20] como en el caso de la ira, el dolor o la alegría. Pero no necesitamos provocación tan extrema para evitar las dificultades del habla utilitaria. Podemos activar nuestras palabras si recordamos implicar al corazón cuando nos comunicamos.

Este recordatorio para "conectarlas con el corazón" es una estrategia para practicar decir algo importante *como si importara,* así como si no. Es práctico explorar lo contrario: de nuevo, a solas en un cuarto, intenta decir: "Me encanta lo que hago porque _____" y que no te cueste absolutamente nada. Identifica cómo indicas lo que te emociona y lo que no. Si trabajas en la industria de los servicios —o has sido muy complaciente—, identifica cuando no eres sincera. Es tu oportunidad para que coincida tu interior con tu exterior.

Hace más de una década, una profesora de actuación en Los Ángeles a quien siempre recomiendo, Jen Krater, me enseñó la idea de conectar con el corazón, y es pertinente para casi cualquier escenario posible, tanto en mi vida como en la de mis clientes. Quizá te provocará emociones, pero te invito a permitirlo, sin disculpas. No olvides que estás practicando cómo es creer que sentir es bueno.

Otra joya de Jen: cuando un actor estaba actuando en su clase y llegaba a una parte del guion en la que se preparaba para plantear una pregunta importante o dar noticias importantes, Jen tenía la costumbre de susurrar en voz baja: "Métete en problemas". Inevitablemente, el actor se transformaba. El momento era efervescente.

"Métete en problemas" es un empujoncito para ser un poco más atrevidas, para arriesgarnos, para revelar nuestro corazón. Te invito a hacerlo. Cuando sientas que se aproxima un momento aterrador —la pregunta importante, el llamado a la acción, la oportunidad de hacerte pequeña o grande según el momento—, murmura para tus adentros: "Métete en problemas". Si sientes que estás intentando evadirte, "métete en problemas". Si estás desperdiciando preciada energía preocupándote porque te meterás en problemas, "métete en problemas". Un poquito.

Tal vez este intercambio privado contigo misma resulte en que parpadees de forma casi imperceptible, cuando antes no lo estabas haciendo. Tal vez quiere decir que te sorprendes y hables con más vulnerabilidad, más duende, más alegría. Confía en que la apuesta valdrá la pena. Confía más. Por cierto, creo que es la intención original de ese cliché que sugiere imaginarte a todos en el público desnudos: cuando tienes un secreto travieso, puede distraer a tu cerebro para que accidentalmente se divierta.

Ésta es otra visualización sencilla. Lo que más asociamos con el habla es la boca. Ahora, imagina que la boca representa sólo una de tres fuentes de la energía vocal. Imagina que tu torso es un enorme tridente u horca, y que del plexo solar sobresale una punta igual de poderosa, y del estómago, otra. Imagina que tu energía vocal surge de estos tres puntos al mismo tiempo. Intenta hablar así.

Hay quienes dicen: abre la boca y el corazón al mismo tiempo. Pero ¿qué pasaría si involucraras tu barriga con todo su jugoso contenido emocional? La barriga es "todo dolor y ambición. Incendios y oleadas",[21] dice la poetisa Kate Baer. Queremos verlo.

Cuando le describo por primera vez esta imagen del tridente a mis clientes, he notado que se paran más erguidos. Cuando involucras el corazón y la sabiduría del instinto, es inevitable que te impliques más, pero también en sentido literal, fortaleces la columna vertebral, en vez de encorvar los hombros o sacar la barbilla. Y cuando la columna vertebral está fuerte, el cuerpo está alineado y es más probable que digas lo que quieres y que lo digas con intención. (El pilón: puedes imaginártelo como la mirada de los Ositos Cariñositos en vez de un tridente, sólo que con tres vectores de arcoíris. Si eres una niña de los ochenta, esto es para ti.)

Y, por último, prueba con una visualización mental. El doctor Brackett señaló que, en general, a la persona que en determinada situación tiene más poder, se le permite mostrar más emociones, y seguro lo has visto. Pero también existe una manera interesante para hacerte de más poder casi al instante. Veamos, no hay sustituto del "poder social", como lo denomina la doctora Amy Cuddy en su libro *El poder de la presencia*, la clase de poder que podríamos obtener si "tenemos acceso a los bienes que los demás necesitan: alimento, refugio, dinero, herramientas, información, estatus, atención, afecto". No hay sustituto para ser la persona más dominante de un lugar, o haber nacido, sin querer, en una posición de poder. Pero hay otros tipos de poder que podemos conseguir desde donde estamos. La doctora Cuddy denomina esta segunda categoría "poder personal". Y se trata de nuestros recursos internos, no externos; se trata de las aptitudes que aprendimos con esfuerzo, nuestros valores, lo que conocemos y amamos de nosotras mismas, y lo que nos hace ser valientes. Si el poder social es tener poder *sobre* alguien o algo, éste es poder *para* hacer algo. Como señala la doctora Cuddy: "En un mundo ideal, nuestra sensación de poder personal sería irrefutable. Pero, en realidad, fluctúa, sobre todo cuando tenemos dificultades".[22]

Sin embargo, puedes *generar* poder personal con un breve experimento mental. Te puedes preparar para asumir el poder si recuerdas ocasiones previas en las que te sentiste de maravilla. Yo siempre utilizo este truco y es mágico: enseguida me hace sentir más libre, más holgada y más segura de que puedo mostrar mis emociones sin castigo.

Recuerda una ocasión en la que hayas sentido el poder personal, cuando te sentiste valorada, celebrada o vista. Tal vez sucedió cuando mostraste voluntad, audacia, alarde y te descubriste siendo la mejor versión de ti. Tal vez fue en tu casa, con amigos, durante un evento crucial en el trabajo en el que te jugabas mucho, o incluso una reunión normal en la que de pronto sobresaliste. Anótalos y mientras reflexionas, recuerda con todo el cuerpo.

Según la psicología social, con el simple acto de reflexionar sobre un momento de poder personal, cambias por completo tu estado psicológico. Recuerda una instancia de poder y estarás lista para la siguiente; esto es superimportante porque estudio tras estudio ha demostrado que sentir que no tenemos poder perjudica nuestras ideas de muchas maneras, disminuye considerablemente la capacidad de realizar incluso las labores más sencillas, nos ensimismamos y es probable que reflexionemos en exceso. Pero cuando nos sentimos poderosas, sucede lo contrario. Si hacemos memoria, podemos retomar la dirección adecuada.

Como en todo, el contexto es importante. También es importante quiénes somos como individuos y cómo queremos aprovechar una oportunidad. No existe un enfoque único para infundir más emoción a tu vida profesional. En algunos lugares no interesa conocer a tu yo auténtico, y al igual que Petra, eso te pone en una posición difícil. En su caso, ella renunció. Después de una búsqueda espiritual (un proceso que incluyó certificarse como coach de vida y hacer por lo menos un viaje a Burning Man), renunció del todo al mundo de las finanzas y empezó su propio negocio como coach de vida. Ahora, años después, fusionó su pasión por los mercados con su interés por vivir una vida equilibrada, y asesora a sus clientes en torno a la inversión ética. Ya no estuvo dispuesta a esconder que le importa lo que hace y dejó de intentar vivir a partir del credo de ese jefe. Ahora se dedica a mostrar precisamente que le importa.

En palabras de la profesora Hitendra Wadhwa, visionaria lideresa empresarial y catedrática de la Escuela de Negocios de Columbia: "Hoy en día, el mundo empresarial está imparable. Los líderes corporativos son testigos de un hambre cada vez más voraz, desde dentro y fuera de sus organizaciones, para lograr que el lugar de trabajo refleje los valores adecuados, valores como la inclusión, la empatía, la autonomía y el servicio a la humanidad".[23] No estás sola. Y sin importar el espacio, siempre puedes interrogar, sentir, encontrar y redibujar la línea entre lo responsable y lo radical en tus propios términos. Siempre te puedes preguntar qué tan desprotegida puedes estar. Con cuánta honestidad puedes mostrar tus emociones sin ponerte en una posición que se sienta insegura. Tal vez puedas revelar que tu frustración se ha vuelto ira o que, en el fondo, tu decepción es pena. Tal vez puedas revelarte, o por lo menos comenzar a hacerlo.

Como lo expresó Ilyse Hogue en mi podcast, los poderes establecidos que están defendiendo el *statu quo* y se resisten al cambio refuerzan un estilo para hablar en público, para mostrarse en público, a partir del cual reprimen sus necesidades emocionales. Me viene a la mente el exvicepresidente Mike Pence durante el debate vicepresidencial de 2020 con Kamala Harris, cuando la mosca se robó los reflectores por el simple hecho de mostrarse más auténtica que la cabeza en la que aterrizó. Los poderes establecidos han codificado al "empleado ideal" y definido la palabra "profesional", asegurándose de que ambos describan más a una máquina que a un humano. Como escribió bell hooks: "El primer acto de violencia que exige el patriarcado a los hombres es no ejercer violencia contra las mujeres. En cambio, el patriarcado les exige a todos los hombres que cometan actos de automutilación psíquica, que erradiquen sus componentes emocionales. Si un individuo no consigue mutilarse emocionalmente, puede contar con que los hombres del patriarcado representarán rituales de poder que minen su autoestima".[24] Me vienen a la mente las primeras mujeres que entraron a las industrias dominadas por los hombres, que ansiaban que se les tomara en serio, que averiguaron las reglas del juego en vez de buscar una mentoría adecuada, y que se mutilaron para adaptarse. Me las imagino como mentoras de la siguiente generación de mujeres, reforzando lo que a ellas les funcionó, consagrando su cojera.

Después de aquel debate vicepresidencial, Megyn Kelly, antigua comentadora política de Fox News, acudió a Twitter para burlarse de la libertad con la que Kamala Harris mostró sus respuestas emocionales ante las interrupciones y declaraciones falsas de Mike Pence. Kelly la reprendió: "Aguántate como mujer. No hagas caras".[25] Madeleine Albright, la primera secretaria de estado mujer de Estados Unidos, relató en su autobiografía su propia experiencia de aguantarse como mujer, por así decirlo: "Muchos de mis colegas me hicieron sentir hipersensible, y me esmeré mucho por superarlo. Con el tiempo, aprendí a mantener una voz plana, impasible, cuando hablaba de temas que me parecían importantes".[26] La cita de la secretaria Albright parece ser la clave del éxito. Captura la sabiduría convencional predominante: plano es mejor que una variedad topográfica.

Impasible es mejor que emotivo. Una voz invariable sirve para hacer las cosas.

Sin embargo, Ilyse prosiguió con esto: "Nuestra capacidad para conectar con la profundidad de nuestras emociones para canalizar un futuro distinto, ése es nuestro superpoder. Siempre deberíamos utilizarlo".[27] Desde este punto de vista, podemos reconsiderar la cita de la secretaria Albright. Por una parte, describe una transformación que representó hace treinta años. Por otra, sus colegas eran, por defecto, hombres, y su trabajo era la diplomacia internacional, una cara de póquer y una voz de póquer pueden ser beneficios para esa carrera. Al escuchar su cita fuera de contexto es muy fácil quedarnos con el aprendizaje equivocado, pero su ejemplo de sabiduría puede no serlo en tu caso.

Como escribió David Roberts, periodista climático y alborotador en Twitter, para responder al tuit de Megyn Kelly: "Aceptar por completo tu humanidad, en público, exige muchas más gónadas que ser otra copia de tercera clase de John Wayne, incapaz de identificar, procesar o articular tus emociones. Es una especie de fortaleza y valor resultado de ser una persona íntegra, no de negarlas".[28] En efecto, me alegra que la secretaria Albright haya encontrado un enfoque que le funcionara. Pero no quiero vivir en un mundo en el que ésa sea nuestra mejor opción.

Por fortuna, no creo que lo hagamos. Pero depende de nosotras recuperar nuestras emociones y permitir que nuestras voces adquieran el rango completo de expresión. Porque —y tal vez siempre lo has sabido, en el fondo— cuando los riesgos son muchos, cuando estás presentando tu trabajo o una propuesta en la que crees, debes hacerlo con el corazón.

Y cuando tienes una pizca de poder social, debes mantenerte alerta, negarte a reforzar el viejo cuento del estoicismo para que otras también practiquen hacerlo con el corazón. Cada oportunidad que tengas de tomar decisiones sobre con quién y cómo trabajar, promueve espacios en los que pueda florecer el entusiasmo y donde la gente tenga la libertad de hablar emotivamente sin castigo.

Es tu oportunidad para respetar tus emociones y las de tus conocidas, para después redefinir el concepto de "legitimidad profesional": cómo se ve y suena desde ahí. Redefine quién puede ser completamente humano y quién puede sonar así. Toni Morrison dijo: "Cuando asumas puestos de confianza y poder, sueña un poquito antes de pensar".[29] Depón tu escudo y armadura, y sueña.

4
El tono

y se produjo una nueva voz
que gradualmente reconociste como propia,
que te hizo compañía
—MARY OLIVER, "The Journey" [El viaje][1]

Quizá cuando estás incómoda, suenas monótona. Quizás una voz en tu interior te advierte: "Mantente firme" y presionas las cuerdas vocales para que no salga nada que no quieres. Cuando empecé a grabar mi podcast me escuché hacerlo. Estaba sentada en una silla giratoria enorme en una mesa de conferencias, en un entorno muy empresarial, hablando ante un micrófono muy costoso en las oficinas de iHeartRadio, frente a una invitada que me intimidaba a más no poder. Tragué saliva e intenté ignorar que mi corazón latía desaforado. Hablé y mi voz salió invariable e irreconocible.

En teoría, sabía de sobra que no debía intentar esconderme detrás de una voz falsa "de podcast". Sin embargo, en mi viaje inaugural frente al micrófono, era como si un diminuto monstruo genérico que habitaba en mi cabeza hubiera abierto la boca para intentar rescatarme de mí misma. *Hola, Samara, vine a informarte que aquí convendría producir una voz sin personalidad alguna. A nadie le interesa conocerte a fondo.* Y enseguida mis mecanismos de defensa acudieron para protegerme, me apretaron las cuerdas, constriñeron mi rango completo de expresión y me retrataron mucho más genérica. Los productores no se dieron cuenta, pero yo sí.

El ocultamiento y la libertad vocal dependen de si nos sentimos seguras, lo cual suele depender de si sentimos que tenemos que demostrar algo. Esa sensación —que los demás nos juzgan, dudan de nosotros— puede quitarle la alegría a nuestras actividades y el carácter a tu voz. Queda claro que sentí que tenía algo que demostrar, y no me había preparado adecuadamente para aceptar esa noción y mandarla a volar, junto con el monstruo genérico. Fue mi primera vez "en público", y se escuchaba en mi voz.

Recuerda cuando has hablado en un lugar donde tuviste la impresión de que te estaban evaluando o donde, de hecho, lo estaban haciendo: una entrevista de trabajo, la presentación de una idea, cualquier entorno competitivo. En estas ocasiones, debemos comprometernos más que nunca a darnos permiso, de lo contrario, esas miradas entornadas, esos oídos juiciosos, imaginarios (o reales), que nos evalúan, nos impedirán expresarnos con todas las dinámicas vocales que tenemos a nuestra disposición. Y es una lástima porque la comunicación que se basa en el miedo casi nunca suscita los resultados que queremos. El impulso es comprensible, esconderse es más seguro. Pero no es divertido ni sostenible, y es probable que no nos ayude a conseguir el trabajo ni el público que queremos, un público que se enamore de nosotras porque les hemos mostrado quiénes somos y cómo sonamos de verdad. Debemos salvarnos de este impulso de salvarnos de nosotras mismas.

Preguntarás: ¿cómo? La respuesta es el tono o la altura tonal. Cuando hablamos, el tono es el destino. Las inflexiones ascendentes y descendentes en la escala que este hermoso aparato vocal ha desarrollado en el curso de miles de años cuentan la historia completa de si sucumbimos ante las dudas. En pocas palabras: cuando estamos emocionadas, elevamos el tono, cuando nos asustamos, lo aplanamos. Ésa es la monotonía. Nuestra voz se esconde en la garganta y, sin las herramientas y la valentía para dejarla salir, descartamos las notas altas y bajas que son naturales y que alcanzaríamos si estuviéramos con nuestras personas favoritas, con quienes sentimos que no tenemos nada que demostrar.

Es inquietante lo mucho que los resultados están marcados por el género, se trata de estereotipos espantosos, y si no te identificas, qué bueno. Si estás desafiando activamente el género binario o explorando cómo amar tu voz mientras pasas por una transición, tengo algunos recursos en la sección de notas de este capítulo.[2] Pero aquí va la versión cruda y muy común: en el caso de muchas mujeres, cuando estamos incómodas, tendemos a adoptar una voz "agradable". En términos vocales, esto quiere decir que hablamos con un tono más agudo y limitamos el rango que utilizamos al hablar, como para sugerir: No soy nada intimidante, no te preocupes por mí. Si has sido mesera o has dependido de propinas para ganarte la vida, probablemente conoces muy bien esta forma de hablar. La llamo la voz de Starbucks, porque es como si hubiéramos internalizado el sonido que adoptan los empleados de la industria de los servicios para indicar que no tienen necesidades propias, que su existencia radica en satisfacer las tuyas. ("Hola, ¿qué te puedo ofrecer?" se vuelve: "Hola, creo que tengo una idea para una estrategia, ¿si quieren...?".) Somos *tan* agradables.

Por otra parte, el estereotipo de los hombres es ser "relajados". Cuando están incómodos, hablan en un tono más grave y también limitan el rango que utilizan, como para decir: *Hey, no hay bronca, no pasa nada, hermano. Estoy relajado.* La llamo voz de superhéroe porque es como si a todos los hombres les hubieran avisado que, igual que Batman, es importante que *nada* <entra voz de superhéroe> *les perturbe.* Obviamente, es lo más deprimente del mundo el hecho de que, en situaciones estresantes, las mujeres hablen como si estuvieran condicionadas por las formalidades de la industria de los servicios y los hombres tengan que ser superhéroes, pero así son las cosas.

Al mismo tiempo que lamento este hábito, también aprecio su valor porque como estrategia para conseguir lo que queremos en ciertas circunstancias, lo "agradable" es el lubricante perfecto. De hecho, es una estrategia de adaptación que se encuentra en todo el reino animal. El lenguaje corporal y el tono de la voz tienen un papel clave en cómo se presentan los animales, si grandes y aterradores o pequeños y tiernos, aunque para ellos está por debajo del pensamiento consciente (y quizá para muchas de ustedes también, al menos hasta ahora). Cuando los animales quieren ahuyentar agresivamente a un depredador o competir para llamar la atención, se paran muy altos, se les eriza el pelo del cuerpo para parecer más grandes y gruñen en su tono más grave. Blofean sobre su tamaño, sin importar lo grandes que estén, así parecen más grandes. Del mismo modo, si están cortejando o comunicándose con un bebé, se les aplanan los pelos (o las orejas o todo el cuerpo), adoptan una postura sumisa y producen un chillido agudo o arrullo para parecer más pequeños y menos intimidantes. Los animales también aparentan ser agradables.

Pero resulta que los seres humanos bien podríamos ser los *únicos* animales que tenemos la capacidad de controlar voluntariamente nuestros patrones tonales. Tenemos un córtex frontal asombroso que es más grande y más complejo incluso que el de otros primates y que ha evolucionado para ayudarnos a desempeñar funciones ejecutivas como planear nuestra conducta cognitiva y social y expresar nuestra personalidad. Como explica el doctor Marc Dingman, autor de *Your Brain Explained* [*Así funciona el cerebro*]: "El córtex prefrontal contribuye mucho a configurarnos como individuos".[3] Afirma que los pacientes con daño cerebral en esa región ilustran que "sin el córtex frontal nos regirían nuestros deseos e impulsos, careceríamos de la capacidad de planear para el futuro o pensar en las consecuencias de nuestras acciones". Esta región cerebral también es responsable del lenguaje y el paralenguaje, un término que describe la comunicación no verbal, como el tono. Y dentro de esta región hay una zona más pequeña responsable de manipular la caja de la voz, y tiene el nombre extravagante de córtex motor bilateral dorsal laríngeo. Ahí vive el tono.

A decir del doctor Edward Chang, neurocirujano de la Universidad de California, campus San Francisco, cuyo equipo ha realizado experimentos pioneros en este pedacito de espléndida ingeniería cerebral, diferimos de otros primates en que podemos manipular el tono para cantar, sugerir intención y alterar la "percepción", en otras palabras, determinamos cómo nos perciben los demás.[4]

De modo que sí, podemos dar la impresión de ser agradables y a veces nos conviene suavizar una situación hostil o incómoda. Pero este lubricante es para blofear sobre nuestro tamaño, para parecer más pequeñas. Y mi objetivo es ayudarte a encontrar alternativas. Cuando tenemos la oportunidad de proponer nuestra idea importante, compartir el trabajo que nos apasiona o presentar una nueva propuesta, podemos y debemos permitir que esa afabilidad se transforme en algo que refleje que nuestra razón de ser no es satisfacer a los demás. Como dice Mary Oliver, es la voz que poco a poco reconoceremos como propia. Y esta voz tendrá una variedad tonal fantástica.

¿Sabes cuándo mostramos variedad tonal de manera natural? Cuando hablamos con los niños. La exagerada entonación ascendente o descendente que empleamos cuando le hablamos a un bebé o a una mascota es universal en todas las culturas e idiomas, según la doctora Anne Fernald, lingüista de Stanford.[5] De hecho, ¡los niños de cuatro años lo hacen cuando hablan con los de dos años! Y es probable que lo hagamos cuando hablemos con personas que siguen aprendiendo nuestro idioma, sin importar su edad, así como con personas mayores con discapacidad auditiva. La implicación es que esta habla lenta y pausada, descendiente, es un instinto arraigado y sale a relucir cuando percibimos una barrera del lenguaje; entramos en modalidad de enseñanza. Pero creo que también entra en juego un factor provocador: utilizamos este rango amplio de tono cuando tenemos cómodamente la posición de poder, cuando no tenemos nada que demostrar.

Es un ejercicio revelador decir frases en voz cantarina para explorar tu propio rango. Inténtalo, con una dosis saludable de sentido del humor. Di: "Hola, me llamo _____", enloquece, incorpora entonaciones caprichosas, altas y bajas.

Pero no me malinterpretes: el antídoto para la monotonía no es obligarnos a hablar con variación tonal, como si le estuviéramos hablando a un bebé sin importar el contexto. Como ejercicio, puede ser liberador; como consejo para el mundo real, es malísimo. Es intercambiar un extremo por otro. Nos seguimos escondiendo en términos vocales. Si te obligas a utilizar más tonos únicamente en beneficio del tono, vas a sonar como el anuncio cursi de la tele de los ochenta y noventa ("Vamos a una pausa y... regresamos"), con entonación ascendente en "pausa y...", seguida de una larga pausa y entonación descendiente y nasal en "regresamos". Para mí, esta entonación en los medios es el equivalente vocal de un meme: repetible, omnipresente y se presta para las burlas. Puedes escuchar su legado cuando Ryan Seacrest presenta así: "Esto es... *American Idol*". Es una voz de comercial, para vender algo, muy extravagante. La escuchamos cuando los presentadores de noticias leen el *teleprompter* sin entender qué están leyendo, y sólo le infunden una melodía ensayada para parecerse al habla humana. Pero no es natural.

Para los presentadores cuyas caras enfocaba la cámara, esta modalidad era un estándar de la industria que debían igualar. No obstante, la industria está cambiando, ahora, un número de noticieros dirigidos a públicos más jóvenes incluyen a comentaristas que rechazan este estilo de habla para adoptar uno más auténtico. Me refiero a cuando Rachel Maddow, Nicolle Wallace y Joy Reid cubrieron las elecciones de 2020 como seres humanos, o Trevor Noah, o los periodistas de Vice News.

Para los demás, que accidentalmente podríamos adoptar este patrón de curvas extremas, y recrear este meme caduco, vale la pena preguntar por qué. Si bien el impulso original de las voces de los medios pudo haber sido sensato —utilizar la variedad tonal para mantener el interés del público—, me parece un trato de mala fe. Es una falta de respeto para el escucha o para uno mismo. Asume, con aire de superioridad, que tu escucha es demasiado tonto para seguir el habla natural, o bien, asume, penosamente, que tú, el hablante, no eres suficiente, y que tienes que hacer algo más para sonar interesante.

Pero lo "interesante" sucede cuando decimos la verdad. Si estamos diciendo que volvemos después de la pausa, podríamos simplemente... decirlo. Ni más ni menos. En el podcast, *How to Own the Room* [*Cómo apropiarse del espacio*], Sarah Hurwitz, quien escribía los discursos de los Obama, le puso fin a la jerigonza del tipo "estadunidenses trabajadores de clase media" al señalar: "Si no se lo dirías a una persona a la cara, no se lo digas a muchas". Creo que la voz cantarina de presentador es el tono equivalente a esa actitud. Si no le hablarías así a un adulto frente a ti, a quien respetas, entonces tampoco lo hagas en una escala mayor.

La alternativa a decir la verdad no es mentir, *per se*. Pero sí esconderse vocalmente, otra función de nuestro cerebro superrevolucionado. Podemos controlar nuestras vocalizaciones para tapar lo que queremos, pero debes saber que no siempre funciona. Hay una explicación fascinante del por qué no: el biólogo Richard Dawkins y el zoólogo John Krebs acuñaron el célebre concepto de "carrera armamentista evolutiva".[6] Descubrieron que, en el curso de varias generaciones, mejoran las habilidades de los depredadores (en otras palabras, los hábiles producen bebés y les transmiten sus dones para matar), pero con el tiempo, también mejoran las habilidades de su *presa* (en otras palabras, los que escapan... escapan y luego, producen bebés). Si la carrera armamentista es competitiva, entonces estos enemigos del reino animal mejoran más o menos al mismo ritmo, así que los resultados se anulan entre sí. Ésta es nuestra versión: los seres humanos poseemos una capacidad magistral para el engaño vocal. Hablamos con monotonía, en tono cantarín, nos escondemos y nos volvemos a esconder. Pero ¿sabes quién ha evolucionado para tener una capacidad asombrosa para detectar los engaños más mínimos en la voz? También nosotras. En pocas palabras, podemos detectar que un amigo está afligido, aunque finja que está bien, un pretendiente que se está conteniendo, un jefe que nos está queriendo engatusar o nuestra propia voz cuando intentamos sonar muy poderosas, pero no nos la creemos. Nos hemos adaptado excepcionalmente para mentir, pero también nos hemos adaptado para reconocer las mentiras.

Entonces, ¿cómo utilizamos la cantidad "adecuada" de variación tonal—es decir, la cantidad para exponernos, no escondernos—, incluso cuando estamos muy fuera de nuestra zona de confort y nuestro cuerpo está enloqueciendo? La respuesta es crear, de forma activa, las condiciones dentro de nosotras mismas, para jugar con la altura tonal. Nos sentiremos más cómodas incluso fuera de nuestra zona de confort cuando confiemos en que, al hacerlo, nuestra voz será mucho más expresiva. Esto es absolutamente posible, y no sólo lo digo yo. La doctora Christine Runyan es psicóloga clínica y profesora en la Universidad de Massachusetts, y se especializa en la respuesta de la mente y el cuerpo frente a las pesadas cargas del sistema nervioso, desde un trastorno por estrés postraumático hasta la pandemia. Cuando conversó con Krista Tippett en su podcast *On Being*, la doctora Runyan recomendó algunos ejercicios sencillos de autocuidado para liberar hormonas y neurotransmisores como oxitocina y dopamina en el cuerpo para que combatan el estrés, infundan al organismo de alegría y así lo restauren a un estado óptimo. Si la libertad o la contención vocal depende de sentirnos seguras, entonces la seguridad es clave. Sentirse seguras físicamente es clave. Es fácil pensar en el permiso como una mentalidad, pero en este caso —tal vez en todos—, también es bueno para el cuerpo. Debemos relajar el cuerpo para darle permiso.

La doctora Runyan recomendó ejercicios básicos como prender una vela o escuchar música, que pueden relajar el sistema nervioso para que el cuerpo pueda trabajar en tu favor, no en tu contra. Y me recordó algo que me decía mamá de niña cuando me sentía triste: "Para salir de esta tristeza no hace falta pensar, hace falta actuar". Así que aquí van algunas sugerencias que he reunido para sumarlas a las de la doctora Runyan, son estrategias para aprovechar el cuerpo que tenemos para obtener la voz que queremos. Para *actuar*.

Ninguna de estas estrategias requiere un compromiso completo, pero todas tienen un efecto inmenso. (Recuerdo a una mujer en un taller que organicé, era residente de pediatría, estaba batallando con un constante síndrome de desgaste debido a la pandemia, pero reconoció que también le estaba costando trabajo convencerse de que tenía "el derecho de darse dos minutos para ella". Tienes el derecho de dos minutos a solas.) Pruébalas, sobre todo antes de un discurso o una reunión importante cuando estés nerviosa:

Sí, escucha música. Pero aún mejor, si tienes un espacio privado, baila, mueve la cadera, déjate llevar. Las caderas son receptáculos de sentimientos negativos, así que moverlas puede darte la sensación de liberación. Ya que estás en eso, prende una vela o pon aceite esencial en un difusor, tómate el tiempo para oler; suena banal, pero cuando olemos aromas estamos presentes en el momento. Y respira, por supuesto, respira. Una alternativa es quedarte sin aliento —correr en tu lugar, hacer saltos de tijeras o una rutina breve de yoga— para que el cuerpo libere valiosas endorfinas. Camina en la naturaleza, pero si no puedes, ve fotos de algo libre y natural. Abrázate o abraza fuerte a un amigo. Siente los pies en el piso, siente el peso en los talones. Como dice la doctora Runyan: "la postura corporal de la respuesta de lucha o huida se sostiene en los dedos de los pies",[7] así que piensa cómo adoptar otra postura.

También podrías meditar y en vez de intentar despejar la mente, céntrate en algún ser querido y en cómo los ves o cómo te ven. Recuerda la última vez que te reíste hasta que te dolió el estómago. Empápate de gratitud, compasión, excitación sexual o buena voluntad.

Deja que hagan algo amable por ti o haz algo amable por alguien; incluso abrirle la puerta a un desconocido o hacer contacto visual puede liberar los valiosos químicos que le dan al organismo un empujoncito en la dirección correcta. Come algo riquísimo, que sepa a amor. Ponte crema en el cuerpo como si tu tacto fuera sanador. O coloca la mano en el corazón, acarícialo un poco, y como me recordó hace poco mi amiga Liz Kimball, cierra los ojos y repite: "Confío en mí", o intenta con "Soy suficiente", "Soy auténtica para ayudarle a alguien más a hacer lo mismo", o simplemente "Puedo con esto". Incluso la palabra "sí" puede modificar nuestra composición química. El doctor Andrew Newberg y su colega Mark Waldman escribieron la obra *Words Can Change Your Brain* [*Las palabras te pueden alterar el cerebro*], en la cual aseguran que si decimos que "no" durante una resonancia magnética funcional veremos en tiempo real cómo liberamos decenas de hormonas del estrés y neuroquímicos destructivos que enseguida interrumpen el funcionamiento normal del cerebro y alteran el sentido de lógica y el procesamiento del lenguaje.[8] Por el contrario, repetir "sí" —o pensar en palabras como "amor" o "paz"— detona una "respuesta relajante" que reduce la aflicción psicológica.

Y por último, sobre todo si vas a hablar en público y sientes que el sistema nervioso está en caos, la curiosidad es tu mejor aliada, como afirma la doctora Runyan, la curiosidad recorre el organismo en una ola de dopamina, y como la dopamina gira en torno del placer de la anticipación, ¿qué es la curiosidad sino la anticipación de aprender algo nuevo? Los beneficios se duplican: ser curiosa libera hormonas que te hacen sentir bien y la mente curiosa estudiará el cuerpo ansioso para adquirir perspectiva o distanciarse de esa sensación. En pleno ataque de nervios, siempre me ha parecido un pequeño acto de rebeldía pensar así: *Mmm, fascinante. Me pregunto qué significa esto y a quién beneficia.*

Es fácil hacer trampa y saltarte estos ejercicios, sobre todo si tienes la costumbre de regañarte cuando estás nerviosa. Tal vez recuerdes una ocasión en la que estabas nerviosísima repasando los peores escenarios posibles antes de un evento, luego te diste cuenta de que tu cuerpo estaba en modalidad de lucha o huida así que dejaste de preocuparte por equivocarte y empezaste a recriminarte por ponerte así. Imagínate cómo se veía esa reacción en una resonancia. Es muy desagradable y un desperdicio de los valiosos momentos previos a un evento. Es cruel ser así de severas con nosotras mismas, pero también le ponemos una carga excesiva a la "mentalidad", mientras que el cuerpo está dispuesto a ayudar. Prueba algunos de los ejercicios que sugiero para fomentar esa respuesta relajante. Decide cuál funciona mejor, tú eliges. Todos pueden darle a tu cuerpo la sensación de seguridad. Y cuando te sientes segura, es más probable que te sientas más relajada y libre, en cuerpo y mente. Y es más probable que tomes decisiones importantes, arriesgadas, también con tu tono de voz. Apuesto a que si empiezas a poner atención notarás que, en tu vida privada, en tu casa, en el bar con tus amigos, con la gente que te adora y te hace sentir segura para ser auténtica, tu tono de voz es variadísimo. Ahora vamos a llevar a esa versión de ti a más espacios.

Cuando trabajo con mujeres, muchas veces están alcanzando su potencial en el ámbito profesional, pero se están enfrenando con una voz que no está evolucionando al mismo ritmo. Para que tu voz corresponda con tu ambición, las medidas de arriba son útiles, pero también quiero ofrecerte otra estrategia, porque es cierto que el tono es el destino: la oportunidad de reconocer la historia de tu propia voz, identificar quién te dijo (con palabras o acciones) que fueras más callada, ruidosa, dulce o firme, y contemplar los resultados de ello. ¿Qué hizo tu voz? No es necesario sobrepensarlo, sólo contemplarlo con una buena dosis de curiosidad: ¿por qué hablas con un tono más agudo (o por qué suenas más plana o suave o menos intimidante o insistente) del que utilizarías si, digamos, te hubieras criado en una isla utópica sin la más mínima presencia de las estructuras jerárquicas de poder ni los estándares tradicionales del habla? (Yo voy contigo.)

Cuando estrené mi podcast, empecé a recibir muchísimos mensajes de los escuchas que compartían sus historias de voz. Recibí uno de una mujer de nombre Jasmine, quien recuerda que en secundaria escuchó sin querer a otra niña decir que la voz de Jasmine era molesta, y nunca lo olvidó del todo. Dejó de participar en clase y hablar por teléfono, lo cual afectó sus amistades. "Obviamente, de grande me di cuenta de lo ridículo que había sido de mi parte internalizar este comentario irreflexivo". Pero el daño ya estaba hecho.

Recibí otro de Natalie, cuya profesora de inglés de la prepa le dijo: "A veces, creo que *quieres* sonar estúpida", y años después, se sigue preguntando si así la perciben cada que abre la boca. He escuchado más versiones de esta historia de las que puedo contar. Una amiga a quien le dijeron en segundo de primaria que seguramente hablaba con ese tono agudo para "impresionar a los niños". De una escucha que intentó hacerle caso al comentario de su jefe de tener "una presencia más discreta" en el trabajo porque, al parecer, la suya era demasiado, y recuerda que él le sugirió que fuera más como su compañera quien, me contó, "básicamente era un ratón. Era una mujer que nunca hablaba". De mi cliente Sashka, quien era muy consciente de que los grupos de padres de familia rechazaban a su mamá, la gente murmuraba que era "demasiado", "muy rara", "de todo tenía que opinar", y cómo lo interpretó ella, cómo ser una mujer aceptable.

Estos comentarios, a veces sigilosos, otras abiertos, sobre nuestra voz que parecen críticas de nuestro acento, raza, género, orientación sexual, supuesta agresividad o exceso de confianza son opiniones que integramos en nuestro sentido de identidad. Durante mi primer año en la universidad interpreté a una mujer mayor y enojada en una farsa extravagante. Aunque intenté representar el papel con compasión y honestidad, el periódico local envió a un reseñista, y el hombre —blanco, de mediana edad— escribió que mi "interpretación estridente cruzaba la línea del absurdo y terminaba siendo más bien molesta". Tenía dieciocho años y descubrí cómo sonaba una "mujer", "madura", "enojada" para algunos. No tuve que buscar esa cita para recordarla, la llevo grabada.

O la actriz que me dejó un mensaje en una voz chillona para contarme que había sido una reconocida actriz infantil y que ahora era mayor y estaba haciendo audiciones para interpretar a mujeres adultas. En este mensaje, me explicó que su representante le dijo: "Necesitas encontrar tu voz de protagónica", un sonido que correspondiera con esta nueva etapa de su vida. Pero no sabía cómo. Recuerdo la vergüenza que escuché en el teléfono, en la solicitud de una mujer con voz de niña. Pero en cierto sentido, todas somos ella, sin importar si existe un abismo entre nuestros sueños y nuestra realidad. Cada una hemos construido una voz a partir de esos comentarios y mensajes, nos hemos adaptado como corresponde y a cada una se nos ha recompensado por ello, tal vez incluso nos hayan pagado muy bien, como a ella. Pero cuando superamos esa voz, cuando deja de funcionar a nuestro favor, no tenemos idea de qué hacer. Quizá la historia de tu voz necesite un nuevo capítulo.

Tú, yo y esa actriz de voz chillona tenemos que contemplar una pregunta fundamental a medida que llevamos nuestra historia de voz en otra dirección. ¿El objetivo es una voz más grave? ¿Acaso lo opuesto siempre es infantil, femenina, "agradable" o de una estridencia <escalofriante>? Llevamos escuchando toda la vida que se acusa a las mujeres que se postulan para un cargo público de tener voces chillonas. Y es probable que todas hayamos catalogado esas acusaciones. ¿Qué evoca esa palabra si no un tono agudo? Lo opuesto sugiere tranquilidad, serenidad, autoridad. Googlea "cómo sonar con autoridad" y verás que todos los *coaches* empresariales aconsejan: "Habla con voz grave". Parece que el mejor consejo para sonar como si mandaras es sonar como hombre.

Bienvenida a la otra cara de la conversación sobre la altura tonal: debemos usar variación tonal si queremos mostrarnos como somos y expresar nuestras ideas más interesantes como merecen ser expresadas. El rango es un indicio de que somos libres. Pero si queremos libertad absoluta, antes debemos limpiar el desorden que han dejado las suposiciones culturales en torno a nuestro tono estándar.

Para señalar lo evidente, las voces de las mujeres tienden a vibrar en un tono más alto o agudo debido a nuestra anatomía: nuestras cuerdas vocales son más pequeñas. En general, hablamos cerca de un octavo más alto que los hombres. Existen numerosas cifras según la cultura, pero en general, el rango tonal de las voces de los hombres oscila entre 60-18 Hz y el de las mujeres, 160-300 Hz. Según algunos estudios, no existe superposición alguna. Y, de hecho, esto es importantísimo: en la naturaleza, el tono del sonido de un animal se relaciona con el tamaño de su cuerpo, punto final. Los chihuahuas, pequeñitos, ladran agudo; los labradores, grandes, grave. Cada uno tiene cierto rango entre gruñir y zurear, pero el tamaño define su tono estándar: la mitad de su rango, el punto óptimo. Por instinto, sabemos lo grande que es un ave o la madurez de un león a partir de la frecuencia de su sonido. Y los machos y las hembras de la misma especie suenan igual. Quizás aprendan distintos llamados o quizá vocalicen sus rituales de apareamiento de forma distinta, por instinto, pero el tono de voz no tiene nada que ver con el sexo, sólo con el tamaño.

No es lo mismo con los seres humanos. Además de que tenemos mayor control de nuestra variación tonal que otros animales gracias a nuestro hermoso y enorme córtex prefrontal, también somos únicos porque poseemos esa pequeña anomalía en el reino animal, el dimorfismo sexual. Aunque cuando somos bebés, todos sonamos igual, para cuando llegamos a la adultez, los cuerpos de los hombres y las mujeres producen un tono estándar notablemente distinto del otro.

De hecho, esta distinción en la voz es tan perceptible que mucho antes de la pubertad, los niños empiezan a "representar su género" con el tono. Según las lingüistas, las doctoras Penelope Eckert y Sally McConnell-Ginet en *Language and Gender* [*Lenguaje y género*]: "Entre los cuatro y los cinco años, pese a que las niñas y los niños tienen un aparato vocal idéntico, empiezan a diferenciar la frecuencia fundamental de su voz. Los niños tienden a redondear y extender los labios, lo cual alarga el tracto vocal, en cambio, las niñas tienden a abrir los labios (por ejemplo, con sonrisas), lo cual contrae el tracto vocal. Las niñas elevan el tono y los niños lo bajan".[9]

Me enteré de esta joya apenas hace unos años y me dejó consternada. Pero el hecho de que las voces de otros animales *no* discriminen entre los sexos fue nuevo para mí. La primera vez que leí al respecto, en *This Is the Voice* [*Ésta es la voz*] de John Colapinto, me quedé asombrada y me pregunté por qué. Para cualquier mujer a quien alguna vez le hayan dicho: "Hablas muy agudo" o "Con esa voz nunca te van a tomar en serio", vamos, para cualquiera que ha tenido que soportar comentarios negativos porque la voz masculina es el estándar y la femenina es la anomalía, me pregunté de qué clase de mierda evolutiva se trataba.

La respuesta más atinada es la selección sexual. Si tenemos en cuenta que el mayor descenso en la voz masculina ocurre a causa del aluvión de testosterona durante la pubertad, podemos concluir que tiene que ver con atraer a una pareja. Como cualquier instrumento de cuerda, un conjunto más grueso y largo de cuerdas vocales produce un sonido más profundo, así que la hipótesis es que las mujeres prefieren este sonido o que se le asocia con la capacidad para hacer bebés. Y, en efecto, lo han confirmado numerosos estudios. Uno de dichos experimentos, que condujeron investigadores de la Universidad McMaster en Ontario, Canadá, comienza así: "Parece que los seres humanos son únicos entre los primates puesto que el dimorfismo sexual del tono de voz de un adulto no se puede explicar únicamente a partir de la altura",[10] y prosigue explicando que, repetidamente, los universitarios heterosexuales del sexo opuesto consideran que las voces agudas de las mujeres y las voces graves de los hombres son más "atractivas".

En otro estudio, del University College de Londres, se pidió a voluntarios que escucharan una muestra de la voz de una mujer cuyo tono se alteró sistemáticamente, y se pidió a las mujeres que hicieran lo mismo con la muestra vocal de un hombre. Según el reporte, los resultados mostraron con claridad que los escuchas prefirieron voces femeninas agudas, relacionadas con un cuerpo de talla más pequeña (posible juventud y fertilidad), mientras que las escuchas prefirieron las voces masculinas graves, que sugieren mayor corpulencia (y abundante esperma).[11] Para una sociedad que idealiza a los hombres grandes y a las mujeres pequeñas, el cliché es demasiado. Tal parece que así como nos percatamos de que es ventajoso acaparar el menor espacio posible, sumir la barriga, hacer dieta y encogernos, también subimos el tono de la voz para dar la impresión de que tenemos una estatura diminuta. El reporte de McMaster sugiere que "las voces agudas de las mujeres se perciben femeninas, juveniles y coquetas... Más aún, las mujeres suben el tono de su voz cuando están frente a un hombre atractivo y se les pide que le dejen un mensaje de voz". Hola, Voz de Starbucks.

Pero si las mujeres con tono agudo son atractivas, entonces ¿por qué en los primeros lugares de las diez voces femeninas más sexys del mundo siempre están Scarlett Johansson y Kathleen Turner (Jessica Rabbit), mujeres con voces roncas, guturales, graves? Si el tema de la altura tonal tiene que ver con antiguos rituales de apareamiento, entonces tenemos que centrarnos en cómo es que la voz es sinónimo de sexualidad y contemplar cómo es pertinente en el discurso del poder. A fin de cuentas, es probable que nuestro objetivo no sea parecer atractivas, sino ser dueñas de nuestras vidas.

En su libro *Wordslut*, Amanda Montell habla de cómo reconciliar estas listas de voces sexys con la ciencia, y observa que las voces graves de las mujeres en las listas suenan como "la voz con la que te levantas después de haberte acostado con alguien (y tal vez, haber hecho otras cosas). Es señal de intimidad. Quien escucha esa voz te imagina en la cama".[12] En particular, me gustaría agregar que no te imaginan capturando la atención de una multitud ni liderando una rebelión. Glorificar la voz sexy que se usa en la cama me parece una forma muy conveniente de redomesticar a las mujeres, expulsarnos de la esfera pública, incluso cuando adoptamos los tonos agudos que, tradicionalmente, se asocian con el poder.

No obstante, hablar con voz grave ha sido el refugio de muchas. En la introducción, describí mi experiencia con los nódulos vocales cuando cumplí veinticuatro. Ese año aprendí que, en algún punto de mi camino de la niñez a la femineidad, había empezado a manipular mi tono de voz y mi anatomía no lo había resistido. No lo hice para parecerle más atractiva a los hombres, tal vez para lograr lo contrario: soy independiente, tómenme en serio, no se metan conmigo. No era consciente de que lo hacía, y en última instancia fue autodestructivo, pero también funcionó.

En mi adolescencia, la gente me creía mayor de mi edad, aunque nada en mi aspecto lo sugería. Sonaba segura, competente y, sí, entiendo el chiste, adulta. Como resultado, *sí* me tomaban en serio y *no* se metían conmigo. Desde luego, el lujo de que los adultos me trataran con respeto se puede atribuir, en parte, a privilegios que en aquel entonces no reconocía: ser blanca, de clase media y haberme criado en un hogar sorprendentemente funcional y amoroso. Pero atribuyo el trato de los adultos, por lo menos en parte, al hecho de que hablaba por debajo del "tono óptimo" de mi cuerpo, el término oficial para el punto óptimo de tu voz.

Es célebre que Margaret Thatcher, la primera ministra del Reino Unido, y la primera mujer en ocupar el cargo, contrató a un coach vocal del Teatro Nacional de Londres para ayudarle a disminuir su altura tonal, para sonar con más autoridad. Y funcionó. Según la sabiduría tradicional, cuanto más grave, mejor, y en el caso de las mujeres, tomar prestados indicadores del liderazgo masculino es una solución rápida para que nos tomen en serio. Lo cual le debió haber pasado por la mente a Elizabeth Holmes, la vilipendiada CEO de Theranos, cuando perfeccionó su sonido de niña prodigio. Está bien documentado que su voz gravísima era una creación deliberada, y su caso es el ejemplo notorio más reciente de que, en ocasiones, nuestra voz funciona al margen de nosotros, pero a veces, tenemos voz y voto.

Así que asumámoslo. Sin duda, soy defensora de hacernos cargo de nuestro sonido y crear consciencia sobre nuestros hábitos y opciones, pero el objetivo de la siguiente herramienta es garantizar que lo hagas sin causarte el daño que me produje ni terminar siendo el blanco de burlas, como en el caso de la voz de Holmes. Lo ideal es que encontremos la voz adecuada para cada una, no otro artilugio para reemplazar la última.

Ésta es una estrategia sencilla para encontrar tu tono óptimo, el rango general de vibraciones que tus pliegues vocales quieren hacer al margen de estímulos externos. Toma nota la próxima vez que digas "mm-jm" para afirmar algo, o grábate respondiendo preguntas con sí o no, te puede ayudar una amiga, unas veces responde con palabras y otras con "mm-jm". Tu tono óptimo es el suave tarareo que produces cuando dices que sí con los labios cerrados. Si confías en que puedes decir "mm-jm" sin manipularlo, entonces agrega algo más. Abre la boca después para articular un sencillo "mi", con la misma respiración. "Mm-jm... mi". Iguala el tono. Si al principio sientes que estás cantando, está bien. Después intenta con una frase más compleja: "Mm-jm, me llamo _____. Un gusto conocerte". ¿Se siente más grave o más agudo de lo que acostumbras?

En mi caso, lo sentí mucho más agudo. Intentar igualar mi altura tonal al decir "mm-jm" implicó emitir una voz que no reconocí y mi cerebro enloqueció. En su libro *Full Voice* [*Con voz plena*], la coach de voz Barbara McAfee, escribe: "Cuando te separes de esa preciada identidad, en este caso, usando tu voz de forma novedosa, es probable que el ego reaccione de manera reflexiva con un 'ay no'",[13] cuya labor, asegura, es defender el *statu quo*. Eso sentí.

Del mismo modo, cuando volví a contactar a Barbara Buchanan, la patóloga del lenguaje con la que trabajé a los veinticuatro años, me contó que el verdadero desafío de encontrar tu tono óptimo no es *encontrarlo*, sino conciliarlo con tu sentido de identidad. En su experiencia, en estos días, la mayoría de las mujeres jóvenes acuden a ella porque están hablando por debajo de su tono óptimo, imitan el monótono bajo que asocian con la masculinidad y, por tanto, con el poder. La primera resistencia que expresan es: "No quiero sonar como niña chiquita", me cuenta por Zoom, y levanta las manos en el aire. "Entonces, ¿las opciones son hombre aburrido o niña chiquita que no inspira confianza? ¿Y en dónde quedas tú? En tu interior, tienes una voz, un rango, una *vida*".

Me asegura que todas le responden como yo hice cuando intenté hablar en mi tono óptimo por primera vez y el sonido me dio vergüenza. Asegura que experimenté mi voz de forma cenestésica, diferente. "Si estás habituada a hablar desde la garganta, se siente como presión y esa presión se siente bien, normal. Si aumentas la altura tonal, medio paso, un paso, para hablar en tu tono óptimo y cambias para vibrar en tu máscara [así le decimos a la cara los que nos dedicamos a la voz], se siente diferente. Según nuestra percepción es *super*diferente, y todos se van a dar cuenta y vamos a parecer falsos".

Mientras platicamos, regreso a ese consultorio de hace tantos años, con las luces fluorescentes, el escritorio de metal y la que seguro fue la última grabadora que se vendió antes de que se volvieran obsoletas. Recuerdo la sensación de terror de imaginar que parecería falsa, que era mucho peor que el temor de parecer ridícula. Recuerdo escuchar la grabación de mi "mm-jm" e intentar igualar el tono. Recuerdo que, por dentro, la diferencia parecía inmensa, mi oído interno, más mis suposiciones, mis historias, mis temores, escuchaban un abismo entre los agudos y los graves. Pero por fuera, al intentar escucharla objetivamente, noté que la diferencia entre cómo había estado hablando y cómo Barbara me pedía hablar era casi imperceptible. En sentido literal, nadie se daría cuenta. Pero si podía lograrlo, recuperaría mi vida entera.

Llevaba un mes en un "descanso vocal" antes de empezar estas sesiones con Barbara. Había rechazado el primer papel sustancioso que había conseguido en la carrera, no estaba socializando, en mis clases era muda, pasaba desapercibida. En ese mes, me habían asaltado unos adolescentes que me arrebataron la bolsa con todas mis pertenencias, pero no fui capaz de gritar. Abrí la boca para... no sé exactamente para qué. ¿Decirles groserías tan fuertes que los intimidaría y soltarían mi bolsa? En todo caso, lo intenté. Pero no salió nada, me quedé parada en la calle con una sensación absoluta de impotencia. Pero con la ayuda de Barbara, me di cuenta de que si podía superar mi ego recuperaría mi voz. Una voz nueva y mejorada, que me sonaba extraña, pero que en mi cuerpo se sentía en casa.

Puede ser pertinente tener en cuenta los costos y beneficios de hablar en tu tono óptimo. ¿Acaso una voz que se siente cómoda en su registro natural te ayuda a conseguir lo que quieres o al contrario? A fin de cuentas, Elizabeth Holmes convenció a muchas personas para que le dieran poder y dinero hasta que dejó de hacerlo. Le funcionó un rato.

Así que, sin duda, te sugiero experimentar. Disminuye tu tono de voz para hablar con ese tipo que no se cansa de interrumpirte y observa si así se calla. Utiliza tu voz de Starbucks con ese cascarrabias durante la llamada del trabajo porque tal vez haga un importante donativo a tu organismo si le hablas bonito, y seguirle el juego en ese contexto no supone grandes sacrificios. Pero cuando tengas la oportunidad de hablar como tu verdadero yo, espero que decidas que el análisis de los costos y beneficios es irrelevante. Si hablar en un tono muy agudo te quita tu sentido de poder de manera que represente tu género artificialmente como si tuvieras cinco años, y hablar muy grave te lastima los pliegues vocales, entonces ninguno vale la pena.

Porque, en conclusión: cuando recibes un buen masaje, terminas de correr, terminas de hacer *shavasana* en yoga, tu voz es más grave. Lo es. Y es lo mismo si fueras a realizar ejercicios elementales de patología del lenguaje para relajar la laringe, como los que compartí en el capítulo previo (el del dedo en los dientes y el de la reja que rechina). Existe una correlación entre la tensión y la voz aguda, tanto en el caso de los hombres como de las mujeres. Desde luego, la adrenalina, que muchas veces nos recorre el cuerpo cuando estamos a punto de hablar en público, nos oprime las cuerdas vocales, a menos que hagamos algo para sentirnos seguras. Por cierto, mentir tiene el mismo efecto. Tenía curiosidad de si adoptamos un tono más agudo cuando mentimos, tenía el presentimiento porque cuando juego con mi hijo, si dice: "No, haz de cuenta que no sabes en dónde estoy", por instinto elevo el tono de voz para expresar una preocupación falsa: "¡Ay, no sé en dónde estás!". Resulta que hay estudios que brindan evidencia de esta asociación entre el tono elevado y las afirmaciones falsas, en conversaciones adultas más sofisticadas. La ira y expresar desacuerdo también elevan el tono. Así como sentir que estamos en una posición de poco poder. Estudios como el de la Universidad de Stirling, en Escocia, demuestran que "sin importar el estatus social que la gente cree tener, ésta tiene la costumbre de hablar con individuos de estatus más alto en un tono de voz agudo".[14]

El común denominador en todos estos ejemplos es que no nos sentimos relajadas. Por cierto, la emoción también aumenta la altura tonal. Y ya sabes que no tiene nada de malo, pero no te quedes estancada ahí. Que cada uno de estos impulsos afecten tu voz, por supuesto, porque no se trata de impedir que este hermoso y versátil aparato exprese todas las dinámicas a su disposición. Pero entonces —¡entonces!— regresa a tu punto de partida. Vuelve a apostarle a tu punto óptimo. Confía en que tendrás poder no porque suenes como una niña chiquita o un hombre aburrido, sino porque suenes como tú, a propósito. Si sientes el esfuerzo de este sube y baja tonal, puedes recuperarte en el momento, incluso en el escenario, incluso ante el micrófono. Respira. Toma agua. Incluso puedes concederte un "mm-jm", es sutil y nadie se dará cuenta, sólo nosotras.

Hace poco me llegó un mensaje distinto a los que suelo recibir, un mensaje directo de una mujer que había participado en uno de mis talleres. Me contó que, por primera vez en quince años de hacer entrevistas en vivo para la televisión, desde las dos costas del país, decidió dejar de adoptar un tono grave. Me escribió: "Me sentí aliviada. Calenté la voz, la mantuve hidratada y decidí liberarla. Fue catártico".

Sueño en el día que ése sea el nuevo sonido del poder. Basta del blofeo a la Thatcher, basta de reforzar estereotipos caducos representando a nuestro género. Tal vez las personas trans tampoco se sentirían obligadas a acatar la interpretación vocal, o más bien, las personas cisgénero no sentirían la necesidad de reforzar, en las personas trans, la interpretación vocal regida por el género antes de aceptarlos o protegerlos como seres humanos. Carajo, quizás hasta los hombres se sentirían seguros para alcanzar su tono óptimo, y todos seríamos libres. De hecho, resulta que a medida que envejecemos, los tonos de voz empiezan a converger: los hombres en la vejez producen menos testosterona y se adelgazan sus cuerdas vocales, el sonido que producen se vuelve más delgado y agudo, en cambio las mujeres, gracias al flujo de estrógeno durante la menopausia, terminan con cuerdas más largas y gruesas, y por lo tanto, con una voz más grave. Este dimorfismo sexual se repliega, empaca y desaparece.

Mientras tanto, el truco es practicar para encontrar nuestro tono óptimo y darles un abrazo a nuestros egos si se rebelan. El otro truco es cuestionar las suposiciones sobre la altura tonal y el poder conforme van surgiendo en la sociedad en general y en nosotras mismas, y escuchar de cerca a los modelos a seguir que representan el nuevo sonido del poder. Cuando la entonces bartender y candidata para el Congreso de Estados Unidos, Alexandria Ocasio-Cortez, pasó por Los Ángeles en el verano de 2018 después de un crucial triunfo en las elecciones primarias antes de las elecciones generales, conseguí un boleto para escucharla hablar en una iglesia sofocante en Koreatown, pues presentía que debía mantenerla en la mira, o el oído. Mientras manejaba por las calles de la ciudad con el aire acondicionado a todo, llamé a mi mamá para contarle adónde iba. Exclamó: "¡Ay, qué bueno! Te necesita".

Dios mío, pensé. Mi mamá es mi admiradora más grande y tenía buenas intenciones. "Mamá, creo que no me necesita".

"No, no. Esa voz. No la puedo tomar en serio con esa voz", insistió. Mi madre es feminista de la segunda ola, recibió una beca Fulbright, estudió derecho y no se cambió el apellido cuando se casó, esa clase de feminista. Pero no podía tomarla en serio con *esa voz*. Por supuesto, yo sabía a qué se refería. La voz de AOC es un poco nasal. El tono un poco más agudo del que estamos habituados en los funcionarios electos. Suena inequívocamente milenial e inequívocamente mujer, y como que descubrió cómo ganar muchas propinas detrás de la barra (no lo digo con desdén, es inevitable aprender valiosas aptitudes vocales de los lugares que dominamos). Suena como si fuera de donde es y quien es. Suena como si no le interesara salvarse de sí misma.

"O quizá", respondí, sintiendo un arranque de furia que terminaría desencadenando mi podcast y este libro, "tal vez nos está enseñando cómo podría sonar que te tomen en serio".

A fin de cuentas, depende de nosotras, el público escucha, así como el público hablante, qué tomamos en serio. Depende de nosotras a quién le concedemos autoridad, y debería depender del mérito, no de cómo sonamos. Por supuesto, esto es una obviedad, pero en el mundo real la ecuación se complica debido a prejuicios implícitos producto de las tradiciones, las industrias, las políticas cuyo objetivo es mantener en el poder a los poderosos. Mi mamá no es la mala de la historia, a la mayoría nos vendría bien poner a prueba nuestros prejuicios. Ésta es tu oportunidad para empezar.

Durante el verano de 2018 también conocí al hombre que entrenó a Hillary Clinton para sus debates televisivos dos años atrás, un hombre a quien acuden las organizaciones líderes del país que se dedican a preparar a las mujeres que se van a postular para cargos públicos. Estaba muy emocionada de haber conseguido una cita con este coach de comunicación política tan célebre. Íbamos caminando por una calle húmeda cerca de la Galería Nacional de Retratos en Washington D.C., donde hacía poco había visto los retratos oficiales de los Obama. Le pregunté: "¿Crees que el paradigma esté cambiando?", intentando sonar imparcial, "¿en torno a cómo pueden sonar las mujeres en el poder? ¿Ha dejado de ser un hecho que la mujer que suene como hombre gana?".

Respiró profundo y entrecerró los ojos.

Al fin respondió: "¿Eh?". Como si fuera una idea totalmente nueva. Como si nunca lo hubiera contemplado o nunca lo hubiera tenido que contemplar. Ésa fue mi respuesta. De repente, me di cuenta de que había estado observando desde fuera. A fin de cuentas, tenía menos experiencia que él como coach de comunicación. De pronto, me di cuenta de que había planteado la pregunta equivocada, que ni siquiera era necesario plantearla. AOC y RuPaul y Chanel Miller y Liz Plank y Greta Thunberg y Meghan Markle, todas hablando con su propia voz, y nosotras... nosotras somos la respuesta.

La solución para sonar poderosa no puede ser disminuir artificialmente nuestra altura tonal estándar, actuar como una extensión del sistema jerárquico según el cual las voces agudas pertenecen a cosas pequeñas y lindas, y las voces graves pertenecen al poder. La solución es rechazar esa idea. Nuestro destino radica en encontrar nuestra mejor voz, de acuerdo con nuestro propio cuerpo, y después enseñarle al mundo que a eso *suena el poder.*

5
El timbre

Reúne todas tus partes. No dejes nada.

—JENNIFER ARMBRUST, *Proposals for the Feminine Economy*
[Propuestas para la economía femenina][1]

Al principio de la cuarentena, nuestra perrita Moxie se volvió la única compañía de mi hijo. A sus cuatro años, mi hijo tenía mucha energía, quería cargarla todo el día, moverla u obligarla a sentarse, le decía lloriqueando "andaaaa", o le presionaba el trasero en el piso. Era difícil. Un día, cuando Moxie se veía especialmente consternada por su insistencia y yo estaba cada vez más preocupada porque incluso los perros chicos muerden si se sienten amenazados, le dije: "Mi vida, no puedes controlar a los demás. Sólo convencerlos". Me miró con los ojos muy abiertos y con su voz más resuelta, le dijo optimista: "Moxie... ¡sentada!". Y se sentó. Recordé todas las veces que le pedí que usara su "voz vigorosa" cuando lloriqueaba conmigo. Pero la perrita le dio una lección mejor de lo que yo hubiera hecho: el timbre de la voz es importante.

No podemos controlar a los demás, pero sí podemos controlar nuestro timbre para convencerlos. Esto no quiere decir que manipular el timbre sea un acto de manipulación. Quiere decir que ser conscientes del timbre, de las alternativas tonales, tiene un inmenso valor práctico para nosotras y nuestros escuchas. El timbre es cómo sonamos cuando decimos algo: seductoras, firmes, juguetonas, distantes, emocionadas, desdeñosas. Esta idea se le atribuye a Nietzsche: "Es común negarnos a aceptar una idea simplemente porque nos molesta el timbre de voz con el que se expresó",[2] y Moxie la demostró.

Al ser testigo de esta transformación entre niño y perro me pareció gracioso que el espontáneo consejo de profesional que le había dado es, de hecho, el fundamento de la sociedad civil. No puedes controlar a los demás, sólo convencerlos. Así funciona la democracia. Así funcionan las relaciones sanas. Así funciona, también, la buena oratoria. Entonces, ¿cómo utilizamos el timbre para convencer a los demás? Resulta que los perros responden a una instrucción directa y al amor sin complicaciones. Piénsalo, los seres humanos no somos muy diferentes.

Por supuesto, somos más complejos, y existen especialidades lingüísticas y psicológicas que se dedican a estudiar los matices de las interacciones sociales, miles de millones de libros sobre cómo persuadir, influir y sonsacar a los demás, para bien y para mal. Además, a los perros no les molesta sentarse; pero ¿qué pasa si lo que quieres de tu público es más difícil? Cuando te estés preparando para presentar o proponer una idea y empieces a sentirte agobiada por la audacia de lo que estás pidiendo, recuerda el timbre y recuerda a Moxie. Si en esos momentos te comunicas con fuerza (ésta es mi idea importante, quiero que hagan esto) y calidez (y les hablo con amor), serás muy convincente.

Nell me buscó porque estaba vendiendo una aplicación para mujeres frente a ejecutivos de capital de riesgo, la mayoría, hombres. Nell es una cuarentañera, idealista, con experiencia en el sector de los organismos sin fines de lucro. Es alegre y entusiasta, y le preocupaba parecer demasiado "suave" en esas reuniones, que a estos posibles inversores les interesara su producto, pero ella no los convenciera. Me contó que se trataba de una crisis existencial. ¿Debía esmerarse para dar la impresión de tener más autoridad, ser más dura y formal, aunque no fuera auténtica? Uno de sus asesores la estaba presionando para hacerlo, pero la idea le parecía repulsiva. ¿Qué tal que exagerara y pareciera fría? Era muy consciente de lo que se dice de las mujeres que no tienen agradabilidad.

Mis clientes me han compartido que les han dicho *bulldogs*, enojadas, perras, insistentes, agresivas, defensivas y difíciles (este adjetivo, en particular, me pone mal porque es muy insidioso: en Hollywood se utiliza para sugerir que una directora o actriz se está comportando de cierta forma por la que jamás se penalizaría a un hombre). Estos insultos emergen cuando una mujer en cualquier industria intenta defender sus ideas o a ella misma, cuando se atreve a decir algo inconveniente o sacudir el *statu quo*, cuando está desplegando sus alas de lideresa o intentando encontrar su voz vigorosa.

Se trata del famoso "doble vínculo", la tensión de dos exigencias que parecen irreconciliables: tener la autoridad suficiente para que te tomen en serio, pero ser suficientemente agradable como para que te consideren. Es un fenómeno real y la fuente de innumerables dolores de cabeza. "¿Cómo callo a este machoexplicador?", "¿Cómo detengo a los hombres que interrumpen?", "¿Cómo consigo el aumento que merezco?", "¿Cómo obtengo el crédito que merezco?". La parte tácita de cada una de estas preguntas es: *no sonando como una...*

La crisis de Nell me dejó pensando. No importa quiénes seamos ni a qué anticuadas estructuras de poder nos enfrentemos, la comunicación siempre tiene dos partes: lo que tenemos que decir y cómo tenemos que decirlo para que nos escuchen. Quienes no nos parecemos ni sonamos como el poder tradicional vamos a tener que esmerarnos más en esa segunda parte que alguien que sí, y es injusto. Busca amigas y aliadas para desahogarte; yo lo hago.

Sin embargo, el hecho de que cada una debe expresar nuestras ideas dependiendo de nuestro escucha es universal. Es lo que sucede cuando le pedimos un favor a nuestra pareja. Cuando hablamos con un amigo sobre un tema espinoso o le señalamos a alguien sus prejuicios. Es lo que sucede dentro y fuera de la oficina. Es lo que sucede en todas las culturas y en nuestra propia casa. Invariablemente es lo sucede en espacios donde se corren muchos riesgos y en los grandes escenarios. Es imposible expresar lo que pensamos sin antes filtrarlo para nuestro escucha, es el precio de la conexión auténtica. Es el precio de vivir en una sociedad civil. Es el precio de conseguir lo que queremos. La pregunta no es: "¿Por qué tengo que hacer estos malabares?". En eso radica ser humano con otros humanos. La pregunta es: "¿Cómo lo hago bien y gustosa?"

La respuesta radica en el timbre. El doble vínculo tiene que ver con el timbre. Y la mejor manera de resolverlo, de hacer arder al patriarcado y liderar para sacar al mundo de sus cenizas, también es mediante el timbre. Sí, parezco dramática, pero es en serio. Quiero que sientas el poder que implica encontrar tu voz de autoridad y *al mismo tiempo* ser auténtica.

Según la RAE, el timbre es "la cualidad de los sonidos determinada por el efecto perceptivo que produce en los oyentes". Es decir, ese efecto lo determina el timbre en la misma medida que el contenido. Y el timbre también es la palabra que utilizamos para describir la inefable cualidad de la voz de alguien. En gran parte depende de las cuerdas vocales del hablante, su edad, salud o dificultades. El filósofo francés Roland Barthes escribió acerca del "grano" de la voz,[3] con lo cual quiere decir la *utilidad de nuestro sonido que elude descripción*. El "grano" es el motivo por el cual podemos reconocer a alguien por su voz, tal como lo reconocemos por su cara.

Y el timbre es la palabra para describir los pequeños cambios de matiz y sentimiento que les damos a las palabras y las frases cada que hablamos. Veamos en qué consiste tocar el instrumento de la voz: el timbre no es altura tonal (la frecuencia de las notas en la escala), sino la sensación de las propias notas (intensas, delgadas, susurrantes cansadas, llenas de energía, juguetonas, directas). No tiene que ver con el volumen ni el tempo, sino con el espíritu de lo que estás diciendo, lo que te hará hablar más alto, más rápido, susurrar o hablar despacio para generar suspenso. De niños, nuestros papás nos decían: "No me hables con ese tono", y seguro nos hemos obsesionado con el comentario espontáneo de un colega o una cita romántica cuya voz crispada no correspondía con las palabras que dijo.

En estos días, incluso percibimos el sarcasmo y la sinceridad en los mensajes de texto, más menos esos momentos vergonzosos en los que malinterpretamos el timbre por completo. Los emoticones añaden gestos y matices emocionales a un texto, y así como los mensajes SMS y las redes sociales se han vuelto herramientas de comunicación esenciales, el enriquecimiento de los estándares de puntuación ayuda más a la causa: "¿Por qué utilizaste ese punto?" es el nuevo "¿Por qué me hablas con ese tono?" (¿quién hubiera dicho que un puntito negro pudiera estar cargado de comportamiento pasivo-agresivo?). Los textos y los tuits en tiempo real son informales, conversacionales, se parecen más al lenguaje hablado que al tradicional lenguaje escrito, y los distintos métodos que cada uno ha encontrado para dejar en claro nuestro timbre es lo que la lingüista Gretchen McCulloch denomina, en su libro, *Because Internet*, "las estrategias creativas más recientes en una larga lista para decir algo sin decirlo".[4] El timbre es decir algo sin decirlo. Más bien, decir algo además de decirlo con palabras. Es la información crucial que estamos compartiendo, más allá de las propias palabras, sobre nuestra actitud en torno a lo que estamos diciendo.

Hay un video genial en YouTube que mezcla el momento en muchas películas en el que un actor dice "vámonos de aquí".[5] Cuando los escuchas uno después del otro es imposible no percatarte de lo diferente que suenan. Tiene sentido. A fin de cuentas, convencer a alguien de que huya corriendo de un monstruo exige un timbre distinto que, digamos, pedirle que se vayan de una fiesta ruidosa para caminar bajo la luna. Todos los días operamos esta maquinaria vocal, pero no siempre somos conscientes de que lo estamos haciendo hasta que tenemos que serlo. Hasta que el timbre que estamos empleando no funciona. Hasta que una persona no deja de interrumpirnos.

Hasta que perdemos la atención de una sala o perdemos una discusión. Hasta que el perro no se sienta y debemos pensar qué hacer para que se siente.

A propósito de Nell, ¿cómo descifrar el código para mejorar su autoridad y al mismo tiempo sentirse auténtica? A lo mejor eres del equipo de Nell y te identificas mucho con ella, o eres del equipo de Juliana, del capítulo 3, quien era sumamente formal, pero recibía comentarios de que parecía cerrada y era difícil conocerla, lo que estaba afectando su carrera. La respuesta es más sencilla de lo que parece, pese a los miles de escenarios posibles —ya sea huir de un monstruo o caminar bajo la luna— y los miles de timbres de voz que podríamos adoptar para salir corriendo.

La clave es pensar en tu timbre de voz en términos de fuerza y calidez. Imagina dos sintonizadores, el de la fuerza mide qué tan competentes parecemos: poderosas-impotentes, supercompetentes-qué-carajos-estoy-haciendo. El de la calidez mide nuestro nivel de implicación, entre cálidas y frías. Recuerda a Oprah, si los sintonizadores marcan de 1 a 10, ¿en dónde la pondrías? Recuerda a la última persona con la que hablaste, ¿cómo sería el suyo?

Todos los días, todo el día, leemos a las personas y ellas nos leen, a partir de estas medidas, aunque no es necesariamente un acto consciente. De hecho, hacerlo es primitivo: nuestro cerebro reptiliano, la parte que alberga los instintos de supervivencia y hace juicios rápidos en beneficio de la eficiencia, decide sin tener mucha información, si alguien que entra a nuestra esfera es un oponente formidable (sintonizador fuerte-débil) y si nos confrontará o no (sintonizador cálido-frío). Por una parte, ¿son un competidor legítimo en términos de recursos? Por otra, ¿querrán competir o cooperar? Cuando intentamos pedir una bebida en un bar llenísimo, investigamos a otros clientes para ver a quién atenderá el bartender. En el trabajo, estimamos si el recién llegado hará de nuestra vida un infierno. También nuestros instintos están diseñados para sobrevivir en escenarios de vida o muerte, como deducir quién nos salvaría en un tiroteo o compartiría su agua si una excursión en la naturaleza sale mal.

Para convencer a los demás, es útil saber cómo nos perciben. La mala noticia (y también la evidente porque vivimos en el mundo) es que nuestro género aparente, raza, edad, orientación sexual, altura, peso, acento, aptitudes físicas o cognitivas y estatus socioeconómico tienen que ver en cómo nos perciben. *Compelling People* [*Personas atractivas*], el libro de John Neffinger y Matthew Kohut de 2014, estudia esta interacción de fuerza-calidez y comparte una serie de investigaciones sobre los prejuicios que nos hacen atraernos o rechazarnos. Es inquietante, como el hecho de que una cifra desproporcionada de hombres negros a cargo de las empresas que son parte de la lista Fortune 500 tienen caras redondas y rasgos suaves, sinónimo de calidez, pues al parecer, una cara de niño "suaviza su aspecto al grado de que no parecen amenazantes".[6] O la evidencia que señala la discriminación laboral que enfrenta la gente que no es delgada porque se percibe que las personas con más peso son flojas o no tienen fuerza de voluntad, sinónimo de debilidad e incompetencia.

No podemos cambiar los rasgos que nos identifican (ni queremos) y no podemos confiar en que la gente desafíe sus prejuicios arraigados (aunque lo último que muere es la esperanza). Pero sí podemos cambiar nuestro timbre de voz. Y no sólo en la escala más pequeña —los matices que le damos a las palabras que pronunciamos cuando interrumpimos a quien nos está interrumpiendo—, también a gran escala: la energía con la que entramos a un espacio o saludamos a una multitud, el dinamismo de una presentación o propuesta, el espíritu que le imprimimos al trabajo que llegamos a hacer y las personas con quienes lo haremos. Podemos tener muchísimo control sobre cómo nos perciben y cambiar drásticamente toda una serie de prejuicios aumentando nuestra fuerza o calidez, o ambas.

Si nuestro objetivo es tener poder y una voz pública, es el regalo más grande que nos podemos dar.

¿Pusiste los dos sintonizadores de Oprah en el 10? Es fuerte: influyente, toma decisiones, se ha ganado esa seguridad, pero parece que le viene natural. Y es cálida: es famosa por lograr que sus invitados se sinceren, y ha construido un imperio a partir de hablar desde el corazón y llegar al alma. Es fuerte y cálida en la misma medida. La mayoría somos un poco más desequilibrados, carajo, incluso Oprah podría decir que ella también lo fue. Pero la conclusión de la investigación que compila *Compelling People* es que, particularmente para las mujeres, fuerza sin calidez es una combinación peligrosa. No me sorprende, esto le preocupaba a Nell y lo que sale a relucir en todos esos insultos especiales reservados para las mujeres fuertes. Pero lo contrario tampoco es viable. Si damos la impresión de ser cálidas, pero no fuertes, entonces nos perciben adorables, dulces, Dios mío, *tan* agradables. Lo cual puede ser más efectivo que parecer antipáticas, pero no nos sirve para nada si lo que queremos es que nos respeten como voz de autoridad.

La solución es lo que Oprah encontró, y es posible para todas: equilibrar los sintonizadores. Cuanto más fuertes queramos parecer o cuanto más fuertes parezcamos de forma natural, más cálidas debemos ser para igualar nuestra fuerza. Y viceversa.

¿Acaso esto quiere decir que debemos ser más amigables y sonreír más? ¿Para ponerle un hasta aquí al machoexplicador, el secreto es ser dulce y adorable? Mmm, no. Para empezar, nadie quiere que le digan que "sonría más" (les estoy hablando, coaches de liderazgo de antaño). Nunca provoca una sonrisa genuina, sólo resentimiento. Además, no has entendido nada si igualas la calidez con la sonrisa. La calidez no radica en sonreír por fuera, se trata de la alegría interior.

Nada lo ilustra mejor que un estudio histórico que se condujo en 2004, en el que cerca de 250 universitarios, hombres y mujeres, recibieron archivos idénticos que describían el desempeño profesional de un vicepresidente de ventas ficticio en una empresa aeronáutica. Los archivos eran idénticos, salvo que algunos decían "Andrea" y otros "James". Después de revisar estos archivos, 86 por ciento de los alumnos decidieron que Andrea era menos competente que James en su trabajo.[7]

Cuando se le presentó a estos estudiantes evidencia explícita de que, de hecho, ambos vicepresidentes de ventas ficticios eran estupendos en su trabajo, de pronto 83 por ciento de los participantes juzgaron que Andrea era menos simpática. La autora de *Down Girl* [*Quieta*] la doctora Kate Manne, filósofa y estudiosa de la misoginia de la Universidad de Cornell, exploró estos descubrimientos en un artículo para *The New York Times* en 2020, en el cual señaló una pequeña modificación que los investigadores emplearon después de que tuvo un efecto impresionante en las valoraciones de los participantes. "Cuando compartieron información que retrataba a Andrea como una persona sumamente competente y que valoraba el sentido de *comunidad* —cálida, implicada, considerada con sus empleados, etcétera—, se desvanecieron estos prejuicios (incluso en algunos casos se revirtieron). De repente, se decidió que era incluso más simpática que James e igual de atractiva como jefa".[8] Por otra parte, en el caso de James, la información adicional sobre su calidez o incluso el hecho de que era papá, no causó ningún efecto en lo que los participantes pensaban de él, aunque es inevitable observar que ya se le consideraba simpático y competente, no sé cuánto más pudieron haber mejorado sus calificaciones.

¿Qué podemos concluir de estos resultados tan crudos? Manne concluye que "la combinación de ser mujer y poderosa puede ser aceptable, pero para conseguirla, también debe parecer que ésta tiene sentido comunitario, es solidaria y su misión es apoyar a los demás". No pasa desapercibido su timbre: el estudio es duro de procesar. Pero, un momento... ¿solidaria, apoya a los demás y fomenta la comunidad? Quiero trabajar con personas que motiven a la gente no que la pisoteen, que prefieran colaborar en vez de competir, y que elijan el amor y no el miedo. Andrea parece una jefa ideal.

El punto de la calidez, en un intercambio o como enfoque profesional y vital, no es participar a regañadientes en el juego de triunfar en una sociedad patriarcal (aunque es un beneficio secundario). El punto es vivir de acuerdo con nuestros valores. El punto es emplear *bien* el poder que tengamos. El trabajo de esta Andrea ficticia es impecable, pero también prioriza su propia alegría y trata a la gente como corresponde para que también puedan disfrutar. Es fuerte y cálida. Competente y se involucra. La respetan y la aman. Es probable que así describamos a la gente que nos atrae. Es probable que así querríamos que nos describan los demás.

Incrementar la fuerza tiene que ver con la seguridad, y te voy a dar herramientas para conseguirla si crees que la necesitas. Pero incrementar la calidez no radica exclusivamente en conseguir que nuestra fuerza sea más aceptable, la calidez gira en torno del amor. Jugar con el timbre de voz —cuando hablamos, así como nuestro tono durante una presentación en general, nuestra marca o nuestra reputación— tiene que ver con cómo nos presentamos ante el mundo. Es una cuestión de actitud, nuestras creencias o posturas *con respecto a* algo o alguien. Somos cálidas cuando nos acercamos y frías cuando nos alejamos. Sí, algunas circunstancias son tóxicas y algunas personas son dañinas, y debemos poner límites, dejar esa relación o ese trabajo o ese espacio, debemos recurrir al timbre para poner distancia. Pero cuando no estamos en modalidad de supervivencia, subirle a la calidez es una apuesta por acercarnos.

Te invito a leer *See No Stranger* [*No somos desconocidos*] de Valarie Kaur, sobre el amor que les podemos dar incluso a las personas que no conocemos o no soportamos,[9] o *El cuerpo no es una disculpa*, de Renee Taylor, sobre el amor propio radical.[10] Identifica cómo respondes y en qué instancias te resistes a elegir el amor, porque cuando hablamos de trabajo o de hablar en público no solemos hacerlo en estos términos. Si quieres asegurarte de que tu timbre sea lo más cálido posible, reflexiona si piensas en tus intereses profesionales en

términos de amor. (Si no es así, ¿qué te detiene?) Reflexiona si al llegar a un lugar con personas más poderosas que tú piensas: *Uno de mis
puntos fuertes es que los puedo cuidar.* (¿Qué pasaría si así fuera?)

Vale la pena. Porque la mejor manera de cambiar tu timbre, si
quieres parecer menos severa, o menos suave, no es hablar frente a
un espejo como De Niro. Es decir, adelante, pero seguro se sentirá
falso y será difícil ponerlo en práctica cuando te quites del espejo.
La mejor manera es hacer este trabajo interior, permitirte cuestionar las nociones preconcebidas que tienes en torno a la fuerza y la
calidez.

Un uso práctico: para incrementar tu calidez radicalmente en ese
escenario o en esa llamada de Zoom recuerda lo que te importa —lo
que te entusiasma y te hace sonreír— y conéctalo con el tema que
estás tratando, siempre. A mi amiga Alexis le chocaba hablar de cosas
sin importancia porque es inevitable que le terminen preguntando a
qué se dedica, y es difícil explicar su trabajo, y es fácil malinterpretar-
lo. Lo he visto: entre desconocidos, esta mujer talentosa y graciosí-
sima se siente incómoda, empieza a mascullar y evita hacer contacto
visual. Me buscó para trabajar con este bloqueo y le sugerí que dejara
de preocuparse en el qué y se centrara en el por qué. En otras palabras, si alguien te pregunta, no le cuentes a qué te dedicas, cuéntale
qué te encanta de tu trabajo.

Una actriz a quien entrenaba me escribió con una ansiedad similar cuando estaba a punto de hacer su primera rueda de prensa importante. "Me van a hacer preguntas sobre mí. ¿No sé quién soy?!",
me escribió. "Quieren saber qué te apasiona. Habla de eso". Y lo hizo
fenomenal. Las dos mujeres se dieron permiso de estar presentes
cuando se dieron cuenta de que con un cambio pequeño podían li-
berarse para compartir lo que las hace felices.

Que quede claro, no quiero que seas buena en esto sólo por tu
bien. Vas a incrementar tu calidez por mí, por todas. Creo que cada
oportunidad que tengamos de tomar la palabra y decir lo que pen-

samos —en un espacio de dos o de dos mil personas— es un acto de liderazgo. Incluso si se trata de responder en una fiesta a qué te dedicas.

Incluso si se trata de plantear una pregunta en una conferencia. O pedir un aumento. Estas acciones ayudan a las demás: a cualquiera que se beneficie directamente de que obtengas el "sí", así como a todas las que vienen detrás de ti. Benefician a cualquiera que necesite escuchar voces nuevas, para que a la próxima, utilicen la suya. Una amiga me dijo, mientras escribía este libro, que debía pensarlo como una invitación para el futuro que me imagino. Tomar la palabra para compartir tus ideas también es una invitación para el futuro, piensa en qué clase de lideresa necesita esa versión del futuro.

Ponerle un alto a un machoexplicador también es un acto de liderazgo. Métete de inconformista a moderar una reunión si te das cuenta de que la dinámica de poder no está equilibrada. Un día yo lo hice con una frase cálida y fuerte, dije: "Un segundo [Nombre de la persona], tienes algo que agregar, ¿verdad?", cuando durante una reunión de Zoom no había podido tomar la palabra y nadie parecía darse cuenta. Siempre busco oportunidades para ponerlo en práctica. Es una variante de la Teoría del Reflector, el término que acuñaron Aminatou Sow y Ann Friedman para resaltar las contribuciones de las demás mujeres o personas de color en un lugar, en vez de permitir que las ignoren o competir con ellas.[11] Es una estrategia maravillosa para sacudir la cultura de las reuniones, donde las voces más altas, tradicionalmente poderosas, se roban la palabra una y otra vez. Si lo haces con fuerza y calidez, *funciona*. No tienes que hacerlo siempre, sólo cuando quieras, pero es superefectiva.

Sin importar tu posición, incluso si eres la persona más joven y con menos experiencia, cuando estás hablando, el momento es *tuyo* y tú decides cómo aprovechar el poder que ejerces en ese momento. Incrementar tu calidez —hablar con amor y compromiso, incluso cuando es difícil— es mucho más efectivo que manipular el timbre de voz para conseguir lo que quieres. Es un acto de justicia social, político, para cambiar el mundo al redefinir a qué suena el poder. Porque existe la clara posibilidad de que, al tener que imaginar a un líder, tú (la mayoría), visualicemos una caricatura grotesca de *ese tipo*, el jefe que denigra a sus empleados y no acepta la retroalimentación. Incluso si no es parte de tu vida ni está al mando de tu país, puede merodear en tu psique. Puede ser la definición de liderazgo que tengas en el subconsciente.

En *Purposeful* [*Resolución*], el grito de guerra de Jennifer Dulski de 2018 para el activismo, escribe: "Creemos que la firmeza es uno de los rasgos más necesarios para poner en marcha un movimiento. Cuando, de hecho, los momentos de vulnerabilidad y apertura son los que pueden desencadenar los cambios más importantes".[12] Dulski comparte que fue una de las cosas más sorprendentes que aprendió cuando fue presidente y directora de operaciones de change.org. Pero sorprende porque, tradicionalmente, se le da mucha importancia a los rasgos que se relacionan con la masculinidad y, en cambio, se degradan los que se relacionan con la feminidad, que son considerados "competencias suaves o blandas". Sabemos valorar la fuerza, pero no siempre recordamos valorar la calidez.

Ahora bien, si piensas en a quién admiras en su calidad de líder, surge el equilibrio. Me vienen a la mente Barack y Michelle Obama, Jacinda Ardern, de Nueva Zelanda, cuando les aseguró a los niños que, aunque el Conejo de Pascua estaba de sabático por el covid (una extensión de sus políticas estrictas y expeditas para proteger a su país), era posible que se divirtieran en ese día festivo. También Mary Portas, empresaria británica que escribió *Work Like a Woman* [*Trabaja como mujer*], un manifiesto feminista que desmantela la arraigada cultura corporativa después de ascender en sus filas. Me viene a la mente Alicia Garza, una de las fundadoras del movimiento Black Lives Matter, cuya experiencia como organizadora comunitaria sale a relucir cuando habla frente a una multitud: firme, pero cariñosa; cariñosa, pero firme. Todos éstos son ejemplos de fortaleza con la misma dosis de calidez.

Una empresa de consultoría para el liderazgo, Zenger Folkman, analizó a más de 70,000 líderes en la esfera internacional para determinar si es más efectivo liderar con rasgos asociados con la fuerza o con rasgos asociados con la calidez.[13] Descubrieron que los líderes exitosos muestran fuerza y calidez en la misma medida, sin importar su género. Resulta enigmático que la empresa también descubrió que hombres y mujeres con puestos directivos lideran con más calidez, por un margen muy amplio. Tal vez esto quiere decir que se necesite demostrar competencia mientras se va ascendiendo, pero en última instancia, se llega al poder cuando tratamos bien a la gente, la inspiramos, generamos confianza, nos comunicamos, aceptamos la retroalimentación con gracia, crecemos y cambiamos con valentía, y ayudamos a los demás a que se desarrollen. De hecho, esa especie de calidez me parece una fortaleza.

Puede ser que, de no ser por las nociones de poder que hemos heredado, estas dos categorías independientes se hubieran superpuesto hace tiempo. Como asegura Elizabeth Lesser en *Que hable Casandra*: "La historia unilateral del poder —el exceso de un sistema de valores y la exclusión de otros— ha metido a la humanidad en apuros". Sostiene que "nadie, ni hombres ni mujeres, son inmunes a la seducción de la vieja historia del poder", y está convencida de que todos albergamos una versión pequeña de Sun Tzu ("para mantener el orden, se espera que un líder libre la guerra") y una miniversión de Maquiavelo ("es mejor ser temido que amado", mi paráfrasis). Incluso si no les creemos a esos tipos anticuados ni creemos en sus obsoletas visiones del mundo, sus palabras siguen vigentes. Incluso si sus preceptos no dictan cómo nos comportamos, influyen en quiénes denominamos poderosos y qué voces nos parecen autoritarias, así como en cómo categorizamos las propias.

Este énfasis exagerado en la fuerza incluso se disfraza de feminismo, o "feminismo blanco", celebrar por instinto a la jefa que glorifica los rasgos asociados con la masculinidad en las mujeres. Se reduce a fetichizar la fuerza sin la calidez. Hay blogs, podcasts y memes sobre "ser una perra maldita" para difundir el evangelio. Y entiendo: alentar a las mujeres a adoptar las conductas que suelen asociarse con los hombres poderosos es una manera de que algunas de ellas ocupen puestos de poder, si pueden soportarlo a largo plazo. Pero ¿con qué fin? Si afianzas más poder "masculino", no le ayuda a nadie más, tampoco al sistema sesgado. Sheryl Sandberg, símbolo de su propio libro *Vayamos adelante*, no implementó la licencia familiar adecuada en Facebook hasta que su marido murió inesperadamente. Su poder no la llevó a tratar a la gente como seres humanos, fue el dolor de su pérdida.

Según la ciencia, a largo plazo, ser la perra más maldita ni siquiera te ayudará a afianzar más poder. El doctor Dacher Keltner, psicólogo de la Universidad de Berkeley, director del Centro Científico para el Bien Común, afirma que esos personajes históricos que defendían la idea de que el poder radica en aterrar a las personas "se equivocan rotundamente".[14] En cambio, nuevas investigaciones científicas en torno al poder revelan que éste se ejerce de forma más efectiva cuando los individuos están comprometidos y en sintonía con las necesidades e intereses de los demás y lo utilizan con responsabilidad. En el curso de dos décadas, el doctor Keltner y su equipo han dirigido y reunido información en contextos tan variados como sororidades, cárceles y Pixar, y concluyeron que la empatía y la inteligencia social son "inmensamente más importantes para afianzar y ejercer el poder que la fuerza, el engaño o el terror". De hecho, en su investigación sobre las jerarquías humanas sociales, el doctor Keltner escribe que, de manera sistemática, "en un grupo determinado, los miembros más dinámicos, lúdicos y encantadores se ganan más rápido el respeto de sus colegas, y lo mantienen", y quienes ascienden en las filas.

Creo que es tentador creer que sentarnos todo el día en el escritorio, trabajando de más, tomando café en una taza que diga "Muerte al patriarcado", fingiendo que todo se nos resbala, daremos el golpe maestro que nos llevará a la cima como merecemos. Sin embargo, si en serio queremos desbancar el patriarcado, una medida de nuestro éxito será la sensibilidad. Mostrar implicación, empatía. Transmitir calidez, amor y ser solidarias porque es el futuro que queremos. Cada que tomamos la palabra, podemos tomar esa decisión.

Hace poco recibí una nota de una mujer que decía: "Me gustaría aprender a utilizar mejor mi voz y sentirme más segura". Resulta que es doble de acción, se gana la vida volando, manejando coches deportivos y golpeando a la gente. Pero, desde luego, el interior no siempre corresponde con el exterior. Se sentía insatisfecha, oprimida por toda una vida de ser "reservada" y "hablar bajo". No le preocupaba el sintonizador de la calidez, sino el de la fuerza. Estaba recibiendo cada vez más oportunidades para hablar en público y era muy consciente de que sus hábitos eran un lastre.

Si te sientes así, hablaremos de la fuerza. La solución suele incluir dos cosas: primero, la confianza: deberás tomar decisiones arriesgadas. Segundo: evalúa cómo defines la fuerza. En el primer caso, y me encanta este consejo atribuido a Maya Angelou: "Pide lo que quieres y prepárate para recibirlo".[15] ¡Vaya! Desde luego que no siempre lo harás, pero no se trata de ser idealistas, para mí no es más que una estrategia. En términos prácticos, cuando hablas sobre lo que quieres con la confianza de alguien que espera recibir una respuesta positiva, te cambia el timbre. Y le da entrada a tu escucha a darte el sí. La presencia, el carisma, el encanto propio de un estafador, todos tienen una cosa en común: la confianza. En otras palabras, estar preparada para recibirlo. También existe la versión falsa, la arrogancia, el privilegio, el machismo, la fuerza sin calidez. El componente del amor siempre te hará inmune ante la arrogancia. Por eso el equilibrio es tan importante.

Mi parte favorita de la palabra *confianza* es que proviene del latín *confidere*, "esperanza firme que se tiene de alguien o algo". ¿Cómo sería confiar en ti firmemente? Una manera de practicarlo es el ejercicio del capítulo 3 para generar más "poder personal", como lo denomina la doctora Amy Cuddy: prepárate para sentirte más poderosa, para confiar en que sabes lo que haces, recordando otras veces cuando te hayas sentido invencible. ¿En qué ocasiones has confiado en ti? Respira mientras haces memoria y anímate a sentir esa sensación en el cuerpo. Esta preparación tendrá un efecto en tu timbre de voz, postura y la libertad con la que te expresas.

Para un ejemplo de este trabajo en práctica, escucha el principio del último capítulo del podcast *Dolly Parton's America*. Mi amiga Shima Oliaee produjo esta premiada serie. Le tocó negociar su compensación ahí mismo, cuando terminó la final. Estaba aterrada. El dinero desencadena muchas emociones y cuando intentamos pedirlo, cualquiera se enfrenta con las historias obsoletas de lo que creemos que valemos. A esas alturas de la serie, ella y su socia productora habían recibido muchísimas notas efusivas de los seguidores, así que ya estaba preparada para hacerse de poder. Contempló todo el apoyo que ya había recibido y lo orgullosa que estaba del trabajo que había hecho. Cuando tomó la palabra para negociar su compensación, confió en que había hecho algo extraordinario y le tocaba disfrutar la victoria. Se escucha en su voz.

La fuerza no se expresa gritándole a la gente ni intimidándola (gracias de nuevo, Maquiavelo, por tu legado de malos consejos); se trata del conocimiento personal. No es cuestión de faltarle el respeto a la gente, sino de respetarse a una misma. En teoría, puedes subirle al sintonizador de la fuerza asegurando un puesto de alto nivel, ganándote la reputación de excelencia o con la suerte de cómo te percibe la gente (en las ciencias sociales, se le conoce como las tres p [por sus siglas en inglés]: posición, rendimiento o presencia). Pero, en realidad, tienes mayor control sobre cómo te percibes a ti misma.

La fuerza radica en recordarte: Pertenezco aquí y mi voz es necesaria.
Y creértelo.

Mi amiga y colega Malika Amandi dirige el Centro para la Voz de
la Mujer y siempre se le ocurren frases brillantes. Ésta me encanta:
"No olvides llevar tu sentido de pertenencia".[16] No esperes a que alguien te haga sentir bienvenida en un lugar, hazlo tú misma. Decide
que perteneces, dondequiera que estés. Es un salto de fe y mi acto
de rebeldía predilecto, es darte permiso, siempre, y tiene un efecto
alquímico que puedes evocar al decidir hacerlo.

Aun así quiero llevarlo un paso más allá: cuando tengas oportunidad de hablar, no sólo lleves tu sentido de pertenencia, también
háblale al deseo de pertenencia que las demás personas albergan en
secreto. Cuando tengas la palabra, invítalas a incluir *su* sentido de
pertenencia. Para equilibrar fuerza y calidez, la próxima vez que pla-
nees dar una plática, permítete soñar despierta en los días previos,
imagina que eres anfitriona de una fiesta, le das la bienvenida a la
gente en la puerta con un abrazo, les señalas en dónde están las be-
bidas, haces lo posible para que todos estén cómodos y se estén di-
virtiendo. ¿Qué timbre de voz asumirías entre amigos? ¿Qué tal si te
tocara darle la bienvenida a los invitados de un evento de gala para
recaudar fondos para una causa digna o un concierto para presentar
a un artista que te emociona compartir con la gente? No me refiero
a ser una mala anfitriona que cree que todo gira en torno a ella. Me
refiero a asumir la responsabilidad real de tus invitados.

Para ser una buena anfitriona hay que hacer sentir bienvenida a
la gente para que sepa que está en el lugar adecuado. Nuestra fuerza
en una situación así proviene del hecho de que es nuestro territorio,
nuestro espacio; nuestra calidez proviene del interés genuino de
que nuestros invitados la pasen bien. Hablar bien en público es lo
mismo, incluso cuando en sentido estricto, no es nuestro territorio.
Si estás presentando una idea, vendiendo una propuesta, dando retroalimentación o pidiendo ayuda, atrévete a pensar: Bienvenidos a

mi programa, lo hice para ustedes. Bienvenidos a mi fiesta, la organicé para ustedes.

Para que parezca que tu presentación se celebra en tu territorio, piensa con antelación cómo apropiarte del espacio, como dice Priya Parker en *El arte de reunirse*, pregúntate cuál es el sentido de la reunión y diseña a partir de esa respuesta. ¿Cuál es tu objetivo? Tal vez quieres convencer a los asistentes. O crear intereses en común. Hacerlos darse cuenta de la verdad, por aterradora que sea. O aliviar sus miedos y tranquilizarlos. ¿Qué puedes hacer para lograr esa meta en el espacio? Tal vez reacomodar las sillas o pedirle al personal de sistemas que ponga música. Tal vez decides empezar con una historia personal, aunque nadie más en la conferencia lo haya hecho. O tal vez les pidas a todos que debatan con su vecino una pregunta que será relevante para la plática que vas a dar. O empieza con una sesión de preguntas y respuestas, en vez de terminar así. A lo mejor te bajas del podio o del escenario. A lo mejor decides ponerte de pie para tu presentación, incluso si es en Zoom, o quitar tu PowerPoint y pedirles a todos que cierren los ojos un momento y visualicen algo. Crea lo que Priya denomina "reglas temporales",[17] que son vigentes sólo durante tu plática. Inventa las reglas como si fueras dueña del lugar, no importa si son cursis, sorpréndete.

Para Priya un buen anfitrión es una "autoridad generosa", ni muy relajada como para lucirte con los escépticos del grupo mientras los demás están perdidos, pero tampoco tan rígida como para ignorar cuando tus invitados te hagan señales de que están cansados o listos para lo que sigue. La autoridad generosa me parece un sinónimo del equilibrio entre calidez y fuerza. La autora de *How to Own the Room* [*Cómo apropiarse del espacio*] y anfitriona de un podcast, Viv Groskop lo denomina "estatus eufórico",[18] su término para definir un nivel de confianza tipo George Clooney mezclado con el impulso de contagiar a los demás. Para Brené Brown es "espalda fuerte, frente suave". Entre los maestros de primaria, se le conoce como "exigencias cálidas", un estilo pedagógico que echa mano del amor firme y las altas expectativas para ayudar a los alumnos a alcanzar su potencial. Fuerza y calidez. Está en todas partes.

. De hecho, sin saberlo, seguro llevas años experimentando con el equilibrio entre la fuerza y la calidez. Cada que mandas un correo y te obsesiona la proporción entre los signos de exclamación y los puntos, estás trabajando en el equilibrio. Cuando te quejas (o cuando tus hijos se quejan), se trata de la ira que no está del todo convencida que merece que la escuchen, así que se reprime, no hay suficiente fuerza ni calidez. Cuando tienes energía tenaz, con frecuencia se debe a hacer las cosas a base de nervios, ejercitar el músculo de la fuerza pero no escuchar, es decir, olvidarte de ejercitar el músculo de la calidez. Cuando estás muy ocupada intentando complacer a todo el mundo menos a ti, estás en modalidad cálida sin fuerza. (Tengo una camiseta que me parece el antídoto perfecto; de frente dice NO MUERDO, pero en la espalda muestra: PERO NO ME ANDO CON TONTERÍAS.) Reconoce cuando sientas el desequilibrio y aprende a diagnosticar cuál de los dos sintonizadores necesitas ajustar.

También identifica cuando sientas el equilibrio. Cuando te sientas fuerte y cálida. Es otra lección que nunca esperé de la maternidad: resulta que cuando estás criando a un ser humano pequeño, te quedan muy claros tus valores porque todos los días te enfrentas a lo que le concedes suficiente importancia para regular su conducta y a lo que no. Con el mío, no me importa si se para de la mesa mil veces cuando estamos cenando, aunque sería más fácil que se quedara quieto. Pero sí me importa mucho que no les aviente arena a sus amigos en los ojos. Estoy criando a un niño blanco en Estados Unidos, así que aprovecho cualquier oportunidad para inculcarle la importancia de respetar los cuerpos ajenos. En ese sentido, tampoco lo puedo controlar, sólo convencer. ¿Cómo? Siendo fuerte y cálida. Asegurándole que hablo en serio, no es negociable. Asegurándole que puede hacerlo y que lo adoro, aunque cometa errores. Me escucho hablar con mi hijo y me asombro de mí misma, así suena mi voz de autoridad. Ése es el liderazgo. Y si soy lideresa aquí, ¿puedo serlo en otras partes?

Reconoce tu voz de autoridad. Pon atención cuando te sientas segura y cuando confortes. La seguridad es fuerza, es pensar *Yo me encargo de esto*. La seguridad es calidez, es pensar *Yo me encargo de ti*. Incluso si te consideras la mujer más dura que conoces, incluso si te preocupa ser la más tímida, te apuesto a que te has sentido segura y has confortado a tu gente, cuando te ha necesitado. *Yo me encargo de esto, yo me encargo de ti*. Te apuesto a que ya haces este acto de equilibrio para tus seres queridos, cuando tu mamá o tu pareja están teniendo un día difícil. Cuando tu colega se está sintiendo vulnerable. Cuando tu mejor amiga está sufriendo. Identifica tu voz de autoridad en lugares inesperados y llévala cuando hables en público.

Nell necesitaba escuchar esto. Sin querer, había puesto a "las personas que suenan autoritarias" y "cómo sueno yo" en puntos opuestos del espectro. Pero lo cierto es que sabía cómo sonar segura y cómo confortar, sólo necesitaba reconocerlo y después darse permiso de ponerlo en práctica en todas partes. Siempre reúno voces, modelos a seguir, que encarnen el nuevo sonido del poder, y te invito a que también las busques, tenemos que aprenderles, celebrarlas y recordarlas. Pero no lo confundas con encontrar tu voz de autoridad en el exterior. Ésta ya vive en ti.

6
Los sonidos

Sin ninguna duda, el lenguaje revela al hablante.
—JAMES BALDWIN[1]

Éste es un fenómeno frecuente: un cliente que me busca para trabajo de dialecto está *muy* emocionado por entender, al fin, la diferencia entre los sonidos que ha estado haciendo toda la vida y los que nunca ha producido. Empieza a integrar los nuevos sonidos en su habla, se enorgullece cuando se empieza a sentir natural. Incluso puede sentir un cambio en cómo lo entienden los demás, o responden, tal como había esperado. El nuevo sonido se vuelve parte de él, parte de cómo se expresa.

Hasta que visita a su familia durante las vacaciones y al escucharlo, se molestan. ¿Está fingiendo ser alguien que no es? ¿Le avergüenza su herencia? A veces, su reacción no es tan abierta, sin embargo, este nuevo sonido parece suscitar resentimiento o inseguridades en los demás. La familia le pregunta: ¿Qué tenía de malo cómo sonabas antes?

Reflejar sobre los sonidos que salen de tu boca se vuelve un tema existencial muy rápido e inevitablemente suscita preguntas de pertenencia: ¿Como quién sonamos? ¿Por qué? ¿Y cómo quién *queremos* sonar? ¿Cómo esta voz —no sólo el acento, sino también la cadencia, el ritmo, las palabras que elegimos (sofisticadas multisilábicas o coloquiales, groserías o ninguna), la extravagancia o la mesura— es resultado de cada versión de nosotros que aspiramos a ser y cada versión que hemos sido?

El "acento" se refiere a los sonidos de las vocales y las consonantes en el habla, pero el "dialecto" es el recipiente de estas preguntas
más amplias sobre tendencias culturales y elección personal. Cuando hablamos, lo que decimos es un reflejo de las decisiones que todas
hemos tomado (mudarnos del lugar donde crecimos, salir con determinada persona, arreglárnoslas en ese lugar), en combinación con lo
que no se nos ha permitido elegir (dónde crecimos, cómo nos habla-
ron cuando éramos pequeñas). ¿Tus padres tenían acentos distintos
a los demás? ¿Les daba vergüenza u orgullo? Recuerda, cuando eras
niña, la formalidad con la que hablaban los adultos, entre ellos y contigo. ¿Qué tanto maldecían, te mandaban callar o reían? Piensa si
ha afectado a la manera en que hablas hoy, o en que valoras cómo
hablan los demás. Piensa si en tu familia, interrumpirse mientras hablaban era una falta de respeto o señal de intimidad, y si esto ha influido en tus conversaciones actuales. Si sólo los miembros de mayor
estatus en el hogar tenían permitido gritar o si era una descarga
saludable que se les permitía a todos. Y cuáles eran las consecuencias cuando levantabas la voz: ¿te escuchaban o te pegaban? De cierta manera, cuando hablas hoy, percibimos cómo te *hablaban* en la
infancia.

En sus veinte, mi amiga Amy batalló con nódulos vocales igual
que yo, una dolorosa irritación en las cuerdas vocales que amenazó
su carrera como narradora de audiolibros. Cuando trabajó con una
instructora de voz y habla, descubrió que el origen de los nódulos
fue el hecho de que era la hija de en medio de cinco. De pequeña,
tenía la costumbre de hablar sin antes respirar, por la desesperación
de decir lo que quería, y se le quedó ese hábito, forzaba sus cuerdas
vocales para competir por atención, cuando la gente estaba dispuesta
a dársela sin nada a cambio. Después de este diagnóstico, se esforzó
mucho por respirar bien antes de abrir la boca para hablar, y confiar
en que aún habría lugar en la conversación para sus palabras cuando
estuviera lista. Recuerda haber caminado semanas por las calles de

Nueva York llorando. El proceso de rescribir una historia tan antigua le había abierto algo en su interior, muy crudo.

No sólo nuestra familia de origen ni el orden de nuestro nacimiento forma nuestros primeros hábitos vocales. Todas nuestras nociones, proclividades y deseos posteriores también han influido en cómo sonamos: el estilo verbal de tu personaje favorito de la televisión y los chistes privados que compartías con tus amigos. El personaje que pegaste en tu pared y a qué sonaba lo *cool* cuando sacaste tu licencia de manejo y experimentaste con tener más independencia. Cómo aprendiste a coquetear, pedir ayuda y discutir, y si se te recompensó por ganar o por transigir.

"Las actividades del habla pueden ser muy específicas en el nivel más local", escriben las doctoras Penelope Eckert y Sally McConnell-Ginet en *Language and Gender*: "Por ejemplo, algunas parejas valoran discutir, mientras otras lo evitan. Algunos grupos de amistades acostumbran bromear y hablar muy rápido, mientras las conversaciones de otros son más intencionales. Ciertas comunidades pueden tener la costumbre de, o incluso basarse en, chismear, intercambiar anécdotas salaces, insultos, hablar sobre sus problemas, quejarse, leer en voz alta, rezar". Recuerdo a mis amigos de la preparatoria, un grupo de chicos extrovertidos a quienes les gustaba el teatro, en el soleado California, en la época de *Clueless*, pero ¿cuál fue la mayor influencia externa en nuestros patrones del habla? Los sketches de Tim Meadows de "The Ladies Man" en *Saturday Night Live*. Hoy, esa apropiación me da vergüenza. Pero como la canción de moda del verano, las tendencias vocales son pegajosas. De niña me encantaba *Mi bella dama*, pero no necesitas un campamento intensivo de entrenamiento de Henry Higgins para cambiar cómo hablas, lo haces todos los días.

Y para que quede claro, tú y yo sonamos un poco distinto, pero no sólo por las vocales y las consonantes; todos aprendemos y refinamos nuestra musicalidad, tempo, volumen, cómo contamos un chiste. Tal vez, incluso envidias a alguien buenísimo para contar historias, pero te garantizo que tienes tu propio estilo narrativo, un ritmo y melodía que salen a relucir cuando tienes muchas ganas de platicar. Si eres de una familia de jamaiquinos del norte de Londres, puertorriqueños criados en Harlem o migrantes judíos sudafricanos que viven en San Francisco, es probable que tengas un sentido innato de cómo contar una historia como las que escuchaste de niña en torno a la mesa del comedor, así como el sentido de si eres parte de esa tradición o más bien eres un caso atípico, la oveja negra, la que de algún modo nunca encajó.

Toda clase de factores afectan nuestro estilo del habla: ¿viviste en un clima frío o cálido cuando estabas aprendiendo a hablar? ¿Te criaste en una ciudad acelerada o en un pueblo tranquilo en el mar o las montañas? Algunos lingüistas históricos sugieren que el grado en el que alguien pronuncia el sonido r al final de, por ejemplo, *dollar* se relaciona con lo rural o montañosa de su región, por lo menos en Estados Unidos, porque en las ciudades portuarias, lejos de las montañas, se adoptó mucho más la tendencia británica de no pronunciar la r después de una vocal (Nueva York, Boston, el delta del Mississippi). Dolly Parton es un ejemplo hermoso de esta pronunciación montañesa de la r. (*"He's the only one furr me, Jolene"*.) Los climas más cálidos suelen producir bocas más flojas y vocales más largas; los climas más fríos, bocas más cerradas, para no dejar escapar el calor corporal. Piensa en la diferencia entre los acentos norteño y sureño, no sólo en Estados Unidos, sino en todos los países sobre el ecuador, y la dirección opuesta debajo. A los alemanes de Berlín en el norte no les gusta cómo arrastran las palabras los bávaros del sur, su pronunciación relajada, cantarina. Me encontré con un artículo viejo sobre los candidatos que competían por el liderazgo de la nación que explicaba que el candidato sureño de 2002 para la cancillería, Edmund Stoiber, "y su acento cantarín bávaro se han encontrado con una recepción cada vez más fría... La cadencia sureña de los bávaros les pone los nervios, y los oídos, de punta a los demás alemanes, y ese choque cultural podría explicar por qué Edmund Stoiber estaba desagradando a los votantes".[2] En efecto, perdió.

Entonces, ¿qué pasa con nuestra habla? ¿Pronunciamos "yeso" con el mismo sonido que "hielo"? ¿Pronuncias todas las palabras en "¿Cómo estás?" o dices "¿Comostás?"? ¿Cómo se siente pronunciar las dos palabras con claridad o juntarlas? ¿Lo primero se siente más formal? ¿Lo segundo, coloquial? ¿A veces dices "ámonos" en vez de "vámonos"? Dilo en voz alta, ¿pronunciaste la "v"? ¿Qué hay de "espérate"? ¿Dices "pérate" o "pera"?[*]

El doctor John McWhorter, lingüista de la Universidad de Columbia y presentador del podcast de *Slate*, *Lexicon Valley*, dice: "La pulcritud de la escritura crea la ilusión de que el habla es una colocación intencionada de palabras en secuencia, como poner la mesa. De hecho, es una transformación inconsciente y a velocidad de la luz de palabras en sándwiches de palabras [como 'echar pa'lante' en vez de 'echar para delante'] y expresiones idiomáticas furtivas como '¿Qué haces en tutú?, cuando estás preguntando por qué la persona trae puesto un tutú, no la acción que está realizando".[3]

Además de eso, en el curso del día somos inconsistentes pues moldeamos el habla según la ocasión. Hablamos distinto con nuestra mamá que con un policía o un niño pequeño o con este amigo o el otro. Y le hablamos distinto a cada uno según lo que nos estemos jugando. A lo mejor decimos "fotografía", "bicicleta", "televisión", "facultad" o "universidad" en un contexto más formal, pero "foto", "bici", "tele", "fac" o "uni", en uno más relajado. Podemos alternar entre idiomas y dialectos para encajar, conseguir lo que queremos o sentirnos a salvo, y casi todos lo hacemos en nuestro día a día.

Por lo que esta reflexión en torno al dialecto no se trata de señalar sonidos chistosos que hacemos con la boca. Los movimientos

---

[*] En este caso, como en los siguientes, se hizo una adaptación al español. [*N. de la t.*]

diminutos con la lengua y las distinciones menores en la inflexión son el tipo de negociaciones que hacemos siempre, a toda velocidad, a veces sin darnos cuenta, al tiempo que batallamos con cómo nos perciben. El contexto es parte de este cálculo, así como lo cómodos que nos sintamos con nuestros escuchas y si percibimos que nos están evaluando con severidad o positividad. Cuando me llama un nuevo cliente para proponerme que trabajemos juntos, enseguida adopto el tono de un abogado de la parte acusadora. Pero si percibo que su habla es más relajada, dejo de ser formal. En ese momento no soy tan consciente, sin embargo, estoy ejerciendo influencia para conseguir lo que quiero según con quién estoy hablando y por qué.

Para quienes han batallado por sonar como extranjeros en una tierra extranjera, o a quienes desde el principio las etiquetaron con un sonido con connotaciones regionales, clasistas o racistas plagadas de prejuicios, las entiendo. Ejercer esa influencia es muy difícil y sobre todo, es terreno resbaladizo. Para quienes nunca han sido completamente conscientes de cómo es su "sonido", ésta es una invitación para serlo. Para quienes sí lo son, ésta es una oportunidad para reconocer que no están solas. En Hollywood cambiamos nuestro dialecto para contar historias; en el mundo real, lo hacemos para afianzar poder.

A fin de cuentas, ¿por qué todos querríamos diferenciarnos de nuestro origen por medio de la voz? Tal vez para ganar unas elecciones o conseguir un trabajo, pero tal vez es más abstracto: un sentimiento general de que con un sonido más "neutro" o "estándar" nos van a escuchar, nos van a tomar en serio, nos van a ignorar en vez de burlarse de nosotras, nos garantizará amor, respeto o acceso. Y podríamos estar en lo cierto. Como dice el famoso entrenador de canto, Roger Love: "Los sonidos que salen de tu boca establecen una serie de expectativas sobre cómo te comportarás, lo accesible que eres, cómo es tu sentido del humor y qué tanta energía tienes".[4] Si nuestra voz es tan reveladora, parece lógico querer tener cierto control sobre lo que estamos revelando. La doctora Katherine Kinzler es una psicóloga de la Universidad de Chicago, y su libro *How You Say It* [*Cómo decirlo*] estudia las implicaciones ocultas de sonar "no convencionales". Escribe: "Décadas de investigación de la psicología social sobre las relaciones interpersonales e intergrupales sugieren que no podemos apagar nuestros 'detectores de categorías', que dividen el mundo en nosotros y ellos".[5] Entonces, ¿qué hacemos si queremos ser parte de *ellos*?

Si provienes de una familia de migrantes y tus amigos de la escuela no, es posible que hayas sentido este anhelo desde pequeña. Quizá rechazaste asimilarlo y te acercaste más a lo familiar, o quizá decidiste escapar y a la fecha te enorgullece o te da vergüenza. Hay mucha información que sugiere que los hijos de migrantes reproducen los dialectos de sus amigos, no de sus padres, aunque por supuesto hay muchos factores que influyen en sentirse ajeno y decidir hacer algo al respecto.

Si eres miembro de la comunidad LGBT+ y desde pequeña te molestaban por cecear, por una musicalidad más elaborada en el habla o un estilo comunicativo más "marimacho" que tus compañeras cis, probablemente hayas aprendido a prender y apagar estas características. Si eres una profesionista negra, seguro eres muy consciente de los distintos ritmos que subyacen en espacios de predominancia blanca o negra, y has tenido oportunidad de sobra para practicar y encajar en ambos, cambiando entre los dos. En los círculos lingüísticos, se considera el inglés afroestadunidense [AAE, por sus siglas en inglés] un idioma, no un dialecto, porque está gobernado por reglas completas y consistentes que difieren radicalmente del "inglés estadunidense estándar", y si eres hablante del inglés afroestadunidense que se mueve entre diversos mundos sociales, es probable que seas bilingüe. Quizás en el trabajo evites usar un tiempo verbal que no se considera "estándar", o pongas especial énfasis en pronunciar la *t* en "*what*" para comenzar las suposiciones que tienen de ti tus colegas blancos. Y en casa, no la pronuncies, para evitar que te acusen de darte aires. En *Medium* hay un ensayo titulado *"For Black Girls Whose Voices Are 'Too White' or 'Too Black'* ["Para las chicas negras cuyas voces son 'muy blancas' o 'muy negras'"], en el que la artista Margot Macy escribe sobre su experiencia de criarse como mujer negra en Oakland, California, con un acento que a muchos les parecía demasiado del sur de California y a otros, demasiado negro sureño. "A veces, en la escuela sonaba ridícula, intentaba estirar mis palabras para que los guardianes del habla blanca no se dieran cuenta de los hábitos que había aprendido en casa".[6] Y con su familia, "cuando tus primos te pregunten por qué hablas así, responde: 'Porque nací siendo un unicornio, tontito, y tú también'".

Le dio en el blanco. La verdad es que todos somos unicornios y hay un término oficial para describirlo: idiolecto. Expresa que suenas diferente a cualquier otro ser humano en la Tierra porque tu voz refleja tu experiencia vital y única. Busca en YouTube una entrevista con un famoso que se parezca a ti e intenta repetir sus frases: sentirás a qué suena una vida distinta desde tu boca. Tu voz puede reflejar la experiencia de una chica milenial a quien le gusta patinar, de haber crecido con padres sordos, de vivir en la frontera entre dos países o de mil millones de identidades interseccionales que te definen por naturaleza o que pruebas para experimentar, como añadir "o sea" a frases que no lo necesitan; elección de palabras, hablar con abreviaturas, groserías, referencias generacionales, tu propia mezcla de intelectualidad e incultura; cómo incluyes palabras de otros idiomas o dialectos, reflejen tu herencia o no, inflexiones de moda, glotalización, argot de internet, que es nuevo para el español hablado.

Tu estilo de comunicación define cómo negocias para conseguir lo que quieres en ese momento, pero también indica tu identidad, tu tribu; los lingüistas sugieren que quizá por eso surgieron los dialectos del mundo. Como dice Kinzler, "separa a dos grupos por una cordillera, y al poco tiempo desarrollarán una nueva forma de hablar". Se trata de cómo elegimos —seamos o no conscientes— representar nuestra identidad para expresar quiénes somos o a quién nos parecemos. Qué parte de la cordillera es nuestro hogar. Y sucede de muchas maneras: nuestra ropa, cabello, gestos, trabajo, amigos y, desde luego, voz. James Baldwin dijo: "un idioma surge a partir de una necesidad despiadada y las reglas del idioma las dicta lo que el idioma debe expresar". Tal vez no siempre parezca tan violento, pero cada movimiento de la lengua rinde homenaje a algo que existe *por un motivo*, y existe *dentro de nosotras* también por un motivo.

Pero díselo a los miembros de la cultura dominante, quienes disfrutan de los beneficios de sonar "estándar" a tal grado que creen que es superior. Cuando las mujeres blancas de cierta generación me preguntaron sobre este libro mientras lo escribía, empecé a esperar cierta respuesta: "Ay, gracias a Dios. En estos días no se puede tomar en serio a las chicas. No soporto cómo hablan". Los idiolectos confunden, aunque a quienes confunden también tienen su propio idiolecto, la diferencia es que éste suena más al sonido que históricamente se ha asociado con el poder. Nada más copia el acento y las expresiones del hombre más heterosexual, blanco y rico del lugar: *Querida, preocúpate por todos los pobres que no lo hacen.*

De hecho, existe muchísima información que sugiere que los prejuicios en torno al acento están igual de extendidos que la propia habla con acento. Es decir, todas lo padecemos. En un famoso estudio que realizaron el doctor Donald Rubin y sus colegas, reprodujeron a alumnos de licenciatura de la Universidad Stony Brook una grabación de un hablante nativo del inglés, un hombre de Ohio, pero a distintos grupos de alumnos les mostraron diferentes fotos junto con la voz.[7] Cuando la imagen era de un hombre asiático, los alumnos reportaron que el hablante tenía acento, pero no cuando la foto era de un hombre blanco. ¡Qué te parecen las implicaciones!

Aunque empresas en todo el mundo han instaurado políticas antidiscriminatorias para prevenir (o, por lo menos, para intentarlo) prejuicios contra posibles empleados a raíz de su color de piel, origen étnico o género, no existen políticas que prevengan los prejuicios en contra de los acentos. (Y menos en las casillas electorales, como podrá confirmarlo Edmund Stoiber de Bavaria.) Mientras tanto, según el doctor Michael Kraus, profesor de comportamiento organizacional en la Facultad de Administración de Yale, incluso durante interacciones breves, los patrones del habla influyen en nuestras percepciones sobre la competencia general de un hablante. Su estudio sugiere que somos capaces de juzgar la "clase social" con precisión confiable con tan sólo escuchar *siete palabras cualesquiera.* "No es habitual hablar de la clase social en términos explícitos, sin embargo, las personas con experiencia de contratación infieren la competencia y la aptitud a partir de la posición socioeconómica de un candidato, que estiman en cuestión de segundos a partir del habla",[8] escribe Kraus. Y señala lo que debería ser patente: "Pese a lo que sugieren estas tendencias de contratación, el talento no se encuentra exclusivamente entre los que nacieron en familias adineradas o educadas". Como la periodista Viv Groskop bromeó cuando reportó el trabajo de Kraus para *The Financial Times*: "Nadie quiere llevar a sus papás a una entrevista de trabajo, pero, por lo visto, de todas formas se cuelan".[9]

Cómo muevas la lengua una fracción de un milímetro hacia una dirección u otra puede afectar tu sueldo, si aceptan tu solicitud para rentar una propiedad, si te recomiendan para pedir un préstamo o para competir para un puesto. Y cómo los demás muevan *sus* lenguas una fracción de un milímetro puede afectar cómo los tratas. ¿Qué prejuicios podrías estar perpetuando? En una conferencia TED sobre crecer sonando "diferente", el animador Safwat Saleem desarma a la bestia de la discriminación sugiriendo que podría ser útil contemplar los prejuicios como favoritismos.[10] Si estás en un puesto en el que debes contratar personal, es probable que quieras ayudar a la gente con quien te identifiques más y ponerle el pie a quien no.

Y si estás leyendo esto y piensas: *No contrato personal,* pero ¿se extiende a todas las interacciones sociales? ¿Por qué no empiezas reflexionando con quién te identificas y por qué? En quién confías sin reservas, con quién organizas un club de lectura o con quién quieres intercambiar teléfonos. Tal vez somos "guardianas del habla" en mayor medida de la que creemos y estamos excluyendo a otras personas que quieren conectar y, con ello, la clase de diversidad que decimos querer en nuestra vida.

Cuando Ilyse Hogue estuvo como invitada en mi podcast, le pregunté qué le diría a alguien que quisiera presentarse como candidata para un cargo público por primera vez, pero que no luciera ni sonara como nos han enseñado que el poder y la autoridad deben lucir y sonar. Es nativa de Washington, una auténtica inspiración que se lleva de tú con todos los congresistas que seguro admiras, les ha ayudado a muchas a hacer sus campañas. Sabía que tendría consejos valiosos. Pero no me dijo que el secreto fuera recaudar fondos, tampoco adoptar posturas arriesgadas ni cómo sortear los comentarios sexistas. Simplemente respondió: Enorgullécete de tu vida. La que has vivido, con todo y reveses y errores, lo que te da vergüenza y lo que no has superado, lo que te pasó cuando no tuviste voz ni voto. Aprópiate de todo lo que te constituye. Si vas a emitir tu opinión en cualquier circunstancia, aprópiate de todo lo que te constituye. No tienes que hablar de ello, pero sí ser visible como alguien que no necesita esconderse.

Y lo mismo se puede decir de la voz: enorgullécete de la tuya. A medida que vayas conociendo tu sonido mejor y hagas paces con la historia de cómo llegaste a él, considérala una invitación para apropiarte de todo, incluidas las partes intencionadas y las accidentales. Nadie más en el planeta suena como tú. Gracias a tu realidad, eres el experimento humano y tu voz es su hipótesis y conclusión. Desde luego, incluso después de este discurso motivacional, puedes detestar el sonido de tu voz (asombrosamente común). Tu acento te puede estar volviendo loca. Todavía te puede dar la impresión de que no estás usando bien tu voz. Estos sentimientos son válidos. Pero a medida que te animes a explorarla, te reto a trabajar para tener una relación cálida, curiosa, y animada con tu voz; por extensión, una relación cálida, curiosa y animada con la vida que has vivido.

Y no sólo es eso. No se trata únicamente de reconciliarnos con cómo sonamos, incluso si nos queda de paso. No se trata de superarlo o montarnos en una nube pachoncita de autoaceptación. No es justo y no es realista. También quiero que visualices la vida que *quieres*. Si te interesa cambiar algunos hábitos que tienes al hablar que quizá ya superaste, si te interesa descubrir una voz más real y poderosa que la que te tocó, también es válido. Espero que tu familia, en tu lugar de origen, lo acepte. Se trata de contemplar cómo suenas firme y con mucho amor mientras consideras todas tus opciones. Se trata de darte permiso para hacerlo.

Quizá para ti este proceso sea una oportunidad de explorar toda una vida de incomodidad al hablar, incluso en situaciones relativamente cómodas. Es una oportunidad para analizar qué te ha impedido expresar tus ideas en una voz fuerte y clara. Nadie sonará libre si nos preocupamos constantemente de demostrar o esconder algo. Un impulso nos obliga a proyectarnos hacia fuera (¡mírenme!), otro, hacia dentro (¡mejor no!) y ninguno nos deja ser. Tal vez se trata de una historia caduca que, como en el caso de mi amiga Amy, necesitamos liberar.

Para algunas, ésta será una oportunidad para celebrar la versión de ustedes mismas que les *gusta*, en privado, cuando están con personas que las hacen sentir seguras, cuando tienen algo que *necesitan* compartir, cuando están un poco borrachinas o embriagadas de felicidad, cuando confían que saben cómo contar una historia que todos apreciarán y lo hacen y las aclaman. Para ustedes, el desafío será llevar a esa criatura mágica a espacios públicos sin que pierda la chispa.

Para todas, este esfuerzo de enorgullecernos de cómo sonamos es activismo. Es más importante que cualquiera de nosotras. Porque las fuerzas que nos han hecho cuestionar nuestras voces son más grandes que cualquiera de nosotras. Existe un motivo por el cual destaca la voz con acento de la corresponsal de NPR en la Casa Blanca, Ayesha Rascoe; por el que la copresentadora de *Call Your Girlfriend*, Ann Friedman, recibe correos de odio por hablar con autoridad y glotalizar al mismo tiempo, o por el que la carrera política de la congresista de los Estados Unidos, Ilhan Omar, ha sido impresionante, pese a ser refugiada somalí y sonar como tal. Hemos crecido rindiéndole culto al "inglés estándar", que asociamos con el profesionalismo y el poder. Estas excepciones absolutamente instructivas e inusuales señalan una revolución en qué significa el profesionalismo y quién puede hacerse de poder.

Trabajé con una clienta que se había propuesto, con éxito, para ser anfitriona y productora de un nuevo podcast en una sólida empresa de medios y empezó a grabar los capítulos. Pero se sentía inquieta, no estaba segura de qué versión de su estilo utilizaría para sus numerosas voces en *off*, qué tan distante y plana o personal y dinámica debía sonar, qué tanto como presentadora de noticias genérica o como una amiga, pues no creía conseguir ninguno. Se preguntó si existía un sonido "neutro" o estándar para los presentadores de podcast, ¿debía cumplir los requisitos para que la tomaran en serio? Se preguntó por qué la meca de los podcasts no le había dado ningún consejo sobre este tema, ya que su voz sería parte de la marca del programa. No me sorprendió para nada que no lo hubieran hecho; pocos contemplan las opciones vocales, y mucho menos los hombres exitosos a cargo de la empresa productora que había comprado su podcast. En una sola sesión, nos dedicamos a hablar. Pero le dije lo que te estoy contando, que nuestras voces reflejan nuestra experiencia de vida. Que nuestra experiencia de vida es legítima. Que tiene permiso para honrar su propio estilo comunicativo, el cual, según me contó ella, era caprichoso, extravagante y lúdico en sus momentos más despreocupados. Si albergas extravagancia en tu interior, siempre te alentaré a que la manifiestes. Por ti, pero también por todas. El simple hecho de abrir la boca para hablar con seguridad en una voz que reconoces como propia es un acto revolucionario.

El verano que cumplí veintitrés años, empecé todas mis mañanas en un icónico estudio de caja negra del Teatro Público de Manhattan, respirando con un grupo de otros trece actores. Éramos parte de un programa de formación de tres meses de duración que incluía talleres con algunas de las estrellas más célebres del programa *Shakespeare in the Park* y después, visitando los cinco distritos de Nueva York para presentar a Shakespeare a los niños. Kate Wilson, la efervescente coach de voz y habla de Juilliard, se encargaba de nuestras sesiones matutinas, y después de respirar, nos movíamos, haciendo gestos con el cuerpo para simbolizar todos los sonidos vocales del inglés. Frente a frente en círculo, nos sobábamos la barriga y cantábamos "oooooo". Ese verano, Kate estaba en su último trimestre de embarazo, y nos enseñó el código secreto de los sonidos como una madre Tierra prehistórica en torno a un fogón clandestino. Después, con el cuerpo electrizado, nos dedicábamos a estudiar las palabras de Shakespeare.

Debió haber sido absurdo, pero fue mucho más: las palabras vivientes de un poeta muerto se mezclaron con la vitalidad de la gente que se dedica al teatro, la sabiduría tradicional del teatro y las fiestas del teatro. Pasé ese verano embriagada con vino tinto, pero también con el regalo que nos dio Kate: nos enseñó el Alfabeto Fonético Internacional (AFI) en torno a ese fogón, una base de unos cuarenta símbolos cuyo objetivo es capturar los sonidos discretos del lenguaje hablado, un código que utilizan lingüistas, patólogos del lenguaje y lexicógrafos de todo el mundo.

El AFI es un poco complicado, se parece al algebra. Incluye caracteres que parecen letras del inglés (o del alfabeto latino, para ser exacta), pero que pueden ser engañosos, además de símbolos que parecen griegos, porque lo son. Luego, están los diacríticos, un conjunto de puntos y garabatos que denotan toda clase de aspectos adicionales sobre la musicalidad, duración o colocación del sonido en cuestión. Si alguna vez te has percatado de la *e* minúscula y al revés en la guía de pronunciación de un diccionario, ése es un símbolo del AFI.

Gracias a Kate, aprender el AFI fue un proceso orgánico e intuitivo. Esos gestos físicos fueron un vínculo práctico entre sonido y símbolo, y he enseñado mi propia versión de estos gestos a mis clientes, principiantes, estrellas de cine, CEO y dignatarios extranjeros. En el posgrado el siguiente otoño, compré una copia de *Speak with Distinction* [*Hablar con distinción*], un libro de 1942 de Edith Skinner que todavía se considera la biblia del habla.[11] Se dice que Skinner, que codificó el AFI para el teatro, era todo un personaje, que llegaba a sus clases de teatro en Carnegie Mellon, que impartió de 1937 hasta 1974, en turbantes y abrigos de visón, y que a los actores que tenían poco dinero les regalaba víveres. El legado de Skinner está consagrado en el currículo de casi todas las escuelas de teatro de Estados Unidos, y también en las actuaciones de casi todos los actores más prestigiosos de la industria, pues casi todos han sido entrenados por profesionales que estudiaron directamente con la leyenda o con un alumno o alumna suya.

La otra contribución importante de Skinner a cómo hablamos parece, a primera vista, una extensión natural del AFI: introdujo una pronunciación estándar del inglés estadunidense que denominó "habla correcta", una forma para pronunciar en voz alta cada vocal y consonante para que los actores shakesperianos perdieran sus regionalismos y sonaran, como dice Skinner en su libro, "correctos".

El "habla correcta" busca la versión más pura, abierta y vigorosa de cada sonido para no lastimar el aparato vocal ni restringir la voz. Según el "habla correcta", no nos comeríamos ninguna palabra en una frase ni letras en una palabra. Este acento estandarizado nos ofrece lo que las normas siempre nos ofrecen: una guía para lo que se ha considerado, de manera colectiva, la regla, para medir con exactitud las desviaciones de la regla.

Siempre desafié su énfasis en el habla "correcta", pero no tenía las palabras para explicar bien a bien por qué hasta que empecé a entrenar a actores y no actores. A medida que se fue corriendo la voz, de repente empecé a recibir solicitudes diarias de personas muy ansiosas que me aseguraban que sonaban mal, que hablaban *mal*. La gente estaba desesperada por "reducir" su acento, no para que los entendieran, en sentido estricto, sino para que los aceptaran o "pasaran" como estadunidenses. Extranjeros que querían sonar "nativos", hablantes nativos con un acento regional impopular (o sea, marcado por su clase o raza) deseosos de entrar por las puertas que los guardianes mantenían bien cerradas. Me di cuenta de que mi propio idiolecto me había concedido el privilegio de no pensar en los acentos como cuestión de vida o muerte. Como coach, me di cuenta de que, en una posición de autoridad, tenía que ser muy clara sobre qué ofrecía: alternativas. Las alternativas nos dan poder. Sin embargo, no ofrecía "la forma correcta de hablar", como si hablar "bien" tuviera algo que ver con la moralidad. Esa narrativa beneficia a alguien más, mantiene a alguien más en el poder. Por qué *Speak with Distinction* no dice esto, y debería decirlo: el "habla correcta" es el brazo vocal de la supremacía blanca.

A fin de cuentas, ¿a quién benefician estos estándares? Sólo hace falta leer esta frase del libro de Skinner: "al sonido de cada vocal se le llama un SONIDO PURO, y el mínimo movimiento o cambio en cualquiera de los órganos del habla durante la formación de una vocal estropeará su pureza". Las mayúsculas son suyas, no mías. Resulta que ella estudió con un hombre llamado William Tilly, un fonetista australiano que inventó el "habla correcta", en torno a 1900, al combinar sus partes favoritas de las pronunciaciones estadunidense y británica, por eso a veces se le denomina del "Atlántico medio" o "trasatlántico", como si el sueño húmedo de sus clientes elitistas fuera hablar como si se hubieran criado en un barco entre la costa Este e Inglaterra.

De hecho, Tilly lo convirtió en su sueño. Era muy hábil para vender la voz como símbolo de estatus, primero en Alemania a principios del siglo xx, donde fundó un instituto famoso por sus rigurosos métodos de enseñanza. Después de la Primera Guerra Mundial, Tilly se mudó a Estados Unidos, donde fijó su residencia, cerca de la Universidad de Columbia, y presentó el acento que había inventado para reformar el inglés. Este dialecto híbrido inventado que *nadie hablaba, salvo sus discípulos*, se puso de moda en Nueva York cerca de 1918, en parte gracias a la seducción de la movilidad social que el sonido parecía ofrecer, y en parte, debido a los métodos de enseñanza extremadamente exigentes de Tilly que sus alumnos confundían con genialidad. En Alemania, esos alumnos habían sido profesores del inglés como segunda lengua, diplomáticos británicos y académicos; en Estados Unidos, su clientela se componía sobre todo de maestras a quienes les emocionaba imponer estas reglas estrictas de elocución en sus aulas. Una de sus discípulas, Marguerite DeWitt, concibió un ingenioso *portmanteau* para describir la pronunciación superior que vendía Tilly: eufonética. (La Sociedad Eugenésica de Estados Unidos se fundó de manera oficial en 1921, aunque sus miembros ya llevaban tiempo organizándose, impartiendo su ideología sobre la superioridad de los genes blancos basada en la pseudociencia en torno a la misma época que la escuela de Tilly recibía a maestras impresionables. Estoy segura de que se trató de una mera coincidencia. Y en caso de que creas que estoy exagerando, DeWitt describió en su propio libro sobre la fonética el temor que le tenía a los inmigrantes, al "influjo excesivamente ilimitado de extranjeros que, en términos raciales son, esencialmente, tan opuestos a nosotros, o las sobras de Europa que nadie quiere... para infundir en el cuerpo político sangre que destruye la sangre racial de una nación".)[12]

Tilly, un fanático que nació del otro lado del mundo antes de que concluyera la Guerra Civil en Estados Unidos terminó ejerciendo una influencia descomunal en lo que ha implicado el inglés bien hablado en el país durante más de cien años. Es racismo sistemático, lo hemos heredado y en muchos casos, lo seguimos perpetuando. Sin duda, está en "los guardianes del habla blanca" de Margot Macy. Y empieza desde temprana edad. La lingüista de Stanford, la doctora Anne Charity Hudley, a quien considero una heroína, escribió en *Slate* que los niños que hablan inglés no estandarizado entienden desde pequeños que son diferentes. "Incluso cuando muchos alumnos terminan el kínder, ya han internalizado mensajes de que su idioma está mal, es incorrecto, tonto o estigmatizado... Cuando estudié los patrones del lenguaje de niños negros de cuatro a cinco años en varias ciudades de Estados Unidos, a muchos les preocupaba que, por el simple hecho de hablar conmigo, reprobaran si no les iba bien en nuestras conversaciones".[13]

La inseguridad lingüística, como se le ha denominado, está bien fundamentada: los niños son capaces de percibir que los están categorizando y etiquetando "debajo del promedio". Y si no han aprendido las reglas del "habla correcta" o la "eufonética", para cuando se gradúan de la preparatoria, es casi imposible quitarse esa etiqueta. Mi amigo Dwayne todavía recuerda el nombre del profesor que, a sus nueve años, le dijo que era muy probable que no se graduara de la preparatoria y ciertamente no estudiaría en la universidad, porque no hablaba bien. Ahora es director de su propio despacho de abogados en Hollywood. Pero demasiados niños internalizan estos mensajes, al grado de que, como me compartió la doctora Charity Hudley: "No confían en el verdadero sonido de su propia voz". Lo denomina la represión sistemática de "la imaginación lingüística negra".

La moda esotérica y sectaria de William Tilly hubiera quedado en el olvido junto con los corsés y otras modas opresivas de principios del siglo XX. En cambio, dio el salto a Hollywood —en parte, gracias a Edith Skinner—, donde se manifestó en el habla de los actores con el furor de las películas habladas a finales de la década de 1920. Katharine Hepburn y Jimmy Stewart dieron cátedra al mundo entero de cómo debía sonar la cultura y la sofisticación. En 1992, la BBC había adoptado el equivalente británico, "la pronunciación admitida" o "RP" o "el inglés de la Reina", y ahora los yanquis ya podían tener su indicador de estatus, el sonido del sueño americano en voz alta. Esta ambición quedó arraigada en el imaginario colectivo de nuestros abuelos y padres. Y sin importar tu raza o relación personal con el inglés estándar a medida que se ha transformado en el siglo siguiente (perdiendo algunas excentricidades, manteniendo sus asociaciones con lo correcto y formal, en contraste con lo incorrecto y poco profesional), el acento inventado de Tilly nos ha perjudicado a todos.

Es probable que cuando hables, te desvíes del estándar de una u otra forma. Quizá te hayan penalizado por ello, alguien mayor y en una posición tradicional de poder que implementa, a modo de ritual, las reglas de Tilly sin saber sus orígenes. Alguien que probablemente crea tener buenas intenciones. El gerente en el trabajo, el amigo de la familia que es como tu tío, el mentor, el profesor que te pidió hablar en privado para ofrecerte, en una voz amable de lástima: "Nadie te va a tomar en serio si…".

Pero como coach de dialecto profesional, te puedo decir que es completamente arbitrario. Cuando menciono este aspecto de mi profesión, todos quieren hablar de ello. En 2013, *The New York Times* publicó una prueba en línea titulada "How Y'all, Youse and You Guys Talk",* cuyo creador Josh Katz, confirmó fue la página más visitada del *Times* en su historia y que a la fecha, sigue siendo un éxito.[14] Los acentos nos fascinan. Amamos a los comediantes que hacen

---

* Cómo *hablamos*: formas "coloquiales" del inglés, según la región del país, para decir: "*how are you?* (¿cómo están?) y *"you"* (ustedes). [*N. de la t.*]

impresiones exactas y celebramos a los actores que se transforman para interpretar a personajes que no suenan como ellos.

Por otra parte, nos parece que nuestro propio acento, si somos conscientes de él, es un problema. He trabajado con personas del sur del país que quieren quitarse el acento porque creen que sus colegas lo asocian con el sonido de la idiotez; he trabajado con personas del norte que quieren quitarse el acento porque al hacer negocios con los sureños, suenan fríos o cerrados. He trabajado con personas para quienes el inglés es su segunda lengua y les obsesiona lo marcado de su acento, sin importar la claridad con la que hablan, porque han recibido comentarios —crueles o amables— que las han paralizado. Y he conversado largo y tendido con amigos de la industria del entretenimiento sobre la obsesión de Hollywood para contratar a actores negros que no son estadunidenses para interpretar a personajes estadunidenses porque la gente a cargo prefiere el exotismo en vez de enfrentar su incomodidad en torno a nuestra propia historia de la esclavitud, y prefiere contratar a un coach de dialecto que cuestionar sus prejuicios.

En *The Mother Tongue: English and How It Got That Way* [*La lengua madre*], Bill Bryson confirma lo que debería ser evidente: ningún acento tiene valor inherente sobre ningún otro. De hecho, "las consideraciones de lo que constituye el buen inglés o el mal inglés son más bien cuestiones de prejuicio y condicionamiento". En el fondo, las primeras impresiones nunca lo son: son prejuicios heredados. Como escuchas, podemos aprender a identificarlos, y debemos hacerlo. Podemos comprometernos a escuchar la diferencia con curiosidad y bondad. Podemos trabajar, desde nuestra esfera de influencia, para desvincular el sonido del acceso al poder. Pero como hablantes, podemos aprender a controlar la narrativa.

Concéntrate un instante en qué amas de tu voz. Apuesto a que estos sonidos que emergen de tu boca, *tu* estilo, te ha beneficiado en algunas circunstancias. ¿Cuáles? ¿Cómo? ¿Y cómo te beneficia ahora?

¿A quién suenas y por qué es maravilloso? ¿Con quién puedes conectar por cómo hablas? ¿A qué suenas cuando tus ganas de hablar son más grandes que tus dudas? ¿Cuándo tu misión es más grande que tu paranoia? Quiero escucharla. Necesito escucharla. Todas necesitamos escucharla.

7
Las palabras

Se trata de practicar, ensayar, pero también de asegurarme
de que viva dentro de mí.
—Amanda Gorman[1]

Te habrás dado cuenta de que, hasta ahora, este libro ha ignorado las palabras que decimos cuando abrimos la boca. La voz es mucho más que las propias palabras, un recordatorio útil por si alguna vez te obsesionas con sonar elocuente <escalofríos>. Ya te sabes la frase: a la gente se le puede olvidar lo que dijiste, se le puede olvidar lo que hiciste, pero nunca se le olvidará cómo la hiciste sentir.[2] Nuestros egos intentan engañarnos para creer lo contrario, para creer que el giro perfecto desentrañará el poder que buscamos. Pero este libro, y buena parte de mi trabajo que consiste en que mis clientes se den permiso, radica en emplear la voz para conectar con el público, para hacerlo sentir. Para que conecten contigo, para que escuchen tus ideas, para que hagan lo que les pides, que incluso podría ser lo que quieren también. Y, muchas veces, lograrlo tiene poco que ver con las propias palabras.

Y al mismo tiempo, no puedes hacerlo sin palabras.

Se trate de palabras que elijas con anticipación o que improvises en el momento, el acto de decirlas en voz alta es una especie de nacimiento. Espero que menos doloroso y que exija menos gestación que el parto, pero un nacimiento, como sea. Y en lo que a mí respecta, producir cualquier cosa significativa desde el interior de nuestros cuerpos es milagroso.

Mi opinión un poquito radical a propósito del contenido: es normal si el proceso de encontrar las palabras que queremos decir nos cuesta un poco de trabajo. En otras palabras, es normal rechazar el objetivo de sonar elocuentes, *naturales, fluidas, bien, perfectas*. El nacimiento es complicado e intentar planificarlo siempre es un disparate. Las palabras que saldrán de tu boca serán las adecuadas si comunican tus ideas.

Sin embargo, confiar en que eres capaz de encontrar las palabras para expresar tus ideas con el lenguaje siempre sale mejor cuando estás hablando con tus amigos que presentando una propuesta a un grupo de colegas escépticos. No recuerdo una sola ocasión en la que me haya quedado muda hablando con un ser querido y no haya encontrado la palabra que estaba buscando o que haya dicho la equivocada por error. Porque de hacerlo, no hubiera importado. Me perdoné enseguida, me pareció gracioso y pedí ayuda. Seguro ni siquiera me pareció un error, más bien, lo interpreté como compartir un momento, uno de los grandes placeres de la vida. La conversación orgánica doma por completo la quimera de la "elocuencia". (Quimera, *chimaera, según la* RAE: 1. f. En la mitología clásica, monstruo imaginario que vomitaba llamas y tenía cabeza de león, vientre de cabra y cola de dragón. f. Aquello que se propone a la imaginación como posible o verdadero, no siéndolo. Para tu información.)

Por otra parte, están los espacios públicos y las apuestas altas, donde la compasión, la alegría, pedir ayuda y no darles tanta importancia a las cosas no son igual de asequibles. Tal vez les temas a las críticas, que te vean (o que no te vean), equivocarte de manera irreversible y nunca superar la vergüenza. Quizás estés en la posición universal de tener que representar a cada miembro de tu sexo, raza o clase socioeconómica, o de hablar por todos los oprimidos, y la responsabilidad sea aterradora.

Conozco este miedo. Y sé que puede pervertir tu conexión con tu lenguaje, alienarte de tus propias palabras. Puede provocar que el sonido de tu voz se sienta extraño y darte la impresión de que tus palabras flotan, desconectadas. Lo que sucede (el pánico) y lo que estás diciendo (una idea recién nacida) no tienen conexión alguna, y el resultado de esta disparidad es que no suenas como tú, y tampoco estás logrando comunicar mucho.

En una ocasión, estaba en una conferencia para mujeres donde las asistentes tenían la oportunidad de subir al escenario si estaban contratando a personal para presentar a su empresa y explicar el puesto que tenían disponible en treinta segundos. Se hizo una larga fila de mujeres que fueron subiendo al escenario una por una. Fue un desfile de incomodidad vocal. Vi a todas trabarse con lo que tenían que decir, todas exudaban una vibra que sugería "sáquenme de aquí", mientras pronunciaban palabras y, a la vez, no.

En un mundo con mensajes terribles sobre cómo hay que hablar e historias anticuadas y caducas sobre cómo debe sonar la autoridad, todas debemos *esforzarnos* para tener una relación saludable con nuestra propia habla. No sucede así nada más. A todas nos debe causar curiosidad por qué nos preocupa "decirlo mal" y cuestionar quién definió qué estaba mal y qué estaba bien en primer lugar. Debemos mostrarnos curiosas sobre las palabras que pronunciamos y tratarlas con amor, no porque sean perfectas, sino porque son nuestras. Todo el mundo dice: "Aprópiate de tu voz", pero no es posible hacerlo sin apropiarse del proceso de expresión. ¿Cómo expresamos hacia fuera, con palabras, las ideas, necesidades y sensaciones que llevamos en el interior? El proceso es fascinante, no es lineal e impredecible, igual que el nacimiento.

Para empezar, todos conocemos miles y miles de palabras. A veces, las inventamos si es necesario o si nos hace reír; otras, probamos las desconocidas que nos hemos aprendido o las importamos de otros idiomas. Pero en gran medida, tenemos una cifra finita. Por otra parte, las oraciones son infinitas. De acuerdo con el doctor David Adger, profesor de lingüística de la Universidad Queen Mary en Londres, "si creas una oración de cualquier grado de complejidad y buscas esa misma oración en internet, casi nunca la encuentras. Prácticamente todo lo que decimos es novedoso".[3] Concebir una idea del interior hacia fuera tiene el poder de crear significado donde no lo hubo antes. Y casi siempre es así.

Cuando veo hablar a la gente que en verdad se ha dado permiso para hacerlo, a veces percibo el proceso de nacimiento. Siento el trabajo de parto y el parto. Es imponente este acto de parir una nueva idea, con la esperanza de que los demás le encuentren valor. Desde luego, tal como tememos, a veces las palabras se quedan cortas. Quizá durante una lluvia de ideas por fin te armas de valor para decir algo, "¿Qué tal si...?", y todos voltean a verte, te sonrojas, se te seca la boca y no logras decir nada. O quizá dices una palabra que no querías y te miran con los ojos en blanco. Entonces, donde pudo haber conexión, hay desconexión.

En esos momentos, parece que todo tu valor para contribuir a la sociedad pende de una cuerda floja; sin duda, yo misma lo he pensado. Pero seamos honestas, nuestro valor nunca depende de si encontramos la palabra perfecta en el momento indicado. El pánico no es lógico. Las ocasiones en las que no sabes qué decir pueden sentirse debilitantes, evitar que a la próxima te des permiso. Sobre todo si tu identidad depende de que te perciban como una persona propia, inteligente, serena, elocuente, ingeniosa, confiable, que siempre tiene las respuestas o consumada. <Levanta la mano.>

Lo que nadie dice sobre la comunicación es que lo que has vivido, tus sentimientos y sueños *no vienen preenvasados en forma de palabras.* Las experiencias, los sentimientos, los sueños, en sentido literal, son tu pasado, presente y futuro. El pasado vive en la mente como imágenes. Los sentimientos en el cuerpo son sensaciones, cosquilleos. Los sueños y los planes son volutas de esperanzas que no nos hemos atrevido a completar o visiones que vislumbramos en el horizonte. No sabemos cómo articularlos con simples palabras. Ése no es el objetivo de las palabras.

Las palabras no son el objetivo. Las palabras existen para *llegar* al objetivo. Cuando hablamos en público nuestra labor es presentarnos ante los demás y ser valientes para encontrar las palabras en el momento, para que nuestras imágenes, sentimientos y planes se reconstituyan dentro de ellas. Nuestra labor es reunir algunas palabras y preguntarnos: *¿Funciona? ¿Tiene sentido donde no lo hubo antes? Ése* es el punto de las palabras. La imperfección es la acción; es lo que hace que la comunicación sea sorprendente, dinámica, y un esfuerzo colectivo.

De acuerdo con Martin Buber, teólogo judío y filósofo del siglo xx: "Nuestras relaciones habitan en el espacio compartido, que es sagrado".[4] Yo también creo que las palabras habitan en ese espacio compartido. A fin de cuentas, el lenguaje no es mío ni tuyo, es nuestro. Es compartido. Tomamos las palabras de nuestro espacio común, las combinamos y nos preguntamos si esa combinación o la otra, funciona.

Y vale la pena recordar que, a veces, en lugar de quedarse cortas, las palabras van muy lejos.

Tal vez, la primera vez que escuchaste el concepto de *gaslighting* todo tuvo sentido, o cuando aprendiste la definición de "duende". Cuando le concedemos una palabra a un objeto sin forma, éste adquiere forma. Se asemeja a otras formas, y entonces lo podemos colocar en el olimpo de *los objetos que preceden.* Recuerdo con gracia el torrente de estos momentos durante mi primer año en la universidad, cuando tomé mi primera clase de psicología. De pronto, *todo* era un ejemplo de "ignorancia pluralista" o "disonancia cognitiva". De pronto, era una fanática primeriza de la psicología. Pero no podía superar lo satisfactorio que era que estas palabras hilaran impresiones rebuscadas en patrones demostrados del comportamiento humano.

Al nombrar una experiencia singular, ésta se vuelve colectiva y, por supuesto, en lo colectivo radica el poder. Nombrar una experiencia solitaria nos hace sentir menos solitarios. Ejemplo, #MeToo. O el *blackface* digital.* O la brecha salarial de género. O frases específicas de tu industria que tienen poder porque tu comunidad así lo ha decidido (la jerga para incluir, no para excluir, tiene sus ventajas). Los lingüistas saben que las palabras tienen su truco, como escribe Amanda Montell en *Wordslut*, para "legitimar las experiencias, como si una idea tuviera validez sólo cuando se le bautiza con un título". Etiquétala y se vuelve real. Utiliza una nueva palabra que hayas escuchado y estarás colaborando con el proceso de bautismo. Los cascarrabias pueden lamentarse cada vez que el habla común adopta nuevas palabras, pero creo que agarrar el bastón de un término recién acuñado y correr con él es un acto generoso de la vida civil: las palabras que utilizas pueden validar las experiencias de las demás. Y el sagrado espacio compartido puede volverse una reflexión más auténtica de las presentes.

Si te da ansiedad perder tus palabras en una situación incómoda, tómate un momento antes de abrir la boca para anotar en papel las palabras o las frases con las que puedes expresar tu idea, palabras con efecto. Puede no ser el consejo más original recomendarte tomar notas antes de hablar, pero nunca he escuchado a nadie añadir la parte más importante: confía en que las palabras intermedias no importan. Supéralo. Lo que salga funcionará. Es un nacimiento, y a todos les gustan los bebés.

También puedes acuñar nuevas palabras o frases. (Como dice mi hijo, siguiendo la espléndida tradición neologista de William Shakespeare: "cuando inventas una palabra... ¡se vuelve una palabra!".) Como "machoexplicación" de Rebecca Sonit,** que seguro se generalizó porque resultó muy satisfactorio, al fin, tener una palabra para algo que

---

* En el contexto estadunidense, maquillaje negro para imitar el aspecto de una persona negra, sobre todo para ridiculizarla o burlarse de ella. [*N. de la t.*]

** El término original en inglés *mansplaining* se inspira en un ensayo de la autora. [*N. de la t.*]

existía pero que no tenía nombre. O las "reglas temporales",* de Priya
Parker, un concepto muy práctico que no sabía que necesitaba hasta
que lo escuché y se volvió absolutamente indispensable. O *"girlboss"*,**
que empezó siendo un elogio y ahora también es una crítica. Mi amiga Liz Kimball asegura que nombrar y reclamar es un acto revolucionario si, históricamente, no nos tocó conquistar tierras y plantar en
ellas nuestra bandera. Por supuesto, no me interesa la conquista por
sus tóxicas connotaciones coloniales, pero sí me interesa identificar
cómo evitamos reclamar incluso nuestras propias ideas. Escribí una
nota que decía "NOMBRAR Y RECLAMAR" en un garabato ilegible cuando Liz me lo contó, y lo colgué en la pared mientras escribía este libro
para recordarme reclamar la propiedad cuando tuviera oportunidad.
Sin duda alguna, hay que practicarlo.

La ironía es que cuando trabajo con actores, su labor es convertir
las palabras en la página en expresiones que parezcan espontáneas
cuando la cámara está grabando, y una buena manera de lograrlo es
insertando una especie de titubeo para encontrar la siguiente palabra. En otras palabras, para que parezca de verdad. Pero, en la vida
real, soñamos con ocultar ese titubeo, precisamente lo que hace que
la comunicación sea espontánea. Precisamente lo que hace que la
comunicación sea creíble, no artificiosa.

He recibido tantos correos de posibles clientes a quienes les preocupa no ser elocuentes; se preguntan si puedo enseñarles a serlo, su
ansiedad se refleja en la pantalla. Seguro saben, en cierto nivel, que
olvidar una palabra o divagar no es cuestión de vida o muerte, aunque así se sienta. Y las primeras impresiones importan. Y cómo nos
perciban cuando abrimos la boca es un riesgo alto. Si no parecemos
elocuentes, nos podrían tachar de incompetentes, dispersas, despis-
tadas, que no vale la pena perder el tiempo con nosotras. Para que

* El término original en inglés *pop-up rules* lo acuñó la autora [*N. de la t.*]
** Ser tu propia jefa, en español. [*N. de la t.*]

quede claro, cuando digo "nosotras", me refiero a quienes sentimos que debsmos demostrar algo. Esta obsesión no es culpa nuestra, y no somos deficientes. Respondemos a la realidad de una experiencia que aún no tiene nombre: hablar sin el privilegio del beneficio de la duda.

Quienes valoran la elocuencia (tú en tu momento más juicioso, el público en su momento más juicioso) están respondiendo a un desequilibrio de poder: cuando tienes poder, no necesitas ser elocuente. A nadie le importa. Menciona a una de tus heroínas y te apuesto a que ha perdido el hilo en público, y apuesto a que las has perdonado sin pensarlo. Ahora, ¿la gente *te juzgará* por balbucear? Sí, tal vez. Sobre todo si tienes piel pigmentada en una cultura primordialmente blanca, sobre todo si el inglés es tu segunda lengua, si tu acento suena rural o lo consideran menos educado, sobre todo si no tienes contactos ni dinero ni prestigio. Los prejuicios abundan. Pero ¿acaso la solución es temerle a balbucear? No lo es.

El perfeccionismo nos puede paralizar, y tal vez es lo que quieren los poderosos. Pero lo opuesto de perfecto no es defectuoso, sino vivo. Anna Deavere Smith ha dedicado su carrera a transcribir cómo habla la gente en la vida real y convirtiendo esto en arte. En su libro *Talk to Me* [*Cuéntame*], en torno a la política y el teatro, escribió: "Creo que podemos aprender mucho sobre una persona en el momento preciso en que el lenguaje le queda corto. En el momento preciso en el que tiene que ser más creativa de lo que creyó para comunicar algo. Es el momento preciso en el que tiene que cavar por debajo de la superficie para encontrar palabras y, al mismo tiempo, es un momento en el que necesita comunicarse con urgencia".[5] Me encantan esos momentos. Empieza a observar qué sucede cuando a alguien a quien estás escuchando se le dificulta cómo articular su siguiente idea. Observa si te inclinas hacia delante. Todos tenemos prejuicios, pero también creo que la mayoría tenemos prejuicios frente al habla honesta. Valoramos lo auténtico por encima de lo bonito.

La palabra *articular* proviene del latín *articulus*, pequeñas partes conectoras. Podemos articular el cuerpo o nuestras ideas; las dos cosas tienen que ver con conectar componentes sencillos que en conjunto forman algo complejo. En el caso del habla, las palabras monosilábicas reciben un trato injusto, pero lo son todo. "Sí podemos" es y siempre será más elocuente o articulado que decir: "Confiemos en nuestro compromiso con la verdad inalienable en los términos más absolutos, la probabilidad de fracasar es prácticamente inexistente".

Tal vez, en tu caso, "articulado" te recuerde a aquellas personas excesivamente refinadas cuyas palabras fluyen sin esfuerzo, tal vez lo asocies con las palabras más rimbombantes que conoces y es difícil creer que el lenguaje sencillo pueda ser mejor. Muchos clientes albergan el mito de que el habla formal es omnipresente: que el trabajo es un espacio formal y parte de ser profesional, o que conseguir esa entrevista de trabajo o hablar en el podio es respetar la formalidad y utilizar palabras ostentosas para demostrarlo. Este mito te puede estar impidiendo darte permiso para ser auténtica en contextos laborales en los que la autenticidad cerraría el trato. Di lo importante como si importara, al margen de las palabras. Sí podemos.

En términos prácticos, el lenguaje formal puede ser el dialecto o alternar entre dos formas de expresión, la diferencia entre "vámonos" y "ámonos", o no usar locuciones y maldiciones, pero sí jugarnos todo. Pero su mayor diferencia radica en las decisiones referentes a la estructura de las oraciones y la elección de palabras. "El inglés es único en la medida que posee un sinónimo para cada nivel de nuestra cultura: popular, literaria y académica", afirma Bill Bryson en *The Mother Tongue*, "de modo que nos permite, según nuestro origen y consecuciones cerebrales, 'subir', 'montar' o 'ascender' una escalera, encogernos de 'temor', 'miedo' o 'turbación', y 'pensar', 'reflexionar' o 'discurrir' sobre un problema".* En otras palabras, tenemos muchas

---

* El autor utiliza sinónimos del inglés que traduje al español, pero la idea es la flexibilidad del inglés. [*N. de la t.*]

palabras en inglés que quieren decir más o menos lo mismo y que parecen existir con el único fin de brindar matices de sofisticación. (Es mi estilo informal para replantear lo que dijo Bryson. Llámenme populista.)

No tengo nada en contra de utilizar lenguaje sofisticado, para lucirnos, cuando nos sirve de algo: para joderles las expectativas a los demás o retomar nuestro poder o divertirnos, pero no para lograr una formalidad abstracta que ni siquiera necesitamos. No cuando intentarlo nos hace sentir que no tenemos *las palabras precisas*. Si estamos en una emergencia, no le vamos a decir a nadie que ascienda ninguna escalera, y seamos honestos, tampoco vamos a decir "montar", vamos a decir: "¡súbete!". Y nada tiene que ver con nuestras consecuciones cerebrales ni nuestro origen.

No conozco ningún estudio que registre la proporción de lenguaje hablado que corresponda a las tres categorías de Bryson —popular, literario y académico—, durante, digamos, sesiones en el Congreso o conferencias TED o el discurso más formal de tu jefe en una conferencia de su industria. Pero apuesto a que (*a*) es una mezcla saludable de los tres y (*b*) los momentos que fueron mejor recibidos entran en la primera categoría. Como le dijo la joven poetisa laureada Amanda Gorman a *Vogue*, "me inspiré en Abraham Lincoln o Frederick Douglass... o Martin Luther King, y cómo usaban las palabras para comunicar los ideales de la nación en una elegante retórica que [nunca] parecían encerradas en una torre de marfil".

El mundo gira gracias al lenguaje informal, no al formal. El lenguaje casual, conversacional, sencillo conecta a la gente. A menos que seas parte de un proceso judicial (uno de los contextos más formales del lenguaje, en el que la interpretación del habla carece por completo de sentido del humor, y donde se documenta y disecciona cada expresión), quizá tengas más margen para hablar con informalidad del que crees. Sin embargo, informal no es lo mismo que descuidado. Tus palabras cuentan, no porque sean impresionantes en sí mismas, sino porque son tu oportunidad para capturar lo que quieres decir, con toda la precisión posible, para un público específico que esperas que las escuche.

La precisión tampoco se reduce a hechos fríos. Una de las diferencias más útiles que he escuchado sobre las palabras que elegimos proviene de un activista y ministro progresista, Michael Dowd. Se refiere al lenguaje diurno y al nocturno, dos modalidades del habla con fines distintos. Explica que el lenguaje diurno "describe lo que se puede medir, lo físico, lo verdadero por consenso".[6] El lenguaje diurno se refiere a hechos duros, específicos, a datos. El nocturno, por otra parte, "es la esfera de la poesía, el mito, el símbolo, la metáfora y el lenguaje religioso tradicional. Se trata del lenguaje que inspira, que toca el corazón, mueve el alma, nos conmueve hasta las lágrimas y nos inspira asombro". El lenguaje nocturno nos puede permitir expresar verdades con más precisión que los hechos. Y como te podrás imaginar, cada una de estas dos modalidades del habla tiene sus ventajas, pero también cada una es para distintos escenarios. Reflexiona si tu público o industria tiene suposiciones arraigadas sobre estos estilos que puedas aprovechar o alterar. ¿Tu gente necesita escuchar hechos o verdades?

Por último, casual no es igual que balbucear. Requiere la misma energía hablar de manera informal que formal (aunque puede ser más divertido). En su punto más satisfactorio, hablar es un deporte que compromete todo el cuerpo y el inglés en particular puede ser muy atlético. Para ponerme minuciosa un momento: algunos idiomas, como el francés, dan el mismo peso a todas sus sílabas. *En Français*, la palabra "alfabeto", *l'alphabet* se pronuncia *lal-fa-be* (a cada sílaba se le da un golpe de aire, derecha izquierda derecha), y como resultado se puede sentir muy calculado. Pero en inglés, casi todo el peso recae en la primera sílaba de esa misma palabra (el golpe de aire va en *al*). A los angloparlantes les gustan tanto las sílabas fuertes y débiles que a veces minimizamos una vocal que tiene una posición débil para darle a la fuerte un brío adicional. El golpe en *al* es más potente que cualquier sílaba del francés.

De hecho, cuanto más intencionadas seamos con nuestras ideas —cuando en verdad sabemos qué estamos diciendo y por qué decidimos decirlo—, más energizamos los músculos de la boca, de manera natural, en las sílabas importantes y conservamos la energía en las que no. Como boxeadores. Y el público siente el efecto.

Me gusta sacarles jugo a las palabras —estudié Literatura inglesa, por amor de Dios—, y no tengo nada en contra de utilizar lenguaje complejo cuando el momento lo amerita. Pero las *palabras adecuadas* son las que funcionan. Las palabras adecuadas son las que revelan verdades, las que se sienten bien al pronunciarlas y conmueven a tu público.

Entonces, ¿cómo lograr que el lenguaje se sienta bien? Sí, no es tan obvio. Pero tampoco tan abstracto como parece, y lo puedes lograr con lo que ya tienes. Se trata de reclutar a tu cuerpo: la respiración, el corazón, el abdomen carnoso, tu imaginación desbordada *y* los músculos articuladores de la boca. Se trata de utilizar tu lenguaje para estar en el momento presente, incluso cuando estés nerviosa, para estar presente durante el nacimiento de tus palabras. Vamos a ver cómo.

Mi clienta Amina se estaba postulando para el ayuntamiento. Tiene hijos pequeños, cabello ondulado, negro y grueso, y la seguridad propia de una maestra. Pero antes de anunciar su candidatura, nunca en la vida había hablado frente a un público numeroso. Y cuando nos conocimos, había preparado un discurso que había escrito con el comité, y en menos de una semana lo tenía que dar frente a una multitud considerable. Le pedí que se parara en una punta de la mesa grande en la que estábamos trabajando y que lo dijera en voz alta. Tomó aire y se lanzó, lo leyó porque todavía no se lo aprendía. Tomé notas, marqué las secciones que sonaban escritas, el lenguaje corporal que traicionaba su incomodidad y puntos culminantes que no estaban culminando. Me recordó a muchas otras mujeres que intentaban parecer "personas con autoridad", pero que terminan pareciendo... no personas del todo. Un poco robóticas. Un poco ausentes. Un poco a expensas del monstruo genérico. Como si esconderse fuera el único camino para llegar al poder.

Empezamos a rescribir secciones del discurso para que se sintiera más conversacional; eso nos ayudó. Intercambiamos palabras que eran mucho más formales de lo necesario por otras que suscitaran la conexión. (Incluso "hola" y "gracias" en vez de "buenas tardes" y "les agradezco" pueden preparar a un público para identificarse mejor contigo.) Rescribimos oraciones cuya estructura se sentía demasiado formal. La expresión escrita se organiza en torno a la unidad de la oración. Pero la expresión oral se organiza en torno a ideas, que pueden expresarse con una sola palabra ("¡Plástico!") o múltiples oraciones unidas, o una colección de fragmentos de oraciones que sorprenderían a una profesora de lengua. Éste es un momento conmovedor del capítulo *Finding Your Roots* con Scarlet Johansson, donde procesa ver imágenes de una familia que no salió con vida de un gueto de Varsovia.

Wow. Qué triste. [Llora]. Lo siento. Me prometí que no iba a llorar. Pero es difícil no hacerlo. Es una locura. O sea, es imposible imaginarse el terror. Es... una locura imaginarlo. Ya entendí por qué pusieron kleenex. [Se ríe] Es una locura imaginar que Saul estaba del otro lado, vendiendo plátanos. En la calle Ludlow. Y lo diferente que sería estar en Estados Unidos en ese entonces. El destino de un hermano y el otro. Me hace sentir más conectada con esa parte de mí. Con esa parte de mi familia.[7]

Así hablamos. Y así deberíamos hablar. Así no tenemos que encontrar las palabras perfectas: podemos confiar en que un grupo de palabras se encargue de la labor de comunicar nuestras ideas. Los lingüistas le dicen *chunks** o trozos, mi palabra menos favorita del inglés, pero también un concepto muy práctico. Los trozos nos permiten emanciparnos de la palabra importantísima, pero también del punto. Los puntos no importan en la expresión oral hasta que terminamos una idea, hacemos una pausa o cedemos la palabra. Los trozos son la unidad reinante de significado.

Y los trozos no llevan puntuación escrita, sino oral: la respiración. En mi transcripción de ScarJo usé puntos donde creí escucharla respirar. Pero pensemos en los discursos en los grandes escenarios (en los que no hay tantos cortes de cámara) para ver la respiración que marca trozos que en conjunto forman ideas. Pongamos como ejemplo el discurso de Michelle Obama en la Convención Demócrata Nacional de 2008, desde el minuto diez. Indiqué la respiración principal con paréntesis; te vas a dar cuenta de que respira cuando necesita hacer una micropausa para ordenar su siguiente idea:

> A todos nos motiva una convicción sencilla () el mundo tal como está no es suficiente () tenemos la obligación de pelear por el mundo que debería ser () y *ése* es el hilo que conecta nuestros corazones () *ése* es el hilo que recorre *mi* viaje () y el viaje de *Barack* () y tantos *otros* viajes improbables que nos han reunido aquí esta noche () donde la historia del presente se encuentra con una nueva ola de esperanza () y saben por *eso amo* este país.[8]

---

* En la psicolingüística, en su obra pionera, *The Lexical Approach* (1993), Michael Lewis sugirió que "el idioma consiste en 'chunks' [o trozos] que cuando se combinan producen un texto continuo y coherente". Los trozos son "palabras multiusos con cualquier secuencia formulada, expresión léxica/oracional o conjunto de muchas palabras". Incluyen: colocaciones lingüísticas (cometer un error), expresiones hechas, locuciones, etc. https://www.cambridge.org/elt/blog/wp-content/uploads/2019/10/Learning-Language-in-Chunks.pdf [*N. de la t.*]

Intenta decirlo en voz alta, respirando con cada (), y no continúes hasta que sientas el impulso de hablar. La respiración no sólo fue el tema del capítulo 1, también es la puntuación, es una unidad de sentido. Quiere decir: *Aquí estoy.* Quiere decir: *estoy permitiendo que lo que acabo de decir me conmueva, y me estoy recuperando para lo que estoy a punto de decir.*

Pero de vuelta en mi oficina, Amina seguía cayendo en el mismo patrón vocal, una y otra vez, leyendo frases en vez de comunicar ideas, y como resultado, cada frase se parecía a la anterior, sin importar el contenido. Cada frase sonaba así: "¿Eh-eh-EH-eh-eh? ¿Eh-eh-EH-eh-eh?" (los signos de interrogación señalan una inflexión ascendente que se parece al inamovible "¿me explico?" del capítulo 2). Trata de identificarlo cuando escuches a la gente leer en voz alta. Para la mayoría, cuando no son nuestras palabras (aunque también cuando sí lo son) es un esfuerzo considerable habitar las ideas, decir cada trozo en voz alta y respirar cuando termina para tener energía para el siguiente.

Más adelante entraremos a detalle sobre ese esfuerzo. Advertencia: si te saltas este paso, si no respaldas las ideas, si no te imaginas las imágenes, si no descubres el por qué, es demasiado fácil desconectar los sonidos que salen de tu boca de las ideas que quieren expresar. Y sin esa conexión, los momentos dramáticos no se sentirán dramáticos, las partes graciosas no tendrán efecto y las historias no conmoverán a tu público. Como escuchas, podemos diferenciar entre una palabra que suena abstracta y una que tiene sentido. Lo dejamos pasar cuando escuchamos a alguien leer en voz alta algo que no es suyo, la minuta de una junta o una cita. Pero esperamos más cuando estamos escuchando a un ser humano presentar sus ideas en un podio o a través de una cámara. El contrato social implica que cuando estás hablando frente a la gente, te apropies de lo que dices.

En el caso de Amina, acudió a mí en el punto del proceso en el que su expresión era nuevecita, la estaba escribiendo. Todavía no habitaba en su interior. Para pasar de ese punto a una expresión habitada, comunicada de maravilla, hay dos formas. La primera es el tiempo. Si te familiarizas con tus palabras el tiempo suficiente, repites el discurso en voz alta mientras caminas por la sala, visualizas a tu público y respiras, es probable que, con el tiempo, te salga bien.

La segunda es más técnica, pero si nunca has pensado en el lenguaje desde esta perspectiva, es oro. Al contemplar la expresión humana más primitiva, Kristin Linklater escribió: "Es inconcebible que cuando la boca empezó a formar palabras lo hiciera separada de sus ejercicios familiares, como masticar, morder, besar, succionar, lamer, gruñir, tronar los labios y dar lengüetazos. Todas éstas eran actividades prácticas, con recompensas sensuales y sucesos secundarios placenteros y palpables para la mayoría, así como ira y temor para uno o dos de ellos. Las palabras tienen una línea directa desde las terminaciones nerviosas de la boca a las bodegas sensoriales y emocionales en el cuerpo". Hoy no pensamos así sobre el lenguaje, a lo mejor cortamos esa línea directa o tuvo un corto circuito. Vamos a reconectarla.

Como nos recuerda Kristina, las palabras son sensuales. Si se lo permitimos, pueden aprovechar nuestros sentidos. Intenta decir "trueno" en voz alta. Siente cómo choca la lengua con los dientes, la potencia. Imagina escuchar el estruendo a la distancia cuando está lloviendo. Percibe el olor de la lluvia. El vago olor de la descarga eléctrica. Siente cómo retumban las ventanas. Siente la ropa mojada en el cuerpo. *Trueno*.

Ahora intenta con "catastrófico". O "miel". O "pertenecer". La onomatopeya captura el concepto de la combinación del sonido y el significado. *Pum. Chin. Zas.* Pero en el fondo, todas las palabras tienen el potencial de ser onomatopeyas si las dejas. Y cuando permites que una palabra como "pertenencia" tenga sentido para ti, las primeras sílabas están cargadas con la sensación que tiene el alma cuando encuentra a sus compañeros, alargas las últimas con el anhelo, y le llegarás a tu escucha de otra forma. Y también a ti misma. Nuestros cuerpos responden a nuestras palabras cuando usamos bien el lenguaje. Les damos pie a nuestras palabras y ellas a nosotras. Les damos forma a nuestras palabras y ellas a nosotras.

Así que vamos a calentar esos articuladores, o sea, las partes de la boca que se mueven para emitir sonidos. Empecemos con un pequeño recorrido por tu propia boca: tócate la punta de los dientes con la lengua, pasa la punta de la lengua por la base de los dientes. Presiona la lengua contra la parte interior de los dientes de arriba, sigue subiendo, hasta sentir la unión entre los dientes y las encías, y el inicio del paladar. Sigue subiendo, siente el paladar, sus canales, después el velo del paladar, la parte más resbalosa que se infla cuando bostezas. Ahora empuja la lengua contra los dientes de abajo, y haz una versión más relajada, la i de "hielo". Ahora di "hielo". Fíjate si levantas los labios al final, como para mandar un beso. Coloca suavemente la mano en la quijada para percibir los cambios al principio y final de la palabra. ¿Tiene menos movimiento que con la palabra *yerba*?

Las vocales son los sonidos que hacemos cuando la boca permanece abierta y el aire fluye sin interrupción, las consonantes son los sonidos que hacemos cuando les damos forma a los articuladores para estorbarle al aire. *B, p, m, v, l, g, ch, d...* Haz esos sonidos mirándote al espejo para ver esas formas en acción. Fíjate qué articuladores se mueven. Todos los trozos de palabras tienen sonidos consonantes y vocales, por lo que estás abriendo la boca constantemente y maniobrando los articuladores para adoptar nuevas posturas y después volviendo a abrir la boca. Es increíble. Esos músculos del habla que jalan y empujan los articuladores a toda velocidad a lo largo del día, hacen mucho trabajo que nadie aprecia, así que tómate un segundo para agradecerles.

Sin embargo, es inevitable que tu acento y estilo personal al hablar hayan fortalecido algunos músculos y atrofiado otros, así que después de agradecerles, vamos a llevarlos al gimnasio. Puedes hacer este ejercicio todos los días para contrarrestar los efectos, o justo antes de un momento importante para relajar los músculos del habla:[9] empieza bostezando, un bostezo muy grande, masajea las articulaciones de la mandíbula, en ambos lados de la cara con las puntas de los dedos, después saca la lengua hasta que sientas cómo se jala desde la parte trasera. Frunce los labios y haz círculos con ellos hacia un lado y luego al otro. Estira los músculos faciales en torno a la boca o las mejillas, los que más necesiten atención. Saca aire por los labios y, si puedes, hazlos vibrar, si no puedes, esto quiere decir que sigues teniendo muy tensos los músculos en torno a los labios. Muerde una manzana imaginaria, con mordidas grandes y exageradas, e inténtalo otra vez. Ahora di "gua gua güi gua" cinco veces despacio y después lo más rápido posible, pero con claridad. (Puse en cursivas el sonido que le da énfasis a la frase para que sientas el ritmo.)

Ahora, repite lo siguiente, prepárate para decir las dos líneas de corrido:

pu pu *pa* // bu bu *ba* // tu tu *ta* // du du *da* // ku ku *ka* // gu gu *ga*
gu gu *ga* // ku ku *ka* // du du *da* // tu tu *ta* // bu bu *ba* // pu pu *pa*

El primer grupo de consonantes depende de los labios, el segundo, de la punta de la lengua y el tercero, del velo del paladar, así se calienta todo.

Prueba con *gu gu lu lu cuatro veces, rápido*
Después, *lu lu gu gu cuatro veces rápido*

Sigue todas las veces que puedas sin perder la claridad.

gu gu lu lu // *lu* lu gu gu // *lu* lu gu gu // *gu* gu lu lu, y así sucesivamente.

Para los angloparlantes de Estados Unidos es particularmente difícil; nuestras lenguas necesitan este entrenamiento.

Lee en voz alta este poema de Arthur O'Shaughnessy (¡de hace 150 años!), asegúrate de pronunciar bien todas las líneas.

> Somos los hacedores de música,
> los soñadores de sueños,
> Vagando por solitarias rompientes
> Sentados junto a desolados arroyos
> Perdedores y olvidados
> Sobre quienes la pálida luz resplandece
> Sin embargo, somos los agitadores e impulsores
> Del mundo, hasta el infinito, así parece

¿Te diste cuenta de en dónde respiraste? Inténtalo otra vez, junta los trozos-ideas y puntúalos con la respiración. Tal vez respires al final de cada línea, o cada dos. Llena la habitación en la que estás, ni muy fuerte ni muy bajo.

Ahora contempla qué significa "música". "Soñadores" y "sueños". Así como las palabras "solitarios" y "desolados". Qué implicaría renunciar al mundo. Cómo te hace sentir la luna. La picardía de ser un agitador e impulsor. No hace falta exagerar, no se trata de hacer una mala obra de teatro infantil. Sino de permitir que las palabras evoquen imágenes y sentimientos, permitir que adquieran significado. (Éste es un ejemplo tonto: es probable que pronuncies "vino" de distinta forma si estás pensando en una bebida que en el verbo. El significado tiene efecto en el sonido.)

A medida que haces estos ejercicios en soledad, dándote permiso para ser lúdica, confía en que la próxima vez que hables en voz alta, incluso frente a otras personas, surtirán su efecto. Por favor, inténtalos con cualquier ejemplo favorito del idioma, incluso con algo que hayas escrito.

Ahora intenta decir algo que no tengas preparado. "Lo que más me gusta de mi trabajo es _____", y comprueba si este calentamiento tiene efecto en tu forma de improvisar. ¿Estás sintiendo las palabras? ¿Sigues respirando? ¿Sigues llenando la habitación con el sonido? ¿Qué pasa con el timbre?

Con frecuencia y sin querer, las frases que decimos siempre —a qué nos dedicamos o tal vez el resumen de un guion que queremos vender o una idea que le estamos compartiendo a todos— se pueden desconectar, de modo que las palabras que salen de nuestra boca ya no se sienten vivas. Apagadas por usarlas tanto, las frases que alguna vez sonaron bien y que se sintió bien pronunciar, ahora no nos producen nada. Por una parte, la lectura fría de Amina y por otra, esta fatiga del hablante, producen resultados parecidos: si no respaldamos las ideas, si no visualizamos las imágenes o si no descubrimos el por qué, no lo podremos comunicar bien. Pero si olvidamos las ideas originales que nos condujeron a esas palabras, si perdimos las imágenes o descuidamos el por qué, tampoco lo haremos.

Si esto te pasa, resuélvelo con practicidad. Infúndele nueva energía para sentir las palabras y visualiza imágenes que correspondan con ellas. No es la primera vez que estás concibiendo estas palabras, pero es la primera vez que aterrizan aquí. En *estos oídos*. Que el trabajo de parto y el parto sirvan de algo. Suda un poquito. Mientras escribo esto, recuerdo la semana que propuse este libro: catorce veces en un periodo de tres días, por Zoom, porque acababa de empezar la pandemia. Conté las mismas historias, cubrí el mismo material, en cada ocasión, frente a un nuevo grupo de rostros. Pero, para seguir mis preceptos, me atreví a hacer de cuenta que cada ocasión era la primera vez, porque así lo era, para ellos. Fue agotador y maravilloso.

Si te estás preparando para dar un discurso nuevecito, como Amina, y estás pensando aprendértelo de memoria o leerlo de un *teleprompter*, quiero ayudarte a prepararte. Sobre todo, si lo estás escribiendo sola, quizás estés pensando en el qué, el quién, el cómo y en qué orden, y cuando lo hayas respondido, te parecerá que terminaste. Pero, desde luego, no es así: un hermoso discurso no cobra vida por sí solo. Te voy a compartir el proceso paso a paso que desarrollé para tomar el discurso de las páginas, para que lo habites y después cobre vida fuera de ti.

Lo denominé sses. El orden no importa tanto, lo importante es hacerle justicia a cada paso. Lo he utilizado con ceo, políticos y actores de cine: funciona. Los actores denominan este tipo de preparación "partitura", un hermoso recordatorio de que, como en la música, cuando anotamos, analizamos y practicamos, practicamos y volvemos a practicar, lo hacemos para no tener que hacerlo ese mismo día, para que podamos tocar con el corazón.

1. SIGNIFICADO: incluso si escribiste el discurso tú sola, ¿qué significa cada palabra y expresión idiomática? ¿Qué significa *en serio*? Utiliza un diccionario, pero también tómate tu tiempo para leer cada palabra y frase, y hazla personal. Si el inglés es tu lengua nativa, es fácil saltarte este paso, pero es primordial. Si estás utilizando un concepto del arte, ¿es literal o es jerga? ¿Es vago o específico? Revisa si lo que estás diciendo es muy formal o "académico" porque entonces estás intentando ser alguien que no eres, o si suena más a expresión escrita que oral. Revisa que todas las palabras y frases que quieres decir tengan valor para ti. Si no es así, entonces cámbialas por otras que sí. No queremos perder tiempo ni espacio. Concédete un nivel de comprensión muy alto: sé lo que estoy diciendo, sé lo que significa y tiene sentido para mí.

2. SONIDOS: practica decir en voz alta las frases de tu discurso. Identifica los sonidos que se repiten, ya sea intencional o no, y siente qué sucede cuando utilizas esos sonidos en una sucesión rápida. Puede ser que te afecten, que afecte tu conexión

con las palabras, tu postura. Repite en voz alta una línea de una canción que te guste. Siente los sonidos. Explora los sonidos que se sienten redondos y suaves y cuáles se sienten más ásperos. Como el lenguaje diurno y nocturno, los dos son útiles. Los dos tienen poder. Haz esto en voz alta con el contenido de tu discurso y déjate sorprenderte. Párate y camina, experimenta la versión de los sonidos, las palabras, las ideas, mientras el cuerpo te acompaña. Confía en que tus palabras no se sentirán obsoletas ni tibias por usarlas en exceso, siempre y cuando decidas expresarlas con pasión llegado el momento. Y ya que estás en este paso, asegúrate de pronunciar todo con seguridad, incluido el nombre de tu anfitrión o la institución en la que te vas a presentar, para que tu voz no tenga tono interrogativo. De lo contrario, ya sea de forma consciente o inconsciente, cuando llegues a esa palabra, intentarás esconderte: balbucearás o guardarás silencio, o sin darte cuenta te taparás la boca o el corazón. Para apropiarte de tus palabras, debes saber qué significan *y* sentirte bien de decirlas en voz alta, lo digo en serio. Si tienes acento regional o el inglés es tu segunda lengua y te preocupa que te entiendan, pídele a alguien que será constructivo que lo diga en voz alta. Practica despacio. Grábate y escúchate. No hay un truco para conectar sonidos inusuales salvo decirlos hasta que los músculos de la boca se aprendan los movimientos y los pasos de baile, y callar a tu crítica interior para que tu boca haga el trabajo que sabe hacer.

3. ÉNFASIS: si las palabras no tienen la misma importancia, ¿cuáles destacan? Para hablar bien en público es preciso que destaques cada palabra importante. Casi toda la comunicación oral gira en torno de las palabras que enfatizamos, pero lo hacemos tanto que lo damos por sentado. En este caso, lo hacemos a propósito.

Intenta con esto: "Nunca dije que ella me había robado dinero". Pero dilo en voz alta y lo más inexpresivo posible, intenta no enfatizar nada, ninguna palabra. Inténtalo otra vez, incluso menos. Seguramente sonará a una negación vaga o a nada en particular. Todas las palabras en una frase tienen un significado acordado, pero hiladas y si las pronuncias con monotonía, se pierde el sentido colectivo. ¿Estás a la defensiva? ¿Intentas aclararlo? ¿Evitar un conflicto? ¿O fomentándolo? ¿Es el comienzo de una discusión o su fin?

La variación del timbre es compleja (consulta el capítulo 4), pero en resumidas cuentas: la expresión monótona es confusa. Incluso si tienes un punto de vista sobre lo que estás diciendo, parecerá que no. Puede resultar útil si tu punto de vista instigará un conflicto que quieres evitar con todas tus fuerzas. Pero sumamente problemático si quieres decir algo arriesgado.

El significado de esta frase vaga se aclara si lo intentamos otra vez y enfatizamos el "ella": Nunca dije que *ella* me había robado dinero. (Ah, ¿alguien más te lo robo? Qué impertinente.) O si enfatizamos en "robado": Nunca dije que ella me había *robado* dinero. (Entonces, ¿se lo ganó con todas las de la ley? Se cancela la búsqueda.) O si enfatizamos el "me": Nunca dije que ella *me* había robado dinero. (A ver, entonces, ¿quién es la víctima?) O si enfatizamos "dinero": Nunca dije que ella me había robado *dinero*. (La trama se complica. ¿Qué se te perdió?) A los lingüistas les gusta utilizar esta frase porque es un ejemplo muy directo del poder del énfasis, pero la realidad es que casi todos los pensamientos que decimos en voz alta en inglés funcionan así, o más bien, pueden funcionar así, si no dejamos que mueran sin vigor ni importancia tras decirlos de forma inexpresiva. Las palabras importantes suelen ser las que transmiten nueva información o las palabras que desafían una afirmación o suposición previa. ("¿Por qué? ¿Por qué *no*?".) En sentido estricto, se les denomina palabras operativas porque operan una idea completa. Por escrito, las ponemos en cursivas, ¿cuál es el equivalente cuando las decimos en voz alta?

Si tocas un instrumento musical, la respuesta te resultará familiar: volumen, tempo, timbre y tono. Puedes decir cada palabra más fuerte, más rápido, con más gracia o más volumen. O lo opuesto. Y siempre lo hacemos en la vida real: lejos del podio, todos (con variantes por el acento o el idioma nativo) enfatizamos las palabras a partir casi exclusivamente de su significado. Practica con tu discurso. Juega.

4. SENTIMIENTO: si ya hiciste los tres primeros pasos, éste ya tendría que estar pasando, pero quiero ser explícita: deja que tu cuerpo sienta cuando hables. Deja que responda al sentido, los sonidos y el ritmo de las palabras con énfasis. No importa si estás hablando de las ganancias del tercer cuarto. No importa si estás vendiendo un proyecto que todavía no sabes si te apasiona. Encuentra qué te apasiona y dilo como si te apasionara, anima tus palabras con los tres pasos previos. Este último paso es un recordatorio de que las emociones son buenas, úsalas con intención. Éste es un recordatorio de que mostrar interés es más poderoso que el poder de parecer indiferente. Éste es un recordatorio de que tu punto de vista es importante. ¿Qué sabes con certeza? ¿Qué quieres? ¿Cómo te hace sentir expresarlo?

Significado, sonidos, énfasis y sentimiento. Es posible que encuentres algo novedoso en el momento que te encuentres frente a tu público, mientras recibes retroalimentación no verbal. Pero confía en que si haces el SSES con antelación, no tendrás que pensar en términos técnicos cuando des tu discurso.

Consejo: regresa a la sección con el discurso de Michelle Obama al principio de este capítulo. Te darás cuenta de que puse en cursivas las palabras operativas. Pero fíjate en el trozo-idea final: "y precisamente por *eso amo* este país". Revisa el énfasis. Su frase tendría otro significado si hubiera dicho "y precisamente por eso *yo* amo este país". Hubiera sugerido que se estaba comparando con alguien más. Pero enfatizó "eso" y "amo", sugiriendo que estaba en duda su amor por su país. En efecto, como describe en su autobiografía *Becoming*, dio este discurso durante un momento atroz, cuando malinterpretaron una declaración previa y sus críticas de Estados Unidos dominaban los noticieros, poniendo en peligro la narrativa en torno a ella y su esposo.[10] Aquí, en este escenario, no hace una referencia directa al frenesí de los medios. Enfatiza palabras clave para hacer una referencia indirecta. Desafía las suposiciones. Y si ves el video, verás la ovación del público, y la ovación se fue intensificando a medida que las veinte mil personas en el público ataron cabos. La apoyan. Las acusaciones contra las que está peleando penden en el espacio entre ellos, tácitas, gracias a su énfasis sutil. La indicación de la comunicación sofisticada y matizada entre la gente con una historia compartida, incluso una historia cultural compartida entre desconocidos, es que está plagada de implicaciones. Cuando seamos conscientes de ello, como Michelle Obama, podremos usarla.

También, ve unos minutos del célebre discurso de 2018 en la ceremonia de graduación de Barnard, de la estrella del futbol, Abby Wambach, a ver si puedes subrayar las palabras operativas, no sólo las divertidas, las que brindan información novedosa y mueven el argumento. Addy empieza una sección de su discurso contándonos que "como todas las niñas pequeñas, me enseñaron a ser agradecida. Me enseñaron a agachar la cabeza y hacer mi trabajo. Era la maldita Caperucita Roja",[11] y explica que "es una de tantas repeticiones de las historias de advertencia que les cuentan a las niñas en todo el mundo". Y la relaciona con su propia vida:

Seguí el camino para esquivar el miedo, para que no me comiera el lobo, a cambio de ser expulsada, sentada en la banca, perder mi sueldo. Si pudiera regresar en el tiempo y decirle a mi yo más joven una sola cosa sería ésta: "Abby, nunca fuiste Caperucita Roja, siempre fuiste el lobo".

¿Identificaste las palabras contrastantes *nunca* y *siempre*? ¿*Caperucita* y el *lobo*? Estos pares de palabras se llaman antítesis y puedes encontrar esta clase de ideas opuestas en todos los ejemplos de la comunicación: el cerebro suele organizarse en pares, nos demos cuenta o no (¿ves?). Pero ¿cómo dirías esas palabras en voz alta para asegurarte de que tu público *sienta* la oposición?

Y no, definitivamente no tienes que ser Abby ni Michelle para lograrlo. Cuando Amina entendió esto, de pronto sonaba a que estaba diciendo algo importante, e importante para ella. Trabajar con las palabras operativas le ayudó a recordar su por qué. La impulsó de una palabra importante a la otra. Encontró su fuego. Se iluminó. Y se convirtió en lo que denomino, con cariño, "una persona" en el escenario, y no un robot. Ganó las elecciones para concejal; de hecho, ahora es alcaldesa. Qué ejemplo de antítesis, ¿no?

Espero que este trabajo te ayude a descubrir la versión de ti misma que utiliza el lenguaje y se apropia de él, pero también espero que las ocasiones en las que debas seguir un guion al pie de la letra sean excepcionales. Espero que te habitúes a utilizar el lenguaje e improvisar, que te sorprendas con la elocuencia de tus ideas en el momento, que le sonrías a la quimera y la dejes descansar en una cueva muy lejos de los reflectores. Espero que estés lista para honrar tus ideas lo suficiente para que sean más importantes que las palabras.

Cuando mi amiga Stephanie Ybarra asumió el cargo de directora artística de Baltimore Center Stage, fue la primera mujer de ascendencia latina en dirigir una compañía de teatro estadunidense de esa relevancia. Cuando la escuchas hablar, suena como una lideresa. Suena emocionante, fresca y real. Y como ella misma.

Le pregunté cómo se prepara para hablar frente a una multitud y me contó que aprendió mucho observando a su exjefe, un hombre carismático a quien le preparaba los discursos. Si bien él utilizaba el mismo material en cientos de actos, siempre emocionaba a su público (cuando me contó esto, imitó a todos quitándose las camisetas como si él fuera una estrella del rock frente a sus grupis frenéticas.) "No tiene que ver con lo que está diciendo, porque lo he escuchado decir esa mierda mil veces, es el mismo mensaje. Sino cómo lo dice: suena auténtico, improvisado, cada vez que lo dice". Así ella que practicó. Durante años. "Primero, empecé con un guion, después con viñetas impresas. Después, escritas a mano. Y ahora, con viñetas que me escribo en la palma de la mano, te lo digo en serio, como en el funeral de mi papá".

Le pregunté si temía no ser elocuente si sólo se basa en viñetas, o si temía que le fuera el hilo en plena idea. Asintió, sabía de qué estaba hablando, y respondió después de considerarlo: "A estas alturas, he recibido tanta retroalimentación sobre la autenticidad de mis discursos públicos, que me siento mucho más cómoda si hago una pausa o titubeo frente a todos. A la gente parece... gustarle".

Hablar bien en público no es lo mismo que hacerlo como autómata, preprogramado. Soñamos con no equivocarnos, no titubear con "mmm", encontrar el giro perfecto en el momento perfecto para que nos perciban como nuestra versión más elocuente. Seguro es culpa de Winston Churchill. O de esos estándares anticuados erigidos en su imagen que nos ponen en desventaja y nos hace desear vacunarnos para no equivocarnos. Pero tener dificultades frente a nuestro público es un regalo para él y ser auténtico es más importante que ser elocuente. Te queremos ver allá arriba, a ti; la palabra operativa es "ti".

8
Heroísmo

Desde mi punto de vista, que es el de una narradora, ya me parece que tu vida está
colmada de arte; esperando, sólo esperando, y lista para que la conviertas en arte.
—TONI MORRISON, discurso durante la ceremonia de graduación
de la Universidad de Wellesley, 2004[1]

Todo empezó con un meme. Llevaba un rato escroleando sin rumbo, necesitaba escapar; era el verano de 2018 y las noticias eran demasiado. Una insensibilidad que no había terminado de creer que era posible parecía demasiado extendida para contenerla. Regresé a mi habitación de hotel después de caminar por Washington, D.C., era mi día libre del rodaje de la secuela de *La mujer maravilla*. Iba pensando, Dios mío, necesitamos un héroe real. Había sido parte de manifestaciones, planificado reuniones y ayudado a recaudar fondos, me daba cuenta de lo agotados que estábamos todos, lo desesperados, como si nuestros medidores de empatía se hubieran descompuesto en el 10, me preocupaba qué pasaría si los colaboradores terminaban con síndrome de desgaste. Mi propio cuerpo se sentía frágil y agotado, constantemente me distraían nuevas dolencias. Una amiga me dijo que me notaba apagada y no puedes ignorar un comentario así.

Y vi este meme en mi teléfono, me le quedé viendo, suspiré temblorosa. Era un diagrama de Venn de dos círculos sencillos. Uno decía: "qué te rompe más el corazón sobre el mundo", y el otro, "éstas son tus competencias". En la superposición, según esta imagen anónima, se necesitan nuestros actos de servicio. Ya había visto versiones de esta idea, es el concepto japonés de *ikigai,* el objetivo de la vida o la razón de ser. Hay una frase famosa que se le atribuye a Aristóteles sobre encontrar tu vocación en la intersección de tus talentos y las necesidades del mundo. Pero necesitaba que me dijeran puntualmente que mi congoja tenía sentido, que me estaba encaminando en una dirección particular. Y necesitaba la tarea. ¿Qué había roto más mi corazón?

Entonces no lo sabía, pero al mismo tiempo, la organización progresista MoveOn.org estaba buscando reunir a los candidatos que había elegido —un mar de mujeres, sobre todo, la mayoría de quienes se postulaban para un cargo público por primera vez— con un coach que mejorara tanto el contenido como la expresión de sus discursos para hacer campaña electoral. Cuando regresé a Los Ángeles, me llamó un amigo para preguntarme si podía darles mi número. Creo que respondí gritando.

Una tarde de agosto, por Zoom, tuve una sesión para incorporarme al programa con dos coaches que ya habían empezado a trabajar con estas candidatas novatas. Me contaron cuál era el mayor problema que habían identificado hasta el momento, además de los nervios y la ansiedad que genera hablar en público. Resulta que estas principiantes tenían el hábito de saltarse la historia de sus orígenes, no en dónde habían nacido ni crecido, no esos orígenes, me explicó Monte, una de mis colegas, sino el momento en el que se dieron cuenta de que podían representar a sus vecinos, de que podían ser las heroínas que habían estado esperando. ¿Se estaban bañando cuando se dieron cuenta? ¿Le habían estado dando vueltas en la cabeza? ¿Cómo fue? ¿Cuál fue su lucha? ¿Contra qué se enfrentaron? ¿Cómo habían decidido mandar todo a la mierda para hacerlo?

Sí, pensé mientras escuchaba a Monte. Tiene muchísimo sentido. Compartir esa epifanía brinda una oportunidad singular de revelar tu carácter a tus posibles votantes. Soy de aquí tiene poco poder comparado con *Esto fue lo que hice en un momento imposible.* Fue la primera vez que escuché el término "historia de sus orígenes" en este contexto; en todo caso, yo lo había asociado con superhéroes y crímenes sangrientos en callejones oscuros o accidentes de laboratorio que salieron mal. Sin embargo, esta conversación resultó ser mi propia historia de mis orígenes, de manera totalmente inesperada y sin la presencia de una araña radioactiva. Mi epifanía. Cambió mi vida por completo.

Ya llegaré al por qué, pero primero quiero hablar de ti. En mi trabajo como coach surgen sobre todo dos preguntas. La primera es: "¿Cómo gestiono los nervios?". Y la segunda es una variante de: "Soy pésima para hablar de mí, ¿cómo mejoro para contar historias de mi vida?, ¿cómo me promociono y habló de mí-mí-mí, porque me parece espantoso?". Son los mismos dos problemas que esas candidatas enfrentaron cuando se postularon a un cargo público por primera vez. Y tal vez sean los mismos problemas con los que tú te estás enfrentando.

Parecen ser opuestos. En general, nos ponemos nerviosas cuando por accidente hablamos demasiado de nosotras mismas y nos obsesiona cómo nos van a percibir. Resistirnos a hablar de mí-mí se deriva de no hablar *suficiente* de nosotras, de restarle importancia a nuestros logros o desestimar nuestras historias porque nos parecen demasiado insignificantes. Si ya llegaste hasta este punto del libro, no te sorprenderá escuchar mi diagnóstico: huele a patriarcado.

Creo que los dos impulsos surgen de toda una vida de inseguridades aprendidas en torno a reclamar nuestra pertenencia en la vida pública. En el caso de los nervios, se trata de sentir que no mereces ser vista ni escuchada. Al contar tu propia historia... se trata de sentir que no mereces ser vista ni escuchada. Si estás en un escenario o en una oficina presentando tu proyecto, existe una buena posibilidad de que te hayas ganado ese lugar, pero también existe una buena posibilidad de que no te lo creas del todo. Es posible que estos impulsos adopten la forma de una voz provocadora en tu mente que te dice:

No estás lista o *No eres especialista* o *No eres lo suficientemente buena/
interesante/importante* o *Tu historia es aburrida* o *Nadie quiere saber
nada de ti* o *¿Quién te crees para...?* Yo las escucho en mi mente. Mis
clientas las escuchan. Aquellas candidatas, brillantes, dignas futuras
lideresas, todas las escucharon. Es lo que más me rompe el corazón
del mundo, porque es lo que mantiene a quienes merecen tener el
poder, fuera de él. Y resulta que aquí radican mis competencias.

Quizá porque no soy sólo coach, también soy clienta cero. Te
comparto una anomalía muy Samantha: la mayoría de las veces, soy
una narradora espléndida. Con amigos, incluso con desconocidos,
si puedo leerlos bien, confío 100 por ciento en que mis anécdotas
van a surtir efecto. En respuesta a lo que compartió alguien más,
en un diálogo, en contexto, las anécdotas orgánicas me brotan de
forma natural. Pero si no puedo leer al público o estoy hablando al
vacío (ejem, webinarios en Zoom mal organizados), de pronto, nada
se siente orgánico. Me paralizo. Me quedo en blanco. No recuerdo
ninguna experiencia que haya vivido. Dudo sobre las anécdotas que
sé que funcionan. *Qué rarita eres*, pienso, *y tus historias no tienen relevancia. A nadie le importan.*

La mejor explicación que he leído para explicar (lo voy a decir)
esta voz tonta en mi cabeza es de la doctora Carol Gilligan. Es psicóloga y ética que escribió el revolucionario superventas de 1982, *In a
Different Voice* [*En otra voz*],[2] hoy tiene ochenta años, tiene un corte
de pelo de la generación de Woodstock y un espíritu rebelde como
la inextinguible llama olímpica. Cuando la doctora Gilligan era una
joven investigadora en Harvard sólo tenía mentores hombres y descubrió que todos los estudios sobre la adolescencia se centraban en
chicos, como si su experiencia no sólo fuera la estándar sino la única experiencia al crecer, y nadie parecía darse cuenta. Como escribe
en su siguiente libro, *Joining the Resistance* [*Sumarse a la resistencia*]:
"los psicólogos habían asumido una cultura en la que los hombres eran la medida de la humanidad".[3] Con frecuencia resaltó: "las

conversaciones cotidianas, llamadas normales, en las que los hombres hablaban como si la omisión de las mujeres fuera irrelevante o intrascendente y las mujeres pasaban por alto o justificaban que se les omitiera".

Así que se centró en la experiencia de la adolescencia femenina, entrevistó a chicas sobre las decisiones que enfrentaban antes y durante la pubertad, escuchó sus respuestas y representó en gráficas, entre otras cosas, cómo las certezas de la infancia se convirtieron en las dudas de la preadolescencia. Descubrió que podía identificar cuando el leguaje de las chicas parecía revelar su creciente sentido de la obligación frente a todos, menos ellas. En otras palabras, podía escuchar su confusión interna a la hora de convertirse en "una chica buena", o resistirse. Denominó el proceso su "iniciación en el patriarcado". Y en general, sucedía entre los once y los doce años. En *Joining the Resistance*, comparte transcripciones reveladoras de sus sujetos, llenas de atenuaciones vocales e ideas fragmentadas, como ésta de una niña de trece años de nombre July, a quien le preguntan por qué no le gustaba hablar sobre su vida familiar:

> No sé, porque no, no sé. O sea, sí sé. Es que, no puedo explicarlo, no sé, no sé cómo decirlo con palabras... Ni siquiera sé si yo sé. Entonces, no puedo explicarlo bien. Porque no sé. Ni siquiera sé, este, en mi cerebro o en mi corazón, qué estoy sintiendo.

Me pregunto si esto resulta familiar. Hace poco una amiga me dejó un mensaje que decía: "Siento que mis receptores cerebrales para saber qué quiero hacer, cómo quiero hacerlo y cuándo quiero hacerlo: eso, eso, están rotos. No sé cómo, pero se rompieron en mi cerebro, o sea, incluso cuando tengo un momento tranquilo para pensar, no puedo pensar". La doctora Gilligan dice que esta iniciación está "regida por el género y se impone mediante la humillación y la exclusión. Las señales son pérdida de la voz y la memoria, la incapacidad de relatar la historia personal con precisión". Sí, es real, muy real. Cuando nos volvemos "buenas", parece que cada vez nos resulta más difícil aferrarnos a aquello que debería pertenecernos más que nada: nuestros recuerdos, nuestra propia vida.

A medida que la doctora Gilligan y sus colegas escucharon a estas chicas en plena transición, escucharon a seres humanos que habían descubierto mediante prueba y error que "debían silenciar sus voces honestas para ser aceptadas y amadas". Los chicos reciben el mensaje de elegir la independencia por encima de las relaciones y, como resultado, muchos niños padecen de soledad. Las chicas reciben el mensaje de elegir las relaciones por encima de todo y, como resultado, sacrifican su conexión con su voz interior. Su conocimiento interior se vuelve más inaprensible y de manera conveniente, ignorarlo tiene sus recompensas. Mi amiga Liz Kimball publicó en Instagram después de que Simone Biles se retirara de las Olimpiadas, para pedirnos considerar: "¿Cuántos años tenías la primera vez que tu cuerpo, tu corazón o tu mente dijeron que no y de todas formas aceptaste, porque eso te enseñó la cultura en la que te criaste?".

Quizás, en estos días quiere decir aguantarse y no insistir en recibir crédito por algo que te enorgullece para no herir egos acostumbrados a que los apapachen. O sigues adelante cuando deberías descansar. O no puedes decidir ir a un viaje con amigas porque estás muy acostumbrada a pensar en las necesidades de tus hijos y no tienes ni idea de cómo interpretar las tuyas. O no compartes tus buenas noticias porque no quieres alardear y hacer sentir mal a los demás; de hecho, incluso ni siquiera te sentaron bien las buenas noticias para no poner en riesgo tus relaciones personales. Queremos que nos acepten y nos amen a toda costa. Nos ponemos en último lugar y casi se siente bien porque hace felices a los demás. No todas, pero muchas, hemos convertido el acto de ser complacientes en un arte y, como nos recuerda la doctora Gilligan, no es culpa nuestra. Si terminamos siendo perfeccionistas y complacientes es gracias a "las

cruzadas de una cultura que se beneficia de que no seas suficiente",
dice Kimball.

Y todo esto es malísimo para nuestras aptitudes al hablar en público. Debemos subirnos al estrado con la sensación de que somos
suficientes, más que suficientes, que vinimos a solucionar un problema. De hecho, debemos subirnos con la sensación de ser auténticas
heroínas. La heroína que todos esperaban. Lo cual requiere que en-
caremos toda una vida de reprimir nuestra voz interior, no objetar el
concepto de la "niña buena" e internalizar mensajes insidiosos según
los cuales es virtuoso evitar ser el centro de atención. Porque resulta
que la solución para superar los nervios y la solución para sentirnos
bien hablando de nosotras es la misma: el secreto es centrarnos en
ayudar a nuestro público.

El secreto es lograr que se trate de ellos.

Parece complacencia, ¿verdad? Pero existe una distinción inva-
luable entre ofrecer tu ayuda en detrimento de tu bienestar con el
fin de complacer a los demás y ofrecer tu ayuda desde tu abundancia
porque tienes lo que necesitan y se siente maravilloso dar. Una te
agota, la otra te llena. Una te hace sentir como mártir, la otra, como
heroína. Hablar en público es un acto de servicio, pero sólo es sus-
tentable si confías en que el fin es absolutamente fantástico. Entonces, recibes lo mucho que das.

"Lograr que se trate de ellos" nos obliga a juzgar en qué medida
creemos que el fin es fantástico. En qué medida creemos que tenemos valor. Pero te advierto que incluso decidir, aunque sea como dis-
quisición teórica, que estás aquí para ayudar y que lo lograrás tiene el
poder de sembrar caos en el sistema nervioso, reorganizar tu mente
y reajustar el coctel químico del cuerpo para producir menos inhibi-
ción y más permiso. El punto es, según la ciencia evolutiva, que tenemos una historia extensa a la hora de interpretar las miradas que se
posan sobre nosotras como amenaza. En sentido literal, los seres
humanos prehistóricos registraban a quienes los observaban como

depredadores: *¡Peligro! ¡Peligro! ¡Peligro!* Y detonaba la respuesta fisiológica correspondiente: respiración entrecortada, sonrojo, corto circuito en las funciones de la parte alta del cerebro para pelear, huir o paralizarse.

Sarah Gershman, de la escuela de negocios de Georgetown, escribe en *Harvard Business Review*: "Así que hoy, cuando hablamos frente a un grupo de personas y sentimos que nos observan, nos sentimos visibles, y es doloroso, como cavernícolas que salen a la luz del día",[4] y hacemos todo en nuestro poder para protegernos. Pero como no es socialmente aceptable salir corriendo del escenario, "construimos un muro entre nosotros y la fuente del peligro, en este caso, el público, para repeler el ataque y esquivar los peligros". Lo he visto en repetidas ocasiones. Uno de esos muros es no hacer contacto visual y depender demasiado en tus diapositivas o tus notas. Otra es hablar monótono, para ocultar lo que sientes, pero también para ocultar todo lo demás: el tono y el timbre, tu musicalidad única, tu capacidad para expresarte. Encuentras la forma de estar presente sin estarlo del todo.

Si conscientemente piensas que estás ahí para ayudar a tu público, puedes desarmar el botón de pánico. Suena diminuto, ¿no? Pero cuando elegimos mirar a nuestro público con bondad y ofrecer lo que tenemos con generosidad, detonamos una respuesta fisiológica muy distinta. Derribamos los muros y nos liberamos para ser nosotros mismos. Y esto no es diminuto, para nada.

Piensa cómo se siente estar para una amiga que te necesita. Cuando la ves sufriendo, quizá le ofrezcas un paralelismo con tu propia vida. En mis talleres, le he preguntado a salones llenos de mujeres: "¿Quién de aquí detesta hablar de sí misma?", y todas levantan la mano. Pero hablamos de nosotras con fluidez cuando sentimos que logrará un resultado muy claro; si al compartir lo que vivimos, nuestra amiga pondrá este día difícil en perspectiva, mitigará su sufrimiento o le ayudará a resolver su problema, lo hacemos sin pensarlo. Te apuesto a que no dudarías mencionar tus aptitudes si tuvieran pertinencia directa. "De hecho, estudié psicología infantil" o "Fui bailarina profesional" o "Me certifiqué en primeros auxilios". Sería ridículo ocultarlo si alguien se estuviera ahogando frente a ti. No es alardear, es generosidad. No se trata de ti, se trata de *ellos*. En mi comunidad de crianza en línea, todos los días nos salvamos el pellejo, ya sea con hilos sobre la crianza o negociar delicados cambios de profesión o insistir para que nuestras parejas sean mejores parejas. Leer y responder es una oportunidad constante de ejercitar este músculo: ¿qué tengo que pueda ser útil para alguien más?

Cuando alguien lo necesita, ayudamos. Es una generalización, desde luego, y explota los tropos de las mujeres como criadoras que enumera la doctora Gilligan. Pero existe un excelente motivo para participar en este intercambio de bondad, más allá de priorizar a los demás: cuando ayudamos a alguien, la gratificación es casi instantánea. Nuestra amiga se alegra o recibimos un *like* y se refuerza nuestro vínculo, nuestro cerebro segrega dopamina. De pronto, nos sentimos un poco embriagadas. Seguro recibimos un golpe de oxitocina, la "hormona del amor" que nos hace sentir apapachadoras, estimula la confianza y le ayuda a nuestros corazones: resulta que la oxitocina provoca que el organismo segregue un químico, óxido nítrico en el torrente sanguíneo, el cual reduce la presión sanguínea y les da una pausa a nuestros corazones. Si vemos a alguien necesitado, le ayudamos y rinde frutos. ¿Por qué no nos encantaría?

Y se pone mejor, hay estudios que demuestran que la oxitocina disminuye la respuesta de lucha-huida-parálisis. "La oxitocina, el compuesto conocido como la hormona del amor, el químico del apapacho, merece un nuevo apodo, combatiente del miedo",[5] anuncia *LiveScience*. La oxitocina se dirige a la amígdala, el centro del miedo en nuestro cerebro, y le dice a ese aguafiestas que se relaje, de hecho, incluso podría tratarse de un rasgo evolutivo diseñado especialmente para las mamás. El periodista científico Luke Yoquinto explica que "el cerebro entrega la hormona oxitocina a toda velocidad —que las nuevas mamás tienen en niveles elevados, empezando con el parto— a donde se necesita, para liberarlas para que protejan a sus crías".[6] Sin embargo, los hombres son perfectamente capaces de sentir ese subidón de oxi cuando ofrecen su ayuda, según un estudio internacional que realizaron los doctores Nina Marsh, Dirk Scheele y sus colegas en *Proceedings of the National Academy of Sciences*.[7] Pero puede que no tengan incentivos para buscarlo. (En la versión de papás de ese grupo de crianza, sé de buena fuente que, en general, compiten por quién postea el meme más chistoso. En serio, el patriarcado no es bueno para nadie.)

El truco para abogar por ti misma y tus ideas más valiosas cuando estás hablando en público es intensificar este intercambio —la necesidad, la ayuda, el golpe hormonal— incluso si no identificas su dolor. Puedes utilizar todas las demás herramientas en este libro para prepararte para ese momento, pero no calmarán el caos en tu interior ni le permitirán resonar a tu voz sin esta última herramienta. Acude con la intención de ayudar. Que se trate de *ellos*.

Mi conferencia TED favorita es *The Art of Being Yourself* [*El arte de ser tú mismo*] y en ella, Caroline McHugh, escocesa con mirada pícara y una empresa internacional de coaching que se centra en la individualidad, cuenta la historia de cómo de niña, cuando se preparaba para actuar en una reunión familiar, se sentía tímida. Recuerda una ocasión en la que su madre le dio un codazo para darle un consejo práctico: su labor era entretener, a nadie le interesaba ella. La dejó, en sus palabras, con un desinterés espectacular por ser el centro de atención. "Desde entonces, *nunca he sido el centro de atención*",[8] dice desde el escenario de TED. "Ustedes son el centro de la mía".

Seguro conoces ese dicho según el cual es más fácil conseguir un trabajo cuando en el fondo no lo querías. El mensaje evidente sería recurrir a la "indiferencia", pero no es así. Cuando no estamos desesperadas por demostrar que valemos, nos centramos en el exterior, vemos y escuchamos, e irónicamente, nos ayuda a que nos vean y

escuchen mejor. Hablar en público es, en esencia, ser vista y escuchada, pero también *es, en esencia, ver y escuchar*. Cuando te empieces a
sentir nerviosa o a descartar una anécdota, siente el piso en el que estás apoyada, huele el espacio, escucha la respiración, mira a la gente
que has ido a ayudar. Que ellos sean el centro de tu atención. Y si los
rostros son inescrutables, si el espacio es intimidante, si te parece ridículo pensar que podrían necesitar tu ayuda, piensa: ¿Qué tal que se
están ahogando pero lo están escondiendo bien? Si decides creerlo,
¿cuántos sistemas de poder se derrumbarían? Tan sólo por esa razón,
a lo mejor vale la pena intentarlo.

"Pero ¿dónde está la evidencia?", te interrumpirá esa tonta voz
interior. ¿Sabes qué? Ponle nombre. A lo mejor ponle el nombre de
tu persona menos favorita —quizás el de ese hombre que representa-
ta todo lo que está mal con el mundo— y después practica, incluso
un día, regáñalo cuando escuches la voz. "Hermano, no. Para nada.
No estás velando por mis intereses". Sé que es más fácil decirlo que
hacerlo, pero también es más fácil hacerlo de lo que creemos. Le ayudamos a nuestros amigos cuando nos necesitan revelando nuestras
propias vulnerabilidades, para que sepan que no están solos, y celebrando nuestra resiliencia para que recuerden la suya. Les ayudamos
contándoles historias por razones prácticas: es la forma más segura
de enfatizar lo que queremos. Permitimos ser vistos y escuchamos
porque les ayudará. Nuestro público merece lo mismo.

Tal vez el heroísmo sea el problema. No podemos subirnos al escenario como la heroína de nuestro público si el concepto se siente anti-
cuado o está hecho para otras personas. No podemos contar historias
de nuestra propia vida como si fuéramos la heroína en ellas si las
historias heroicas son la materia de las leyendas y *Star Wars*. No importa si has leído o no a Joseph Campbell, seguro conoces la estructura
clásica del "viaje del héroe": es una épica; es una prueba y, a veces,
para pasarla exige fuerza física; es cosa de hombres. Una clienta de

nombre Parker estaba enredada en una demanda laboral desagradable por cómo la despidieron, la primera vez me contó cómo se dieron
las cosas *desde la perspectiva de su exjefe*, no desde la suya. Lo reconocí
de inmediato porque lo he visto antes; a veces ni siquiera podemos
narrar nuestros propios viajes porque no los reconocemos como propios. No podemos relatar nuestra historia con precisión. Es el mismo
motivo por el que parece que nos caen mejor las mujeres con poder
cuando tienen empleo que cuando están compitiendo públicamente
por uno mejor, una estadística que ha salido a relucir cada que una
mujer se postula para la presidencia. El acto de competir la pone en
una misión y no nos cuadra. Los hombres emprenden misiones; las
mujeres... ¿los apoyan? ¿Esperan en casa? ¿Los tientan para que se
desvíen?

Pues urge desbancar ese paradigma. Y la solución no sólo es *La
mujer maravilla*. El heroísmo, la valentía y hacer el bien contra todo
pronóstico nos pertenecen a todas. El viaje del héroe no tiene nada
que ver con el género ni con el alcance del viaje tampoco. Puede ser
minúsculo como una epifanía en la regadera. En su discurso de aceptación del Nobel en 2017, el novelista Kazuo Ishiguro describió un
tema que se percató de que surgía en los puntos de inflexión de su
vida. "A veces se trata de momentos minúsculos, anodinos. Son des-
tellos reveladores, silenciosos e íntimos".[9] ¿Acaso el acto de transitar
uno de estos momentos con gracia cumple el requisito de heroísmo?
Depende, ¿qué consideras heroico? ¿Exige fuerza y gloria? ¿O se trata
de escuchar de cerca tu conocimiento interior y hacer lo correcto?
¿Osamos denominarlo heroísmo?

Quizá nos rehusamos a denominarnos heroínas porque estamos
condicionadas a ser las chicas buenas, lo que se presta poco para que
nuestros logros nos enorgullezcan, o quizás, hasta cierto punto, sos-
pechamos de los héroes y la fuente de su orgullo. Como dice la canción de Liz Phair:[10] "He's just a hero in a long line of heroes / looking
for something attractive to save. / They say he rode in on the back

of a pickup / and he won't leave town till you remember his name".[*]
Esta clase de heroísmo es masculino. Se reduce a la vanidad, la violencia, a priorizarte por encima del grupo. Se reduce a la fama en
beneficio de la fama.

Tal vez Hollywood tenga la culpa. Como escribió la actriz y guionista Brit Marling en "I Don't Want to Be the Strong Female Lead"
["No quiero ser la protagonista fuerte"], un ensayo que me enviaron
mis amigas en cadena cuando se publicó a principios de 2020 en *The
New York Times*: "El 'viaje del héroe' comprende siglos de ensayo y
error, durante los cuales un joven emprende una aventura, repleta
de dificultades, enfrenta una batalla culminante de la que surge vic-
torioso, cambiado, un héroe. Si bien hay patrones narrativos para las
aventuras de las chicas —*Alicia en el País de las Maravillas, El mago de
Oz*—, son contadas, y para las mujeres adultas, casi inexistentes".[II]
Como dice Jia Tolentino en *Trick Mirror* [*Falso espejo*], donde estudia
el canon de la literatura occidental, los relatos en torno al desarrollo
de las chicas las retratan "valientes, inexpresivas o amargadas", es decir, si —y es un condicional importante— acaso llegan a la adultez.
A Marling le esperaba una carrera interpretando a la solución nuevecita de Hollywood para contar las historias de mujeres adultas: "la
protagonista fuerte". Y la rechazó. "Sería difícil negar que se le puede
sacar jugo a cualquier narrativa que le dé poder a las mujeres y voz
en el mundo. Sin embargo, cuanto más interpretaba a la Protagonista Fuerte, más era consciente de la limitante especificidad de las
fortalezas de los personajes: destreza física, ambición lineal, racionalidad centrada", escribe. ¿Por qué alterar el tradicional viaje del héroe
cuando puedes darle el papel a una mujer y ponerle un top sexy?

[*] "Es sólo un héroe en un linaje de muchos / que busca salvar algo atractivo. /
Dicen que cabalgó en la cajuela de una pickup / y que no se irá del pueblo
hasta que te grabes su nombre". [*N. de la t.*]

Dios sabe que he sido coach de muchos guiones que el mundo no necesita. En su ensayo de 2019, "When the Hero Is the Problem" ["Cuando el problema es el héroe"], Rebecca Solnit sugiere que los guardianes que le dan luz verde a los proyectos en Tinsel Town sólo saben contar este tipo de historias sobre el viaje del héroe. Por lo que es inevitable que escuchemos las mismas historias una y otra vez. "La narrativa estándar de una película de acción exige que una persona excepcional ocupe el primer plano y que los demás personajes estén en el espectro de inútiles, despistados o malos". Si no nos reconocemos en los héroes, entonces nos queda identificarnos en una de estas categorías que no nos preparan para tener éxito. Solnit se pregunta si el problema de fondo sea que el heroísmo *comunitario*, el femenino, el que no opera poniendo a los individuos en un pedestal sino distribuyendo el poder de forma más equitativa, supone asistir a muchas reuniones extensas, y las reuniones no son atractivas en pantalla.

Lo que para mí es heroísmo no es material convencional para las películas: llegar a un consenso en una reunión, tomar una decisión pequeña que genere una reacción en cadena, defender a alguien, cambiar de opinión cuando estés mejor informada, compartir tu vergüenza en vez de quedarte callada, responsabilizarte por algo difícil de asumir. Pero, si nos lo permitimos, son excelentes bases para relatos que podemos contar.

Cuando a la congresista estadunidense Ayanna Pressley se le empezó a caer el cabello, a un año de asumir su cargo, lo mantuvo en secreto, y temía irse a dormir en la noche porque sabía que a la mañana siguiente encontraría mechones en su almohada. Aunque cuestionó la vanidad de lo mucho que creemos que el cabello nos define, de todas formas tenía vergüenza. Hasta que decidió hacer una jugada arriesgada: confiar en que el relato de quedarse sin cabello merece contarse. Grabó un video para *The Root*, y viendo directo a la cámara, sin cortes ni producción sofisticada, habló. Compartió la alegría de encontrar su estilo durante la ruta de su campaña (trenzas senegalesas y las implicaciones culturales, en sus palabras, "el cabello es un acto político"),[12] y su rápido descenso en la calvicie, la desesperación cuando le diagnosticaron alopecia, el alivio de saber y su vulnerabilidad todavía al rojo vivo mientras intentaba hacer las paces con su cabeza rapada.

Si ves el video, la verás hablando sin guion, pensando en voz alta frente a la cámara, encontrando las palabras en ese momento, y asumiendo la responsabilidad de ser franca. La verás contando la historia, el principio, la mitad y más o menos el final, o cómo le llame a esta parte de su viaje. Verás que nos permite verla y escucharla. Y no sólo eso: logra que se trate de nosotros. Comparte su vergüenza y nos brinda la oportunidad de hacer lo mismo: "No vine a apropiarme del espacio, vine a crearlo", dice en el video. Así contamos nuestras historias. Esto es heroísmo. Es el nuevo sonido del poder.

"Deben silenciar sus voces honestas para ser aceptadas y amadas", la doctora Gilligan observó en sus sujetos de estudio. Este acto de hablar con honestidad versus ser amadas es complicado en nuestra vida personal, no quiero desestimar lo delicado que es, las miniconcesiones que debemos hacer para mantener la paz en casa o las pequeñas mentiras que contamos para proteger a nuestros seres queridos, y el precio de no hacerlo. Tal vez es aún más complicado en nuestra vida profesional, si tu trabajo requiere que hagas cosas con las que no estás de acuerdo. Pero como lo evidencia el mito de *La sirenita*, a largo plazo, cambiar tu voz por amor es un intercambio de mierda. Cuando trabajas en lo que te apasiona, tu público te amará precisamente por tu voz honesta. El público identifica los filtros de Instagram, los escritores fantasma y las políticas partidistas: esperamos una voz desconectada que pronuncie palabras agradables que mantengan el *statu quo*. Como dice Priya Parker en *El arte de reunirse*: "dedicamos buena parte de nuestro tiempo a momentos poco estimulantes, decepcionantes, que no nos cautivan, no nos cambian en lo mínimo ni nos conectan con los demás".

De cara a esa expectativa, el poder radica en hablar con la verdad. Nos cautiva, nos cambia, nos conecta. Me viene a la mente X González, tomando el micrófono tres días después de que diecisiete de sus compañeros de clase murieran a tiros en su preparatoria, con su cabeza rapada y el dolor reciente. Habló sin complejos, señaló a los medios de comunicación y a los políticos: "Es una mierda". X habló con una verdad sin adornos, incorrecta, fea y forjada en el fuego. Recibió resistencia y odio. Nadie la confundió con una "chica buena". Pero también se convirtió en un símbolo de heroísmo en todo el país por hablar con la verdad cuando pudo haber dicho algo bonito.

Otro ejemplo es Alicia Keys, cuando fue anfitriona de los Grammys en 2020, como si nos hubiera invitado a dieciséis millones y medio de personas a la sala de su casa. De pie frente a su teclado, a punto de interpretar una parodia que había escrito para la ocasión, hizo contacto visual con el público y habló a todo pulmón al micrófono: "¿Me pueden conectar mejor el piano al audio, por favor, para poder cantarle al público como merece?". También pudo haber dicho algo lindo, fingir que no necesitaba nada para mejorar su presentación. Optó por decir la verdad. Y se ganó el cariño del público todavía más. (En su autobiografía *More Myself*, se describe como una persona complaciente en recuperación, le tomó años preguntarse: "¿Y yo cómo me beneficio?".)

Una amiga que está en un programa de doce pasos me dijo a propósito de todos los relatos que ha contado y escuchado en los sótanos de iglesias y salones diversos: si no es real, no es útil. Y es el punto: es lo que debemos practicar si queremos contar nuestras historias con precisión. Es lo que me funciona cuando me quedo en blanco. Debemos creer que contamos historias útiles. Cuando hablamos de nosotras y nuestra vida, parece que todo gira en torno a nosotras, yo-yo-yo. Pero en el fondo todo gira en torno a los demás. *En el fondo*, todo gira en torno a nosotros. La antropología dice que la narración es central para la existencia humana y un rasgo de todas las culturas sobre la tierra. En *The Art of Immersion* [*El arte de la inmersión*], Frank Rose, asegura que implica "un intercambio simbiótico entre el que relata y el escucha, un intercambio que aprendemos a negociar desde la infancia".[13] Ese intercambio puede ser desde un acto de entretenimiento puro a una lección, reírnos para sentirnos menos solos. Pero no es unilateral. Siempre y cuando nuestra intención es que sea útil, no es irrelevante.

Si decides ser la heroína en tus historias y después las compartes, es una revolución a la que te puedes sumar con el simple acto de abrir la boca. Cuando contamos esos relatos en vez de pasarlos por alto —los discretos, los colaborativos, los que tratan temas que la mitología antigua no menciona, ni siquiera *El mago de Oz*, los que transcurren en aburridos cuartos de hotel sin finales ostentosos—, le damos al público la oportunidad de escucharlos, y eso cambia la relación de todos con su propia versión del heroísmo. Como sugirió Ilyse Hogue, la forma más importante de prepararnos para hablar en público es estar orgullosas de nuestra vida. Y si reconocemos que la vida que hemos vivido, los reveses y errores, lo que fue nuestra culpa y lo que no, si nos tomamos el tiempo de apropiarnos de todos esos aspectos, entonces los podremos convertir en ofrendas.

¿Qué historias puedes contar? Primero, ayúdate contemplando las necesidades de tu público. Investiga con antelación frente a quién vas a hablar. Reúne información demográfica si se trata de un grupo grande o busca en la prensa si se trata de alguien con presencia en línea. Pregunta a mentores, contempla tendencias en la industria, intercambia ideas con un amigo sobre qué ayuda necesitan tus clientes, inversores o futuros votantes para mejorar sus vidas. Ten en cuenta qué auto manejan o qué transporte toman, por qué baches pasan de camino al trabajo, qué les duele y qué les enorgullece. Imagina qué leen, qué ven, qué aman, qué los hace reír. Fantasea para que no se sientan como desconocidos.

En el lugar, puedes empezar planteando preguntas: preguntas cuyas respuestas te interesen de verdad. Le ayudo a mis clientes a incluirlas en sus presentaciones y también lo hago al principio de mis talleres, por varios motivos: para evaluar a mi público, para animarlo a participar y escuchar sus voces en voz alta, y para escucharnos mutuamente. "¿Por qué viniste a un taller para aprender a usar tu voz?". Me dan algunas respuestas y *voilà*, mi plática se convierte en diálogo. Una pregunta que le sugerí a un cliente que se estaba postulando para un cargo público en un distrito plagado de corrupción fue: "Levanten la mano si creen que su representante electo vela por sus intereses. Bien, ¿y quién quisiera que así fuera?"

A medida que contemples tus historias y las necesidades de tu público, puede ser liberador empezar con una estructura sencilla. Sara Hurwitz, redactora de los discursos primero de Barack Obama y luego de Michelle Obama durante sus ocho años en la Casa Blanca, me compartió una forma muy práctica de arrancar una presentación: "Muchas gracias a esta persona y a aquella...". Y continúa celebrando la historia del público: "Pero sobre todo, gracias a ustedes".

Sin embargo, Sarah me contó que esto no es suficiente. Es importante decir algo significativo sobre tu público. "Si la señora Obama estaba hablando con un grupo de enfermeras, decía algo así: 'Son extraordinarias. Todos los días están haciendo esto y esto y aquello'. Y es muy importante detallar esos momentos. Todos dicen que hay que demostrarlo, no hablar, ¡pero nadie lo hace!". No digas una lista de adjetivos bonitos. Como ella lo expresó, con amor firme: "Bla-bla-bla, a nadie le importa. Es mejor: '¿Saben qué? Ahora, en esta pandemia, son ustedes quienes acompañan a los pacientes que no pueden respirar, tómenles la mano, proporciónenles un iPad para que puedan hablar con sus seres queridos. Son ustedes quienes hacen una hora de traslados, arriesgando sus vidas, tomando en tren en...'. Tienen que hacerlo así de evidente". Así le demuestras al público que entiendes sus necesidades. De esta forma, lo siguiente que digas les parecerá relevante.

Por último, responde, ¿por qué vinimos hoy? Sarah sugiere: "porque el trabajo que están haciendo me parece importante y así quiero apoyarlas...". Tal vez incluso tengas una historia sobre enfermeras, en este caso, tienes que contarla. Le pregunté a Sarah cómo Michelle Obama decidía su oferta puntual para el lugar específico en el que se encontraba cuando no era tan clara. Me respondió que hay que empezar preguntándonos, ¿Qué es lo más *honesto* que puedo decir aquí? A continuación, incluyo algunas preguntas que me parecen generadoras, y te ayudarán a prepararte:

¿Qué admiro de mi público y quiero compartírselo?

¿Qué creo que necesitan? ¿Lo saben o no?

¿De qué me gusta más hablar aquí?

¿Qué me entusiasma?

¿Qué me hace reír o me hace sentir lúdica?

¿Qué implicaría romper un poquito las reglas?

¿Qué implicaría romper mucho las reglas?

¿Qué es lo más honesto que podría decir si mi valentía fuera ilimitada?

¿Cuáles son mis certezas?

¿Cuáles son mis dudas?

¿Qué me genera curiosidad y sólo puedo aprenderlo de mi público?

Siempre es útil preguntar, ¿Qué estoy ofreciendo? Sí, y ¿qué estoy ofreciendo *de verdad*? Cuando empecé con la propuesta de este libro, la oferta era un tratado sobre hablar en público desde la perspectiva feminista. Pero ¿qué estaba ofreciendo *de verdad*? Coaching. No hechos, sino un abrazo enorme que sugiriera "no es tu culpa", "no estás sola", porque sé que esto libera nuestras voces y nos permite encontrar la alegría en el acto de comunicarnos. Con frecuencia, hacemos nuestra oferta abierta con lenguaje diurno, pero nuestra oferta real, con lenguaje nocturno, y llega a las necesidades más profundas de nuestro público, más profundas de lo que cree. Verdades, más que hechos. Es tan esencial que, si sólo tienes dos minutos antes de hablar y estás entrando en pánico, respira y pregúntate con suavidad: "¿Qué estoy ofreciendo?". Y "¿qué estoy ofreciendo de verdad?". Y, desde luego, atrévete a creer que tienes lo que necesitan.

Incluso con mis clientes corporativos que conocen su oferta en el plano intelectual, porque han trazado los problemas persistentes en equipo, a menudo no han hecho la labor de internalizar las respuestas al grado de que crean, en serio, que están haciendo algo importante. Y se nota. Les avergüenza tomar la iniciativa en un proyecto, les incomodan los reflectores. Fui coach de un hombre llamado Xavier, el CEO nuevo de una empresa de tecnología milmillonaria. Como creció fuera de Estados Unidos, tenía acento, pero ése no era el problema, para nada. De hecho, la empresa estaba usando su acento como carnada para conseguirle un coach de comunicación (de lo que me enteré hasta que lo conocí en persona). El problema es que era introvertido y tenía una mentalidad fija: se había convencido de que era malo para hablar en público. Lo detestaba y no le interesaba que lo convencieran de lo contrario.

Le pregunté en qué pensaba mientras se preparaba para las reuniones generales que tenía que dirigir todos los viernes con sus empleados. Me respondió: "La información que tengo que compartir" y "Lo mucho que no me gusta esta parte de mi trabajo". Sobra decir que el resentimiento no es una buena estrategia. Pero lo más importante: el resentimiento giraba en torno suyo. Estaba pensando en él, no en su público ni en cómo podía servirles a esos seres humanos reales. Qué necesitaban, como sus empleados. O qué podía ofrecerles, como su jefe. Y qué podía ofrecerles *de verdad*. No se había dado cuenta de que podía plantearse preguntas más generadoras, aprovechar la oportunidad para conectar con sus empleados, y para ser honesta, pasarla mucho mejor.

En mi caso, después de esa sesión con las coaches para incorporarme al programa de MoveOn, terminé trabajando con muchas mujeres que se estaban postulando para cargos públicos por primera vez, muchas de las cuales siguen en sus puestos. Y fui testigo, una y otra vez, de cómo ayudarlas a identificar su epifanía les dio el duende al instante. Pum, así. Relatar la historia sobre su decisión les hizo cobrar vida cuando hablaban en público, les permitió ser visibles, de verdad. Y me di cuenta de que ésa era mi superposición del diagrama de Venn. Sentada en una de esas sesiones, con una magnífica joven candidata llamada Emily, quien eludió su historia hasta que dejó de hacerlo, tuve una epifanía total: tenía que ayudar a más mujeres a ser visibles en público. Necesito ayudar a quienes ha relegado la historia obsoleta de a qué suena el poder, para que cambien esa historia. Ésa es mi misión. Porque lo tenemos que hacer juntas, sin escondernos, ya sea vocalmente o de otra manera. Ser visibles como personas íntegras que nos hemos dado permiso de expresar la música que llevamos en el alma, así podemos cambiar a qué suena el poder. Lo cual cambiará quién tiene el poder. Lo cual cambiará el mundo. Así que cuando Princeton me invitó a hablar sobre las voces de las mujeres, dije que sí; cuando mis amigas me pidieron ser su coach, también dije que sí, y en última instancia supuso ser coach de desconocidas, lo cual se convirtió en una nueva empresa, un podcast, un libro y un llamado: mi oferta para usar mis competencias para aliviar lo que más me duele del mundo. Sentí cómo recuperaba mi entusiasmo.

Me encanta esa historia. Pero no suelo compartir ésta: seis años antes de esas elecciones de medio término, a la semana, me había casado, ido de luna de miel y me había despedido de mi esposo para volar a Denver y hacer campaña para Barack Obama porque una amiga de la universidad nos había reunido a varios para ayudarle en un estado en disputa. Fuimos de puerta en puerta, platicamos con posibles votantes, nos aseguramos de que tuvieran la intención de ir a las casillas, escuchamos qué les preocupaba. Recuerdo sentirme incómoda, no siempre tenía las respuestas, pero al mismo tiempo, entusiasmada de estar ahí y conectar con completos desconocidos, ser parte de algo más grande que yo. Recuerdo montones de hojas de cálculo engrapadas, botanas baratas y pedirle prestada una chamarra de invierno adecuada a un amable residente de Denver. Recuerdo un rally sorpresa cuando Obama pasó por la ciudad ese fin de semana, me propuse como voluntaria para cuidar la puerta, permitiéndole el paso a los asistentes y compartiendo el entusiasmo con todos ellos. No fue igual de glamuroso ni influyente como ser coach de candidatas a cargos públicos, pero esa semana logramos que Denver se volviera azul. A solas en el aeropuerto de Los Ángeles la noche de las elecciones, esperando mi coche en la banqueta, una notificación de mi teléfono me avisó que Obama había ganado Colorado. Me puse a llorar. Lloré tan fuerte, que más de un peatón preocupado me preguntó si estaba bien. ¿Acaso fui el miembro más heroico del equipo de reelección de Obama? Para nada. Pero ése es el punto, me di cuenta, al recordar esta historia que no me parecía digna de compartir: de que el heroísmo no es competitivo, no tenemos que ser lo máximo en nada. No obstante, con humildad y perspectiva, debemos practicar ponernos en el centro de nuestras propias narrativas, extraer el heroísmo de nuestros relatos, no porque sean los más heroicos, sino porque son nuestros.

Explota las historias de tu vida. Éste es mi acordeón para hacerlo:

1. Encuentra tus valles. Lisa Nichols, oradora motivacional y narradora extraordinaria, nos dice cuando si logramos salir de un valle en la vida, nos beneficiamos. Pero si hablamos de ello, beneficia a quienes todavía estén sorteando sus propios valles. Cuando compartimos historias, multiplicamos su valor. ¿En qué valles has estado? ¿Cómo lograste salir de ellos?

2. Encuentra el dramatismo en las cosas pequeñas. En palabras del escritor Boze Herrington: "Imprímele magia a tu vida

convirtiendo lo mundano en algo emocionante. No 'vas a la farmacia', vas a la botica a comprar pociones. No 'vas a hacer un mandado', vas a una misión. No estás 'alimentando a los pájaros', estás pactando una alianza con la reina de los cuervos".[14]

3. Encuentra el dramatismo en lo inusual. Identifica por qué tus historias resultaron como lo hicieron *porque* eres mujer o *porque* los espacios del poder no fueron construidos para ti, así que tuviste que construir uno nuevo. Permítete considerar problemas que resolviste con herramientas como la empatía, la colaboración, partes de la trama que están ausentes de las historias clásicas de héroes. En *Que hable Casandra*, Elizabeth Lesser pregunta qué pasaría si "a un lado del Monumento a la Guerra de Vietnam hubiera un muro similar con miles de nombres de las personas que han perfeccionado otras maneras de lidiar con el conflicto, como la comunicación, el perdón y la meditación. Que han abogado por la justicia para transformar las condiciones económicas y sociales que engendran malestar antes de que estallen". Busca las historias del mundo que aludan a esta clase de heroísmo, pero también dentro de ti.

4. Sé específica. Nos encantan los detalles. En el viaje de campaña y de nuevo durante la Convención Nacional Demócrata de 2020, Elizabeth Warren compartió una historia:

Una noche, mi tía Bee me llamó para ver cómo estaba. Creí que estaba bien, pero me desplomé y me puse a llorar. Había procurado tener todo bajo control, pero sin servicios confiables de cuidado infantil, trabajar era casi imposible. Y cuando le conté a mi tía Bee que iba a renunciar a mi trabajo, creí que se me rompería el corazón. Después me dijo algo que me cambió la vida: "Mañana no puedo, pero voy el jueves". Llegó con siete maletas, un pekinés llamado Buddy y se quedó dieciséis años. Estoy aquí esta noche gracias a mi tía Bee.

La historia es poderosa porque revela un momento de crisis y lo que hizo después, pero es particularmente efectiva por los detalles: jueves. Siete maletas. El pekinés. Buddy. Pudo haber dicho: "Necesitaba quién me cuidara a los niños y mi tía Bee me ayudó", es la versión que cualquiera de nosotras podría contar si dejamos que las voces tontas estén a cargo. Pero gracias a los detalles, la senadora Warren transmitió imágenes de su mente a la nuestra.

El doctor Uri Hasson, profesor de psicología y neurociencia en Princeton, explica la ciencia de este intercambio en su Conferencia TED: "This Is Your Brain on Communication" ["Éste es tu cerebro cuando se comunica"]. Utiliza muestras de audio de un comediante que comparte un chiste sin siquiera llegar al final —un recordatorio de que las historias no tienen que ser especialmente dramáticas ni tristes— y muestra con elementos visuales que cuando se analizan los cerebros de los escuchas mientras están escuchando estos audios, aparecen los mismos patrones y las figuras que en la mente del hablante. Entramos en sintonía con nuestro público. El doctor Hasson denomina la capacidad de nuestro cerebro para transmitir y recibir los recuerdos, los sueños, las ideas y las historias de los demás de esta forma, "sincronización neuronal".[15] Como si se fusionaran las mentes. Si compartimos una historia con suficientes detalles, podemos transferir, en sentido literal, la actividad cerebral en nuestra mente a las mentes de nuestros escuchas, casi como si ellos mismos estuvieran viviendo nuestra historia.

5. Desarrolla la narrativa. A veces, nos sale una historia completamente formada, con principio, desarrollo y final. Pero la mayoría de las veces, tenemos una colección de momentos,

cuando rememoramos nuestros valles (o cimas o caminatas tranquilas). Se requiere un poco más de sutileza para convertir la vida real en lo que reconocemos como una historia. Si no te consideras una persona "con muchas historias" tal vez es porque todavía no refinas esos momentos. En palabras de Toni Morrison, "conviértelos en arte".

Cuando recuerdes esos momentos, pregúntate: ¿cuál fue el problema? ¿Qué me estaba jugando? (Es el principio.) ¿Cómo lo resolviste? ¿*Hiciste* algo? Si así fue, ¿sabías que era lo correcto o lo intentaste a ciegas? (Es el desarrollo.) ¿Qué aprendiste? ¿Cómo te ha cambiado? (Es el fin.) Haz una lista, incluye unas cinco epifanías que hayas tenido. Enriquece la lista en la semana, no se te tienen que ocurrir todas al mismo tiempo. Después plásmalas en una historia con principio, desarrollo y final, incluso si todavía no se siente orgánico.

6. Esto es importante: a la mierda. Si todas estas estrategias funcionan, genial. Pero si te hacen sentir desconectada de tu historia, no las hagas. A fin de cuentas, es *tuya*. Deja que la historia surta efecto en ti y que te haga sentir. No olvides, esos sentimientos pueden ser de placer o alegría. Lo esencial es que sea importante para ti. Cuando Ishiguro aceptó su Nobel, frente a un salón lleno de creadores globales de tendencias: "La próxima generación concebirá nuevas formas, en ocasiones desconcertantes, de contar historias importantes y maravillosas. Debemos mantener la mente abierta, sobre todo en lo referente al género y la forma, para apoyar y celebrar las mejores. En una época de divisiones cada vez más peligrosas, es preciso escuchar". Mantén la mente abierta ante tus propias formas de contar historias.

7. Por último, no evadas. Identifica el instinto de evadir y dudar. Identifica si intentas omitir detalles porque te preocupa parecer aburrida o egocéntrica. Identifica si tu primera reacción

es hacer la historia universal, si recurres a la segunda persona del plural en vez de la primera del singular. Cuenta la historia, la historia real. Si te aburre, está bien, no la cuentes. Si es demasiado íntima y no estás lista, no la cuentes. Pero si te emociona y te genera emociones, cuéntala. Si existe la probabilidad de que ayudará al escucha a verte o verse mejor, cuéntala. Creo que para ayudar a los demás es *preciso* hablar de nosotros, así que no le ayudas a nadie escondiéndote.

El doctor Dacher Keltner, académico de Berkeley, nos recuerda que "las historias no sólo son el material de películas y novelas. Enfatizan nuestras vidas cotidianas a través de los chistes, los intercambios amistosos, los recuentos del día en la comida familiar y los cuentos que los niños esperan con emoción a la hora de dormir".[16] La oportunidad de contarlas y ser parte de la revolución te espera cada vez que hablas en público.

Te espera la oportunidad de ser el nuevo sonido del poder. Aprovéchala. Aquí estamos y necesitamos escucharte. Igual que AOC. Igual que esas mujeres que ganaron en sus distritos. Como Simone Biles. Priya Parker. Valarie Kaur. Emily Nagoski. Rachel Rodgers. Greta Thunberg. Incluso Carol Gilligan, Jane Goodall, Mary Beard y Maxine Waters (no tienes que ser joven para aportar algo nuevo). Las escucho hablar y pienso: gracias por el recordatorio. Yo también puedo sonar segura pero amorosa. Yo también puedo asustarme con la audacia de mi llamado a la acción. Yo también puedo ser lúdica, traviesa, una humanista flagrante, liderar con el corazón, y ser seria, todo a la vez.

Escuchar el nuevo sonido del poder —las voces que revelan una vida— es estimulante. Es inspirador. Me dan ganas de levantarme y expandirme. Me dan ganas de alumbrar el cielo. Me dan ganas de revelar más de mí y dirigirme a esa parte de ti, mi lectora, que es la que alberga más esperanza, tu ser más anhelante, lleno de posibilidades.

Así que: hola. Me dirijo a tu posibilidad, no a tu miedo. Tu miedo siempre será bienvenido, pero me dirijo a tu posibilidad. ¿Estás comprometida con la práctica de subir al escenario con valentía y alegría? Hazlo. Encuentra oportunidades para subir al escenario y prepararte con antelación, para aprender a prepararte mejor. Tal vez haces un calentamiento con respiración y te tomas tu tiempo. Tal vez te preparas para acceder al poder y te animas a ocupar espacio. Tal vez te rodeas de personas que te hacen sentir que eres suficiente, digna, y que tus historias son increíbles. Tal vez pienses en tu público, en lo que necesitan de verdad y logras que se trate de ellos. Quizá pienses en la superposición del diagrama de Venn y determines cómo tus competencias abordan lo que más te duele del mundo. Tal vez te pones el labial que te da "permiso para hablar", te pones a bailar y así declaras tu entrada a la música. Quizá ves tu conferencia TED favorita y te imaginas en el escenario. Quizá tu amplia definición del heroísmo te incluye a ti.

Prueba todo, con el conocimiento de que habrá algunos espacios que no podrás animar (aunque tal vez, de todas formas, querrás hacer lo que fuiste a hacer) y muchos otros que sí. Con el conocimiento de que si de verdad eres visible en el momento de serlo, dirás algo arriesgado con una voz que reconocerás como propia, y le pedirás a tu público cosas que no habían contemplado cuando despertaron esa mañana. Utilizarás tu discurso para construir el mundo en el que quieres vivir. Por ti, por mí, por todas.

Agradecimientos

Gracias a todos mis maravillosos clientes, pero sobre todo a Hannah, la primera que me buscó, a Carrie, Cindy, Chris, Sashka, Mia, Ruth, Anita, Emma, JJL, Pom, Rachel, Suki, Édgar, Emily, Deborah, Ashley, Gal, Juliet y Jordana. Compartir tiempo, espacio y sonido con ustedes me hizo una mejor persona, y valoro profundamente sus historias.

Gracias a mis espléndidos amigos: Tara, Em, Al, Amy, Amanda, Anna, Nana, Andrea, Eric, Sarah, Jo, Elisa, DFC, Joe, Peter y la doctora Stef, Annie y Anna. Y a Courtney, Shawnta, Belle (¡crédito del título!) y al grupo de Whiteboard de los miércoles, Cat y Mark, Neelamjit, Marie, Amy, Vikki y Lauren por las primeras lluvias de ideas. Me gusta decir que necesitamos espacios seguros para equivocarnos antes de hacerlo bien, y ustedes me lo concedieron.

Gracias a mis lectores generosos: Nikki McNight, Shanea Dangerfield, la senadora Mona Das, la doctora Alisa Angelone, Tovi Scruggs-Hussein, Jenna Reback, Ron Carlos, Robin Galloway, Amanda Brandes, Liz Femi, Carrie Gormley, Alanna Thompson y Natalie Laine Williams. Me hicieron sonrojar y sentir orgullosa, y el libro es mejor gracias a ustedes.

Gracias a June Diane Rapahel por pedirme escribir sobre este tema y a Jessi Klein por una presentación que me cambió la vida (vaya hermandad mágica). Gracias a Joel Silberman por la confabulación. Gracias a Sadaf Khan, mi investigador, impulsor de ideas y adivino; me urge leer tu libro. Gracias a Tara Copeland Eastwick por las llamadas a las once de la noche. Gracias a mis agentes literarios, David Kuhn y Nate Muscato, quienes me animaron desde el principio para hablar con una voz completamente mía, sin vergüenza y sin restricciones. Y a mi editora de ensueño, Libby Burton, quien me prometió llevarme de la mano, pero quien en realidad me dio los mejores abrazos de oso, a la distancia, durante todo el dramatismo de la pandemia y los primeros borradores feísimos (por suerte, estos abrazos estuvieron acompañados de un sinfín de notas al margen). También gracias a Lydia Yadi, Aubrey Martinson y a los equipos increíbles de Crown, Penguin Random House y Penguin Business UK.

También estoy infinitamente agradecida con estas mujeres notables que me han inspirado o han conspirado conmigo: Malika Amandi, Jamison Bryant, Shima Oliaee, Hadar Shemesh, Katharine Hirst, Lucy Cooper, Esmé Weijun Wang, Steph Green, Sarah Hurwitz, Liz Kimball, Lori Snyder, Chris Bubser, Jen Levin, Amanda Montell, Viv Groskop, N. Chloé Nwangwu, la doctora Reena Gupta e Ilyse Hogue. Por la instrucción: Jennifer Armbrust, Rachel Rodgers, Carmina Becerra y Geeta Nadkarni. Por la mentoría: Kate Wilson, Thom Jones, Cicely Berry, Lynn Soffer, Ursula Meyer, Stephen Gabis, Francie Brown, Diane Kamp, Val Lantz-Gefroh, John Neffinger y Jane Grenier. Y por la comunidad de HODG, los Shmillies y Pile.

Gracias a Monica Anderson por decirme: "Escribe lo que te haga sentir bien". A Andrea Peneycard por decirme: "Escoge lo que está funcionando". A la doctora Anne Charity Hudley por decir: "Escribe algo que honre la memoria de aquellos que han muerto de éste y todos los virus". El profesor Mote, mi profesor de lengua de la preparatoria, por siempre indicarme el camino más peligroso. Glennon Doyle por decir "No cantas porque tienes una nueva canción, cantas porque tienes una nueva voz". adrienne maree brown por decir que tenemos que aprender a "convertir la justicia y la liberación en las experiencias más placenteras que tengamos en este planeta". Y a Rebecca Traister por decir: "La ira de las mujeres diagnostica la injusticia social".

Le agradezco a mi abuela, que quería que leyera todo lo que escribió en las semanas previas a su centésimo cumpleaños. A mamá, por siempre recordarme quién soy, y a papá, por siempre estar orgulloso de quien soy. Gracias a los dos por hacerme parte del negocio familiar.

Y a mi hijo, todo un *mensch*, y a mi esposo, una pareja de verdad. Patrick, gracias por mantenerme al día con memes, los trastes limpios y amor.

Notas

Introducción: el nuevo sonido del poder

1   Mary Beard, *Women & Power: A Manifesto*. Profile Books Limited, 2017.
2   Bertrand Russell, discurso de aceptación del Premio Nobel [en inglés], 1950, https://www.nobelprize.org/prizes/literature/1950/russell/lecture/.
3   Jia Tolentino, *Falso espejo. Reflexiones sobre el autoengaño*. Trad. Juan Trejo. Editorial Planeta, 2020.
4   Martin Luther King. Tengo un sueño. Ensayos, *discursos y sermones*. Trad. Ramón González Férriz. Alianza Editorial, 2021.
5   bell hooks, *Writing Beyond Race: Living Theory and Practice*. Routledge, 2013.

I. La respiración

1   "Emma Watson—One Young World 2016", YouTube, https://www.youtube.com/watch?v=elbqER_ZrLQ/
2   Tamika Mallory durante un taller que organizó el Fondo Higher Heights Leadership Fund, 11 de julio de 2020.
3   Discurso completo de Kamala Harris en la Convención Democrática Nacional https://www.youtube.com/watch?v=JijFLcbIqMs.
4   Seth Godin, en el podcast *#AmWriting*, https://amwriting.substack.com/p/episode-236-shipping-your-creative-35c?s=r. Lecturas adicionales: Seth Godin, "Perfectionism (Has Nothing to Do with Perfect)", *Medium*, 17 de noviembre, 2020, https://sethgodinwrites.medium.com/perfectionism-has-nothing-to-do-with-perfect-157f87861b46
5   Henry David Thoreau, *Caminar*. Trad. Edgardo Scott. Interzona, 2020.
6   Bill Bryson, *The Mother Tongue: English and How It Got That Way* (William Morrow & Co., 1990).
7   Marien Komar, "Department Stores Are Basically the Reason Women Were Allowed in Public", *Racked,* 9 de febrero, 2018, https://www.racked.com/2018/2/9/16951116/department-stores-women-independence
8   Judith Mattson Bean, "Gaining a Public Voice", en *Speaking Out: The Female Voice in Public Contexts*, ed. Judith Baxter (Palgrave Macmillan, 2005).

9   Catharine Beecher, *An Essay on Slavery and Abolitionism, in Reference to the Duty of American Females* (Henry Perkins, 1837).

10 Ministros congregacionalistas de Massachusetts, carta pastoral, Brookfield, MA, 27 de junio de, 1837.

11 Elizabeth Lesser, *Que hable Casandra*. Trad. Ama Isabel Sánchez Díez (Maeva, 2022).

12 Maria Tatar en entrevista con Manisha Aggarwal-Schifellite, "Genuine Heroines", *The Harvard Gazette*, 5 de noviembre, 2021.

2. El tamaño

1   Tanya O. Williams, taller *Radical Courage*, presentado por Liz Kimball, 28 de junio, 2020.

2   Alexandria Ocasio-Cortez, *A la conquista del Congreso,* dir. Rachel Lears, Netflix, 2019.

3   Amy Cuddy, "Your Body Language May Shape Who You Are", TEDGlobal, junio 2012, https://www.ted.com/talks/amy_cuddy_your_body_language_may_shape_who_you_are?language=en

4   Sonya Renee Taylor, *El cuerpo no es una disculpa*. Trad. Begoña Martínez Pagán. Editorial Melusina, 2020.

5   Ruchika Tulshyan y Jodi-Ann Burey, "Stop Telling Women They Have Imposter Syndrome", *Harvard Business Review,* 11 de febrero, 2021.

6   Archivos del Instituto Smithsoniano, Accession 08-118, Eugene S. Morton Papers.

7   John Colapinto, *This Is the Voice*. Simon & Schuster, 2021.

8   Olga Khazan, "Vocal Fry May Hurt Women's Job Prospects", *The Atlantic*, 29 de mayo, 2014; Naomi Wolf, "Young Women, Give Up the Vocal Fry and Reclaim Your Strong Female Voice", *The Guardian*, 24 de julio, 2015.

9   Cindy Dachuk, "Uptalk—What It Is and Why You Don't Ever Want to Do It!", Ezine Articles, 10 de noviembre, 2009, https://ezinearticles.com/?Uptalk-What-it-is-and-Why-You-Dont-Ever-Want-to-Do-it!&id=3244110

10 Matt Seaton, "Word Up", *The Guardian*, 21 de septiembre, 2001.

11 Tadeusz Lewandowski, "Uptalk, Vocal Fry, and, Like, Totally Slang: Assessing Stylistic Trends in American Speech", en *Making Sense of Language: Readings in Culture and Communication,* ed. Susan D. Blum (Oxford University Press, 2008)

12 Rindy Anderson, Casey Klofstad, William Mayew, y Mohan Venkatachalam, "Vocal Fry May Undermine the Success of Young Women in the Labor Market", *PLoS ONE* 9, no. 5 (2014), https://journals.plos.org/plosone/article?id=10.1371/journal.pone.0097506

13 "Please Join Us: ZoomWith Oprah.com 8PM ET", en el canal de YouTube de Glennon Doyle, https://www.youtube.com/watch?v=Cqra8GwTllE/

14 Lesley Wolk, Nassima Abdelli-Beruh y Dianne Slavin, "Habitual Use of Vocal Fry in Young Adult Female Speakers", *Voice Foundation Journal of Voice* 26, no. 3 (15 de septiembre, 2011), https://www.jvoice.org/article/S0892-1997%2811%29 00070-1/fulltext

15 Video de glotalización de la Facultad de Fuqua, Universidad Duke, "The Vocal Issue That Could Be Costing Women Jobs", YouTube, https://www.youtube.com/watch?v=f1Ly5vJKwik; muchas gracias a Elan Morgan por avisarme: "*99% Invisible* Podcast's Brilliant Response to Criticism of Women's Voices", *Medium,* 13 de julio, 2015.

16 Ruth Whippman, "Enough Leaning In. Let's Tell Men to Lean Out", *The New York Times,* 10 de octubre, 2019.

17 "Jennifer Lawrence and Emma Stone Have a Lot in Common", YouTube, https://www.youtube.com/watch?v=Homutl4l5hw/.

18 Deborah Tannen, *You Just Don't Understand: Women and Men in Conversation.* Ballantine Books, 1990.

19 Cynthia McLemore, "The Interpretation of L*H in English", *Texas Linguistic Forum 32: Discourse,* University of Texas Department of Linguistics and the Center for Cognitive Science, 1990, http:// itre.cis.upenn.edu/myl/surprise/llog/CAM_Interpretation.pdf.

20 Amanda Montell, *Wordslut: A Feminist Guide to Taking Back the English Language* (HarperCollins, 2019).

21 Jennifer Coates, "Women's Speech, Women's Strength?" *York Papers in Linguistics* 13 (1989), https://files.eric.ed.gov/fulltext/ED320398.pdf

22 Charlyn Laserna, Yi-Tai Seih, and James Pennebaker, "Um... Who Like Says You Know: Filler Word Use as a Function of Age, Gender and Personality", *Journal of Language and Social Psychology* 33, no. 3 (27 de marzo, 2014), https://journals.sagepub.com/doi/abs/10.1177/0261927x14526993

23 Alexandra D'Arcy, *Discourse-Pragmatic Variation in Context: Eight Hundred Years of LIKE.* John Benjamins Publishing Company, 2017.

24 Penelope Eckert y Sally McConnell-Ginet, *Language and Gender.* Cambridge University Press, 2013.

25 "Oprah Winfrey's Cecil B. DeMille Award Acceptance Speech—2018 Golden Globe Awards",YouTube, https://www.youtube.com/watch?v=TTyiq-JpM-0

26 Alexandria Ocasio-Cortez en entrevista con Michelle Ruiz, "AOC's Next Four Years", *Vanity Fair,* diciembre 2020.

27 Liz Kimball, "Imposter Syndrome Is Cancelled", *Medium,* 13 de julio, 2020, https://medium.com/@liz_29469/imposter-syndrome-is-cancelled-e87f0decob/

28   Sarah Hurwitz, *Here All Along: Finding Meaning, Spirituality, and a Deeper Connection to Life—in Judaism (After Finally Choosing to Look There)*. Random House, 2019.

29   Stacey Abrams, *Lead from the Outside: How to Build Your Future and Make Real Change*. Henry Holt & Company, 2018.

3. La emoción

1   Lesser, *Que hable Casandra*.

2   Mary L. Connerley y Jiyun Wu, eds., *Handbook on Well-Being of Working Women*. Springer, 2015.

3   Wallace Bacon, *The Art of Interpretation*. Holt, Rinehart and Winston, 1972.

4   Michael Trimble, "The Science of Crying", *Time*, 16 de marzo, 2016.

5   Alain de Botton, *How to Fail with Elizabeth Day*, podcast, https://podcasts. apple.com/gb/podcast/special-episode-how-to-fail-alain-botton-on-embra cing/id140745 1189?i=186470060728.

6   Anne Kreamer, "Go Ahead—Cry at Work", *Time*, 4 de abril, 2011.

7   Jennifer Berdahl, Peter Glick, and Marianne Cooper, "How Masculinity Contests Undermine Organizations, and What to Do About It", *Harvard Business Review*, 2 de noviembre, 2018.

8   Hope Reese, "'I Cannot Name Any Emotion That Is Uniquely Human', " *Longreads*, marzo 2019, https://longreads.com/2019/03/12/i-cannot-name-any-emotion-that-is-uniquely-human/.

9   Marc Brackett. *Permiso para sentir*. Trad. Antonio F. Rodríguez. Diana, 2020.

10   Jodi-Ann Burey, "The Myth of Bringing Your Full, Authentic Self to Work", TEDxSeattle, noviembre 2020, https://www.ted.com/talks/jodi_ann_burey_the_myth_of_bringing_your_full_authentic_self_to_work/transcript?language=es

11   Entrevista de la autora con Nanci Luna Jiménez. 28 de diciembre, 2020.

12   Soraya Chemaly, *Rabia somos todas*. Editorial Océano, 2019. Traducción: Wendolín Perla.

13   Brackett, *Permiso para sentir*.

14   Elizabeth Wolf, Jooa Lee, Sunita Sah, and Alison Brooks, "Managing Perceptions of Distress at Work: Reframing Emotion as Passion", https://www.hbs.edu/faculty/Pages/item.aspx?num=51400

15   Kreamer, "Go Ahead–Cry at Work".

16   "Cry Me a River: How Emotions Are Perceived in the Workplace", Accountemps Survey, https://www.prnewswire.com/news-releases/cry-me-a-river-how-emotions-are-perceived-in-the-workplace-300623153.html

17 Federico García Lorca, Juego y teoría del duende. Estudio y edición crítica anotada de José Javier León. Athenaica Ediciones Universitarias, 2018.

18 Chai Tyng, Hafiz Amin, Mohamad Saad, and Aamir Malik, "The Influences of Emotion on Learning and Memory", *Frontiers in Psychology* (24 de agosto, 2017), https://www.frontiersin.org/articles/10.3389/fpsyg.2017.01454/full

19 Gracias a Lory Snyder por esta meditación guiada. Para mayor información sobre ella y su trabajo, visita: https://writershappiness.com

20 Kristin Linklater, *Freeing the Natural Voice*. Drama Book Specialists, 1976.

21 Kate Baer, "Motherload", en *She Holds a Cosmos,* ed. Mallory Farrugia. Chronicle Books, 2021.

22 Amy Cuddy, *El poder de la presencia. Trad. Núria Martí Pérez*. Ediciones Urano, 2016.

23 Hitendra Wadhwa, "Creating a Values-Based Culture", *Intersections,* https://www.hitendra.com/pod cast/creating-a-values-based-culture

24 bell hooks, *El deseo de cambiar. Hombres, masculinidad y amor.* Trad. Javier Sáez del Álamo. Bellaterra Edicions, 2021.

25 Tuit de Megyn Kelly, https://twitter.com/megynkelly/status/1314017761891364 864

26 Madeleine Albright, *Madam Secretary: A Memoir.* Miramax Books, 2003.

27 Ilyse Hogue, "How to Inspire Hope", *Permission to Speak,* podcast, 28 de julio, 2020, https://podcasts.apple.com/us/podcast/how-to-inspire-hope-with-ilyse-hogue/id1491356006?i=1000486452038

28 Tuit de David Roberts, https://twitter.com/drvolts/status/1314053001934303234

29 Toni Morrison, discurso durante ceremonia de graduación, Sarah Lawrence College, 1988.

4. El tono

1 Mary Oliver, "The Journey" en *Dream Work.* Grove Atlantic, 1986.

2 Para mayor información y apoyo sobre las voces trans, visita Voice Lab, thevoicelabinc.com; o consulta *One Weird Trick: A User's Guide to Transgender Voice,* de Liz Jackson Hearns. CreateSpace Independent Publishing Platform, 2018

3 Marc Dingman, *Your Brain, Explained: What Neuroscience Reveals About Your Brain and Its Quirks.* John Murray Press, 2019.

4 Edward Chang, Benjamin Ditchter, Jonathan Breshears y Matthew Leonard, "The Control of Vocal Pitch in Human Laryngeal Motor Cortex", *National Library of Medicine* 174, no. 1 (junio de 2018), https://pubmed.ncbi.nlm.nih.gov/29958109/

5   Anne Fernald and Claudia Mazzie, "Prosody and Focus in Speech to Infants and Adults", *Developmental Psychology* 27, no. 2 (1991), https://psycnet.apa.org/record/1991-20983-001/

6   Richard Dawkins y John Richard Krebs, "Arms Races Between and Within Species", *Proceedings of the Royal Society B* 205, no. 1161 (septiembre de 1979), https://royalsocietypublishing.org/doi/10.1098/rspb.1979.0081

7   Dr. Christine Runyan, "What's Happening in Our Nervous Systems?" *On Being, with Krista Tippett*, podcast, 18 de marzo, 2021, https://onbeing.org/programs/christine-runyan-whats-happening-in-our-nervous-systems/

8   Andrew Newberg y Mark Robert Waldman, *Words Can Change Your Brain.* Penguin, 2012.

9   Eckert y McConnell-Ginet, *Language and Gender.*

10 Daniel Re, Jillian O'Connor, Patrick Bennett y David Feinberg, "Preferences for Very Low and Very High Voice Pitch in Humans", *PLoS ONE* (marzo 2012), https://journals.plos.org/plosone/article?id=10.1371/journal.pone.0032719

11 Yi Xu, Albert Lee, Wing-Li Wu, Xuan Liu y Peter Birkholz, "Human Vocal Attractiveness as Signaled by Body Size Projection", *PLoS ONE* (abril 2013), https://journals.plos.org/plosone/article?id=10.1371/journal.pone.0062397/.

12 Montell, *Wordslut.*

13 Barbara McAfee, *Full Voice: The Art and Practice of Vocal Presenc.* Berrett-Koehler, 2011.

14 Juan David Leongómez, Viktoria R. Mileva, Anthony C. Littley y S. Craig Roberts, "Perceived Differences in Social Status Between Speaker and Listener Affect the Speaker's Vocal Characteristics", *PLoS ONE* (14 de junio, 2017), https://journals.plos.org/plosone/article?id=10.1371/journal.pone.0179407

5. El timbre

1   Jennifer Armbrust, *Proposals for the Feminine Economy.* Fourth Wave, 2018. Te recomiendo el curso en línea de Jennifer, Feminist Business School [Escuela de Negocios Feminista], en https://sister.is/feminist-business-school/

2   Fuente desconocida.

3   Roland Barthes, *El grano de la voz. Entrevistas 1962-1980.* Siglo XXI Editores, 2013.

4   Gretchen McCulloch, *Because Internet: Understanding How Language Is Changing.* Random House, 2019.

5   "Same Line from Different Films—Let's Get Out of Here", YouTube, https://www.youtube.com/watch?v=FKCIL1L1lXE

6   John Neffinger y Matthew Kohut, *Compelling People: The Hidden Qualities That Make Us Influential.* Penguin, 2014.

7   Madeline E. Heilman, Aaron S. Wallen, Daniella Fuchs y Melinda M. Tamkins, "Penalties for Success: Reactions to Women Who Succeed at Male Gender-Typed Tasks", *Journal of Applied Psychology* 89, no. 3 (junio 2004): 416-427, https://psycnet.apa.org/record/2004-95165-003

8   Kate Manne, "Women Can Have a Little Power, as a Treat", *The New York Times,* 28 de julio, 2020.

9   Valarie Kaur, *See No Stranger: A Memoir and Manifesto of Revolutionary Love.* Random House, 2020.

10 Taylor, *El cuerpo no es una disculpa.*

11 Aminatou Sow y Ann Friedman, "Shine Theory", www.shinetheory.com

12 Jennifer Dulski, *Purposeful: Are You a Manager or a Movement Starter?* Portfolio Publishing, 2018.

13 Zenger Folkman, "Warmth or Competence: Which Leadership Quality Is More Important?". https://zengerfolkman.com/articles/warmth-or-competence-which-leadership-quality-is-more-important/

14 Dacher Keltner, "The Power Paradox", *Greater Good,* 1 de diciembre, 2007.

15 Fuente desconocida.

16 Malika Amandi, Center for Women's Voice https://www.centerforwomensvoice.com/

17 Priya Parker, *El arte de reunirse.* Trad. Alicia Botella Juan. Ediciones Urano, 2022.

18 Viv Groskop, *How to Own the Room: Women and the Art of Brilliant Speaking.* HarperCollins, 2019.

6. Los sonidos

1   James Baldwin, "If Black English Isn't a Language, Then Tell Me, What Is?" *The New York Times,* 29 de julio, 1979.

2   Carol J. Williams, "Accent Gets in the Way When Bavarian Candidate Speaks to the Germans", *Los Angeles Times,* 22 de septiembre, 2002.

3   John McWhorter, "The Biases We Hold Against the Way People Speak", *The New York Times,* 21 de julio, 2020.

4   Roger Love y Donna Frazier, *Set Your Voice Free: How to Get the Singing or Speaking Voice You Want.* Little, Brown, 2016.

5   Katherine D. Kinzler, *How You Say It: Why We Judge Others by the Way They Talk—and the Costs of This Hidden Bias.* HMH Books, 2020.

6   Margot Macy, "For Black Girls Whose Voices Are 'Too White' or 'Too Black'", Human Parts (blog), *Medium,* 12 de agosto, 2020, https://humanparts.medium.com/what -the-fuck-is-my-black-voice-9cc21d20898c/

7   Donald L. Rubin, "Nonlanguage Factors Affecting Undergraduates' Judgments of Nonnative English-Speaking Teaching Assistants", *Research in Higher Education* 33, no. 4 (agosto 1992), https://www.jstor.org/stable/40196047.

8   Viv Groskop, "Bad News: How You Speak Still Matters More Than What You Say", *Financial Times,* 25 de octubre, 2019.

9   Groskop, "Bad News".

10   Safwat Saleem, "Why I Keep Speaking Up, Even When People Mock My Accent", TED2016, febrero 2016. https://www.ted.com/talks/safwat_saleem_why_i_keep_speaking_up_even_when_people_mock_my_accent?language=en

11   Edith Skinner, *Speak with Distinction: The Classic Skinner Method to Speech for the Stage.* Hal Leonard Corporation, 2007.

12   M. E. DeWitt, *Euphon English.* Dutton, 1924.

13   Anne H. Charity Hudley, "Which English You Speak Has Nothing to Do with How Smart You Are", *Slate,* 14 de octubre, 2014, slate.com/human-interest/2014/10/english-variation-not-related-to-intelligence-code-switching-and-other-ways-to-fight-linguistic-insecurity.html

14   Prueba de acento: Josh Katz y Wilson Andrews, "How Y'all, Youse and You Guys Talk", *The New York Times,* 21 de diciembre, 2013, https://www.nytimes.com/interactive/2014/upshot/dialect-quiz-map.html

7. Las palabras

1   Amanda Gorman en entrevista con Liam Hess, "Inaugural Poet Amanda Gorman on Her Career-Defining Address and Paying Homage to Maya Angelou", *Vogue,* 20 de enero, 2021.

2   Se le atribuye a Maya Angelou, pero se desconoce la fuente.

3   Dr. David Adger, "This Simple Structure Unites All Human Languages", *Nautilus,* 19 de septiembre, 2019.

4   Martin Buber, *Yo y tú.* Trad. Carlos Díaz Hernández. Herder, 2017.

5   Anna Deavere Smith, *Talk to Me: Listening Between the Lines.* Random House, 2000.

6   Michael Dowd en entrevista con Barbara Stahura, "Science of Mind: Interview with Michael Dowd", Thank God for Evolution (blog), https://thankgodforevolution.com/node/1447/

7 "Exclusive Finding Your Roots Sneak Peak—Scarlett Johansson", YouTube, https://www.youtube.com/watch?v=LVRsNXgeJ5Q

8 "Michelle Obama Keynote Address at DNC", YouTube, https://www.youtube.com/watch?v=79ohG6qBPxo&t=695s

9 Muchas gracias a Thom Jones, director del departamento de voz y habla, del programa de posgrado de la Universidad Brown y Trinity Repertory Company, por presentarme buena parte de este calentamiento y por su mentoría.

10 Michelle Obama. *Becoming: mi historia.* Trad. Carlos Abreu Fetter, Efrén del Valle Peñamil, Gabriel Dols Gallardo y Marcos Pérez Sánchez. Penguin Random House Grupo Editorial, 2018.

11 "Abby Wambach: Barnard Commencement 2018", YouTube, https://www.youtube.com/watch?v=wJe4ol2waxs

8. Heroísmo

1 "Toni Morrison Commencent speech 2004", YouTube, https://www.youtube.com/watch?v=wVFRjT-Jfec.

2 Carol Gilligan, *In a Different Voice: Psychological Theory and Women's Development.* Harvard University Press, 1982.

3 Carol Gilligan, *Joining the Resistance.* John Wiley & Sons, 2013.

4 Sarah Gershman, "To Overcome Your Fear of Public Speaking, Stop Thinking About Yourself", *Harvard Business Review,* 17 de septiembre, 2019.

5 *LiveScience,* "How Love Conquers Fear" Fox News, 24 de octubre, 2015, https://www.foxnews.com/health/how-love-conquers-fear-hormone-helps-mothers-defend-young/

6 Luke Yoquinto, "Frozen with Fear? How the Love Hormone Gets You Moving", *LiveScience,* 10 de febrero, 2012, https://www.livescience.com/18425-oxytocin-fights-fear-brain.html/

7 Nina Marsh, Dirk Scheele, Justin S. Feinstein, Holger Gerhardt, Sabrina Strang, Wolfgang Maier y René Hurlemann, "Oxytocin-Enforced Norm Compliance Reduces Xenophobic Outgroup Rejection", *Proceedings of the National Academy of Sciences* 114, no. 35 (agosto 2017), https://www.pnas.org/content/114/35/9314.short/

8 "The Art of Being Yourself | Caroline McHugh", YouTube, https://www.youtube.com/watch?v=veEQQ-N9xWU/

9 Kazuo Ishiguro, discurso durante la ceremonia del Nobel, 7 de diciembre, 2017. https://www.nobelprize.org/prizes/literature/2017/ishiguro/25148-kazuo-ishiguro-discurso-nobel/

10   Letras de Liz Phair, entre otras, en Rebecca Solnit, "When the Hero Is the Pro-
       blem", *Literary Hub,* 2 de abril, 2019.

11   Brit Marling, "I Don't Want to Be the Strong Female Lead", *The New York Times,*
       7 de febrero, 2020.

12   Jessica Moulite, "Exclusive: Rep. Ayanna Pressley Reveals Beautiful Bald Head
       and Discusses Alopecia for the First Time", *The Root,* 16 de enero, 2020.

13   Frank Rose, "The Art of Immersion: Why Do We Tell Stories?" *Wired,* 8 de mar-
       zo, 2011.

14   De un tuit de Boze Herrington, http://twitter.com/SketchesbyBoze/status/150
       0899823599472645

15   Uri Hasson, "This Is Your Brain on Communication", TED2016, https://www.
       ted.com/talks/uri_hasson_this_is_your_brain_on_communication? subtitle=es

16   Dacher Keltner, "Good Leaders Tell Stories That Make People Trust Them
       with Power", *Quartz,* 17 de may, 2016.

Índice analítico

Esta obra se imprimió y encuadernó
en el mes de julio de 2023,
en los talleres de Impregráfica Digital, S.A. de C.V.,
Av. Coyoacán 100-D, Col. Del Valle Norte,
C.P. 03103, Benito Juárez, Ciudad de México.